教育部人文社科规划项目"西部农村教师专业发展的生活史研究——基于走教模式下的教师考察"（项目批准号：17YJA880047）

农村教育发展研究系列丛书

生活史视角下的西部农村小学教师专业发展研究

李艳红 等 著

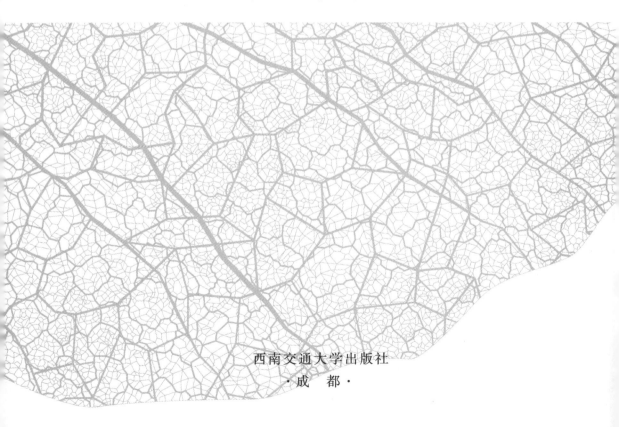

西南交通大学出版社

·成 都·

图书在版编目（ＣＩＰ）数据

生活史视角下的西部农村小学教师专业发展研究／
李艳红等著. 一成都：西南交通大学出版社，2021.6
ISBN 978-7-5643-8030-4

Ⅰ.①生… Ⅱ.①李… Ⅲ.①农村学校－小学教师－
师资培养－研究－西北地区②农村学校－小学教师－师资
培养－研究－西南地区 Ⅳ.①G625.1

中国版本图书馆 CIP 数据核字（2021）第 088438 号

Shenghuoshi Shijiao xia de Xibu Nongcun Xiaoxue Jiaoshi Zhuanye Fazhan Yanjiu
生活史视角下的西部农村小学教师专业发展研究

李艳红 等 著

策划编辑	陈 斌
责任编辑	梁 红
封面设计	原创动力
出版发行	西南交通大学出版社 （四川省成都市金牛区二环路北一段 111 号 西南交通大学创新大厦 21 楼）
发行部电话	028-87600564　028-87600533
邮政编码	610031
网址	http://www.xnjdcbs.com
印刷	成都蜀通印务有限责任公司
成品尺寸	170 mm×230 mm
印张	18.25
字数	263 千
版次	2021 年 6 月第 1 版
印次	2021 年 6 月第 1 次
书号	ISBN 978-7-5643-8030-4
定价	78.00 元

　　广大农村教师对农村教育事业的发展发挥了重要作用，做出了重要贡献。一方面，从农村教师对我国经济发展的作用看，农村教师队伍对我国农村教育事业的发展做了很大的贡献。我国很大一部分的人分布在广大的农村，虽然城镇化的加速发展使城市对农村人口的吸纳能力增加，但我国现在仍然是一个农业大国。因此，我国人口素质的提高，人均受教育年限的延长，农村教育事业的发展，乃至农村经济的发展都与农村教师密切相关。另一方面，从农村教师占我国教师整体的比重来看，农村教师队伍仍是我国中小学教师队伍的主体之一。可以说，农村教师的素质和农村教育的质量与我国教育发展息息相关，但从某些方面来说，农村教师队伍的建设现状和农村教师的发展却并不尽如人意。

　　早在 20 世纪 70 年代，联合国教育、科学及文化组织（简称联合国教科文组织）的重要文献《学会生存——教育世界的今天和明天》就指出，加快教师专业化的进程是提高教师素质的成功策略。20 世纪 80 年代以来，教师专业化发展已经形成一个世界性潮流，推动着许多国家教师教育新理念和新制度的建立。1996 年，联合国教科文组织召开的第 45 届国际教育大会，提出"在提高教师地位的整体政策中，专业化是最有前途的中长期策略"。可以说，20 多年来，教师专业化已经成为教师队伍建设与改革的主流课题。①

　　改革开放以来，从《中华人民共和国教育法》《中华人民共和国教师法》到《教师资格认定条例》，从师范教育到教师教育，1995 年实行的教师资格证制度是教师专业化的开始，教育部《面向 21 世纪教育振兴行动计划》中指出"跨世纪园丁工程"，标志着摆脱学历达标局限开始转向教师内在专业素质的提升，教师职业专业化正在迅猛发

---

① 余文森，连榕. 教师专业发展[M]. 福州：福建教育出版社，2007：8.

展，但是这并不能说明我们已经有了一支专业化的教师队伍，教师专业发展的道路还很长。

教师专业化包含着职业群体和教师个体两个层次的意义。从职业群体的角度看，教师专业化是指教师在整个职业层面上逐渐达到专业标准的过程；从教师个体的角度看，教师专业化是指教师的内在专业精神、专业知识、专业能力不断更新、演进和丰富的过程。教师专业化无论从职业群体层面还是从教师个体发展层面，都不是一个一蹴而就的过程，而是一个长期的充满着困难和艰辛的过程，是一个持续不断的过程。

教师是最古老的职业之一，它几乎与人类文明同时存在，其历史可谓源远流长。然而，在人类社会的早期，教师只是一种非专门化、经验化的职业，从非专门化、经验化到专门化，经历了一个漫长的发展过程。在这个漫长的分化、发展过程中，教师职业的专业性也日益显现出来，并逐渐得到了承认。到了当代，教师专业化已经成为世界教师职业发展的共同目标。

教师专业化意味着教师不仅是一种职业，更是一种专业，它有着比职业要求更高的专业要求，意味着教师、学校、社会各界应对教师职业的发展付出更多的努力。教师专业化有助于人们深入把握教师职业性质；有助于教师重建职业自我意识，增强教师职业价值感和专业感，增进教师队伍的凝聚力；有利于教师职业地位的提升和整个教育事业的发展。

Q县位于甘肃省东南部，T市北部，是国家扶贫开发重点县之一、六盘山集中连片特困地区扶贫开发重点县之一和"三西"农业建设县之一，也是甘肃省十八个干旱县之一。全县有各级各类学校452所，其中农村中小学438所（教学点124个）。2013年，县委、县政府立足县农村小学布点多、班级规模小、山川办学条件差距大、教师队伍不稳定、教育资源短缺、教育质量偏低的实际，在深入调研、广泛论证的基础上，紧紧围绕中央和省、市教育综合改革和教育精准扶贫的相关政策要求，创新理念，逆向思维，按照"资源共享、联合互动、集中住宿、巡回走教"的总体思路，通过创建教师动态调节机制，变学生"走读"为教师"走教"，率先开展农村教育综合改革试点，建成了集全镇教师吃、住、行、教研于一体的多元化综合功效的教育园区。L教育园区于2015年8月正式运行，实施教师走教、校点一体化办理。教师由园区统一调配，教学由园区统一安排，教研由园区统一组织，单身教师食宿由园区统一保障，教师上课由校车巡回接送走教。2017年，在精准扶贫背景下，为扶持地方区域的教育改革，笔者所属天水师范学院教师教育学院加强了小学教育专业本科生、硕士研究生与T市Q县L教育园区的进一步合作。一方面，本科生继续参与园区的走教，体验农村教师的教学生活，提高自身的环境适应能力和教学能力；另一方面，我院部分教师和教育硕士小学教育方向学生以教育园区为研究对象，开展有关基础教育的调研和教学研究。此项举措实现了双赢，既支持了区域教育改革，又加强了教师与小学教育专业本科生、硕士研究生的实践能力和教研能力，提升了学生的培养质量。

2017年，我院部分教师直接参与了Q县L教育园区每周二、周四的集体备课教研活动，与教师们共同交流、沟通，发现其中存在的问题，并提出了相关的改进建议。在深入调研的基础上，我院教师与一线教师积极合作申报了全国教育科学规划项目、教育部人文社会科学项目和甘肃省教育科学规划项目等，成功获批十余项。

教师是现实生活中的"人"，他们同时扮演着多重角色，可能是妻子、母亲，丈夫、父亲或子女，衣食住行也是他们生活的重要组成部分。在社会转型农村城镇化进程中，农村小学走教教师的生活方式发生了巨大变化。教师专业发展是指教师作为专业人员，在专业思想、专业知识、专业能力等方面不断发展和完善的过程，即专业新手到专家型教师的过程。本研究以教师专业发展内涵中的教师职业认同、教师职业归属感、教师实践性知识、教师学科知识、教师教学生活以及教师备课为切入点，对农村小学走教教师专业发展现状及其影响因素进行调查研究，有助于我们深入了解农村小学走教教师专业发展的现状，剖析影响其专业成长的因素，从中得到相关的有益启示。这将有助于我们正确认识和处理目前农村教师存在的问题，积极引导他们与社会转型相适应，提升自身专业素养，这也是本书的重点内容之一。生活史研究是一种对人们的生活经历进行详细了解和分析的研究方法。教师个人生活史就是关于教师个体教育与生活的历史，但它不是孤立的、零星的个人记忆，而是在一定的社会、文化和历史情境里，教师在其生活与教育中所发生的事件和经历。①本书基于教师个人生活史的视角，把教师专业发展的学术研究放到鲜活的现实生活中，通过典型个案的展现，使之重新进入实践的土壤，在教育的生活世界中领悟教师专业发展的力量，使教育具有自己独特的理论和实践生命力。通过生活史研究，本书能从更深、更广的角度探讨教师职业，教师能重新审视自己的个人生活经验，并反思自己专业发展的历程、教育教学观念、实践性知识等，促进其不断发展。研究对象的选择及研究方法的驾驭将是本书的难点。

个案研究的对象是某整体中的个别，可以是一个人、一个事件、一个方案、一个机构、一个团体，或者一个社会单元，它与其他个体是相互联系的。基于多种资料来源，采用多种方法对个案进行深入而翔实的研究方法称为"个案研究"。通过个案研究能在一定程度上反映它与整体的某些特征和规律。②

此外，个案研究中的每个案例都具有内部脉络和外部脉络。本研究中，内部脉络即教师自身，外部脉络即教师所处的外部环境。因此，为更好地描述和揭示教师专业发展的现实图景，探究教师所处的外部环境是非常必要的。因此，结合各章研究主题的需要以及考虑到研究时间和资源的有限性，分别选取了一位或者多位农村小学教师作为个案研究的对象。

个案研究的对象虽然只是针对整体中的个别人或一些人，但是由于被挑选的个案与其所在的团体是息息相关的，因此，通过个案研究能在一定程度上反映它与整体的某些特征和规律。本研究以甘肃省 T 市 Q 县 L 学区的一位或者多位小学走教教师为个案，分别选取不同年龄、不同学科、不同性别的教师为研究对象，探讨城镇化进程中农村教师生活方式的改变对其专业发展的影响。本书将视角转向社会基层，转向生活和工作在农村的小学教师，以一个实体村落为单位，以一位

---

① 姜勇. 个人生活史与教师发展初探：一种解读教师发展的新视角[J]. 外国中小学教育，2004（3）：17~20.

② 洪燕君. HPM 教学实践驱动下初中数学教师专业发展研究：MKT 的视角[D]. 上海：华东师范大学，2017.

或者多位小学走教教师为个案，分析农村小学走教教师生活的变迁，运用实证的方法研究农村小学走教教师生活历程的嬗演，农村小学走教教师的生存、发展及其与农村教育发展和乡村文化变迁之间的关系问题，并探索农村小学走教教师在农村现代化进程中所发挥的作用。本书具有理论与实际指导双重价值，但也存在以下几方面的局限：第一，调研时间有限，导致研究选取的样本数量较少，在一定程度上使得研究结论的普适性不强。第二，在具体研究过程中，研究者在深入体验农村小学教师专业生活的同时，通过深度访谈与日常观察等方式获得了比较丰富的研究资料，但由于研究者对研究方法的掌握和对教育理论的驾驭能力有限，导致研究资料的使用、分析、理解的深度不够。值得一提的是，调研结束后，研究者在描摹农村教师专业发展的现实图景与分析共性特征的基础上，对其他教师提升专业发展提出了启示。希望这在一定程度上会引起有相同境遇的教师的共鸣，这大概也算是本研究的价值所在。

　　"一个墨守成规的教师对于学生创造性的发展无疑是一种近乎灾难的障碍。"[1]我们深信，教师在成长与发展过程中终将寻找到适合自己的专业发展途径。"只有用创造的态度去对待工作的人，才能在完整意义上懂得工作的意义和享受工作的欢乐。"[2]本书不在于追求完整地阐述教师专业发展的理论与实践，而是"从书面历史的宏观模式中解脱出来，返回到该历史的基础"，转向当下的历史，这也要求我们深入农村小学教师的生活中去，全面掌握第一手资料，透过个体生活的微观研究，把握个体、社区、国家之间的关系互动，解释学校与家庭、社会之间各种复杂的关系，这样才能真正地还原历史的多元风貌，把握教育和发展的脉络。从教师的生活史中，我们感受到的是教师内心深处丰富而细腻的情感世界，同时，我们也会从教师的视野获取对社会历史事件的一个全新视角。从这个意义上说，农村小学走教教师的生活史研究，拓展了教育研究的领域，这也是本书的研究价值所在。本书在一定程度上将农村教师的生活放在国家政治、经济和

---

① 叶澜. 新编教育学教程[M]. 上海：华东师范大学出版社，1991：14～15.
② 叶澜. 新编教育学教程[M]. 上海：华东师范大学出版社，1991：14～15.

当地经济、文化及农村教育发展的背景中，凸显农村教师在农村现代化进程中的作用，探索他们之间的关系以及在城镇化进程中农村教育的发展路向等方面具有一定的创新价值。在此基础上探究城镇化进程中农村教育、农村教师专业发展的发展路向，为农村教育的发展建言献策。

本书的统筹架构及统稿工作由课题负责人李艳红教授完成，科研处左国防教授对全书初稿进行了修订；本书包括：农村小学教师职业认同研究（第1章，赵坤撰写）；"走教"背景下农村小学教师学校归属感研究（第2章，赵财撰写）；农村小学语文教师实践性知识发展研究（第3章，徐诺撰写）；农村小学数学教师学科教学知识研究（第4章，高洁撰写）；农村小学音乐教师教学生活研究（第5章，马肖雅撰写）和农村小学教师集体备课现状研究（第6章，李兰撰写）。

感谢帮助我们完成访谈的所有教师，笔者无法将他们的热情与真诚从记忆中抹去，给他们带来的不便以及对他们日常生活的打扰也让笔者一直不能释怀……感谢每一位合作的教师，因为要尊重其隐私恕不能在此一一列出他们的姓名。除此之外，还要感谢书中所引用材料及所列参考文献的作者，是他们的智慧支撑着我们的书稿。

本书的出版得到了教育部人文社会科学规划项目"西部农村教师专业发展的生活史研究——基于走教模式下的教师考察"（项目批准号：17YJA880047）、全国教育科学"十三五"规划2017年度单位资助教育部规划课题"西部乡村教师专业发展政策研究——基于走教教师的田野考察"（课题批准号：FHB170616）、甘肃省教育科学"十三五"规划2018年度重大委托课题"城镇化进程中城市义务教育供给侧结构性改革研究"（项目批准号：GS〔2018〕GHBBKW003）及天水师范学院重点学科的资助。课题在开展过程中，得到了天水师范学院科研处领导和同事以及教师教育学院领导和同事们的支持与帮助，在此表示衷心的感谢！出版社对本书的出版付出了心血，也为我们的研究和写作过程提供了助力。

李艳红

2020.9

目 录
CONTENTS

第1章　农村小学教师职业认同研究

本章摘要：

我国有关教师职业认同的研究起步较晚，而且大多聚焦于在职城市教师；研究方法单一，多采用量化研究方法，运用质性研究方法较少。本章主要运用叙事研究法，针对农村小学教师进行职业认同研究，且研究对象来自我国西部贫困地区。我国教育的薄弱环节在中西部"老少边穷"等地区，农村教师作为农村教育的具体实施者，其自身对其所从事的职业的认同，不仅对其成功扮演农村教师角色具有关键作用，也对其充分发挥自身热情与力量，积极投身农村教育事业起到了重大的推动作用。

本章研究以 T 市 Q 县 L 教育园区的一名农村小学教师 C 教师为研究对象，主要运用叙事研究方法展现了研究对象在职前、职后不同阶段对教师职业认同的真实状态以及动态变化，发现了其中存在的问题，分析影响其职业认同的因素，并在此基础上提出了相应的对策和建议。

第一节　绪　论

一、研究缘起

笔者在读硕士研究生一年级时，与导师无意间谈起了 L 教育园区，导师简单地介绍了园区的基本情况，其走教模式引起了笔者的兴趣，回到宿舍后便搜索园区的相关介绍，如"实施教育精准扶贫，推进教育均衡发展""教育园区，留住教师的心""L 教育园区一体化推动教育均衡化：'走读'变'走教'"等。笔者在耐心阅读文章、翻阅照片后，脑海中便浮现出 L 教育园区的大体轮廓，通过对新闻的关注，加之与导师的进一步沟通，笔者产生了前往 L 教育园区一探究竟的好奇心。

2016 年 7 月，笔者与同学结伴，经过近四个小时的车程，来到 L 教育园区。管理者 A 校长热情地接待了我们，并对 L 教育园区的基本情况做了介绍。L 教育园区位于 T 市 Q 县北部，距县城 45 公里。2014 年，Q 县紧紧围绕中央和省市教育全面改革、教育精准扶贫的相关政策要求，结合"资源共享、联合互动、集中住宿、巡回走教"的创新理念，将传统的学生"走读"改为教师"走教"，首先在 L 镇进行教育综合改革试点，最终于 2015 年 9 月完成了集食宿、办公、管理于一体的教育园区建设。

L 教育园区教师走教模式是在国家政策大力扶持下应运而生的，农村教师的工作环境和生活环境都得到了改善，广大教职工安心在园区工作。

在与园区教师交流时，大家对走教模式大加赞赏。谈到走教后教师在吃、住、行以及教研教学等方面的变化时，他们的脸上不由得露出欣慰的笑容。在与他们的对话中，教师自然而然地将现在与以前进行对比。笔者感受到他们对于教师职业态度已悄然发生变化，便产生了研究农村教师职业认同的想法。

2015 年，国务院办公厅发布了《乡村教师支持计划（2015—2020年）》的通知。该通知中强调，教育的薄弱环节和短板在农村，在中西部老少边穷岛等边远贫困地区。发展农村教育，帮助农村孩子学习成才，必须把农村教师队伍建设摆在优先发展的战略地位。该通知在稳定和扩大农村教师规模，提高农村教师待遇水平，加强对农村教师的培育培训等方面提出了一系列政策举措。

留人先留心，设身处地为教师着想，让教师有归属感，园区实实在在地将政策落到了实处，但仅仅从生活、教学环境方面进行改善，就能留住教师的心吗？笔者不由得发出疑问。走教前，教师的职业认知是怎样的？如今又发生了怎样的变化？L 教育园区地处甘肃省，该省经济欠发达，属西部贫困省区，《乡村教师支持计划（2015—2020 年）》中强调，教育的薄弱环节在中西部老少边穷岛等边远贫困地区，那这些贫困地区的教师是怎样看待教师这个职业的？一连串的问号出现在笔者脑海中。基于此，笔者希望以毕业论文的研究为契机，将心中谜团一一解开，最后确定以 L 教育园区为例，将研究农村小学教师职业认同研究定为论文主题，以期进一步深入探讨农村小学教师职业认同的影响因素，并提出可行性建议。

二、研究意义

1. 理论意义

我国关于教师职业认同的研究较少，且研究方法较单一。本章运用叙事研究法，真实展现一位农村小学教师的工作、生活状态，并总结影响其职业认同的因素，在此基础上提出提升农村小学教师职业认同的相关建议，这对丰富教师职业认同研究具有一定的意义。

2. 实践意义

农村小学教师职业认同的叙事研究不仅具有丰富的理论意义，也具有非常重要的实践价值，对研究对象本身、其他农村小学教师、学校管理者等都具有一定的实践意义。

第一，本章以叙事方式研究农村小学教师职业认同，对研究对象个人而言，本章为其提供了职业反思情境，使其从他人的角度来剖析自己，为其不断调整个人职业心态提供途径。对农村教师这一群体而言，本章分析影响农村教师职业认同的因素并提出相关建议，完整地展示了农村教师的职业现状，同时唤起社会对农村教师这一群体的关注。

第二，本章对教育行政部门、校领导以及教育研究者也具有重要的实践意义，有利于他们进行反思，从而制定并实施更加合理的农村教师政策，特别是对于教育研究者来说，能够使其理论更好地服务于实践。

三、文献综述

1. 概念界定

1）农村小学教师

农村，具体指广大的乡（镇）、村等行政区域。[1]从功能划分这一角度看，农村地区主要以从事农业生产和人口分散为特征。[2]小学指在新一轮基础教育课程改革背景下，九年一贯基础教育体制下的 1～6 年级阶段。教师指在学校担任教学、管理工作的人员。基于此，本书界定的农村小学教师，是指在以农村生产活动为主要经济方式的乡（镇）、村、屯等行政区域，担任教学、管理工作的 1～6 年级人员。

2）职业认同

职业认同是指对职业的认识、感知和肯定性评价，包括对其工作满意度和自我实现程度的评价。有研究认为职业认同是个人对职业的目标、社会价值等因素的看法，符合社会对职业的评估和期望。笔者认为：① 职业认同是动态的；② 职业认同是个体建构的；③ 职业认同是与特定职业特征相关的。

---

① 唐松林. 中国农村教师发展研究[M]. 杭州：浙江大学出版社，2005.
② 王路芳. 乡村教师留教意愿研究——基于全国 22 个省市乡村教师的调查[D].
武汉：华中师范大学，2016.

3）教师职业认同

本章中的教师职业认同既包括职业认同演变的过程，也包括职业认同的现状，只有通过过程与状态两方面才能全面了解教师个体的职业认同状况。过程是指教师职业认同不是固定不变的，它是对环境的反映，随着时间、环境、经历的变化而变化；状态是指教师目前的职业意识、职业感受、职业意志、职业技能感知、职业期望以及职业价值观现状。

2. 研究现状

1）国外关于教师职业认同研究

Cooper K. & Olson M.R.指出，教师职业认同是一个动态的过程，并不是单一不变的，需从多方面进行研究。教师在认同过程中是不断进行经验积累，不断批判更正的过程。[①] Coldron J.与 Smith R.两位学者提出，教师职业形象在很大程度上体现了教师的职业角色，这种角色是相对复杂的，是一个动态的过程。教师职业角色的形成过程，就是教师职业认同的形成过程。[②] Connelly F.M.与 Clandinin D.J.提出个人感知对职业的影响，例如入职动机、工作条件、生活抉择等方面内容引入教师职业认同范畴。Kremer Lya 与 Hofman John E.两位学者在对教师职业认同研究的过程中，提出向心性水平、价值水平、团结水平和自我表现水平四个维度，从四个维度对教师职业认同进行深入分析。其中向心性维度指教师在工作中对其职业认同重要性的认识。价值维度指教师对其职业价值认同，该职业更有吸引力。团结维度表示教师重视教师团体，注重与同事的良好人际关系。自我表现维度表示教师能够被社会、学校、同事、学生等所尊重认可喜爱，更加注重自身情感态度。[③] Brickson S.

① COOPER K. & OLSON M. R. The multiple of teacher identity[M]. London: Falmer Press, 1996: 78～89.

② COLDRON J, SMITH R. Active Location in Teachers' Construction of Their Professional Identities[J]. NewYork:Journal of Curriculum Studies, 1999, 31(6):711～726.

③ KREMER L. & HOFMAN J. E.Teachers' professional identity and burnout[J]. Research in Education, 1981, 34:89～93.

指出个人与集体之间的关系对教师职业认同的形成有很重要的影响。① Canrinus Esther T.与 Helms-Lorenz M.等学者认为，教师的职业认同指的是教师在对自己工作环境的理解以及与环境的互动的基础之上对自己身为教师的认识。② Astuti P.认为，教师职业认同就是被自己和他人认可为某种类型的教师。③ Abbasian G.与 Pourmandnia D.认为，教师职业认同可以理解为，教师对自己身为教师是如何定义的。换句话说，对诸如"我是谁""我想成为什么样的人""我如何看待我的教师角色"等问题的答案构成了教师职业认同。④ Raymond B.与 Maria C. Hans B.将教师职业认同的形成也视作一个通过与教育环境互动来获得知识的持续性过程，并强调教师职业认同的一个关键方面表现在，个人参与同其他教师的互动、合作过程，以及对个人活动及自己身为教师进行反思。⑤ Karen S. van der Merwe M. Salieva M. A.（2018）认为，教师职业认同的发展被看作是持续的过程，既包括个体对教学信念的看法，又包括其对身为教师的看法。⑥

① BRICKSON S. D. The impact of identity orientation on individual and organizational outcomesin demographically diverse settings[J]. Academy of Management Review, 2000, 25(1):82～101.
② ESTHER T. CANRINUS, MICHELLE HELMS-LORENZ, DOUWE BEIJAARD, JAAP BUITINK, ADRIAAN HOFMAN. Self-efficacy, job satisfaction, motivation and commitment: exploring the relationships between indicators of teachers' professional identity[J].European Journal of Psychology of Education. 2012, 27(1): 115～132.
③ ASTUTI PUJI. Practitioner of Cooperative Learning as Part of Novice Teachers' Professional Identity[J].TEFLIN Journal.2016.27(2):132～152.
④ ABBASIAN GHOLAMREZA, POURMANDNIA DELARAM. The Impact of Constructive Feedback-based Journal Writing on Teachers' Professional Identity Development[J]. International Journal on New Trends in Education & their Implications (IJONTE).2013.4(4):14～30.
⑤ BJULAND RAYMOND, CESTARI MARIA, BORGERSEN HANS. Professional Mathematics Teacher Identity: Analysis of Reflective Narratives from Discourses and Activities[J].Journal of Mathematics Teacher Education. 2012.15(5): 405～424.
⑥ STEENEKAMP KAREN,VAN DER MERWE MARTYN, MEHMEDOVA, AYGUL SALIEVA. Enabling the Development of Student Teacher Professional Identity through Vicarious Learning During an Educational Excursion[J]. South African Journal of Education. 2018, 38(1): 1～8.

2）国内关于教师职业认同研究

在我国，教师职业认同的研究已逐渐起步，研究内容涉及广泛，纵观国内相关研究，可以分为以下三个方面。

（1）关于教师职业认同的研究。

崔新玲、梁进龙就国内教师职业认同的研究进行了梳理。在系统回顾认同、职业认同、教师职业认同的概念界定之后，对教师职业认同的内容、方法和结构、影响因素进行了综述。最后指出教师职业认同机制的研究将成为未来研究的一个趋势，少数民族教师应成为教师职业认同的研究对象和加强对教师职业认同研究成果的应用。[①] 江建民、王合、李欣晏就我国农村教师职业认同进行了梳理，对农村教师职业认同相关的概念、研究方法、结构、影响因素等进行探析，对农村教师的工作热情、教学质量、离职率及其专业发展等研究具有十分重要的理论及现实意义。[②]

（2）关于教师职业认同及其相关因素的研究。

这类研究主要是通过调查教师职业认同的现状，分析影响教师职业认同的相关因素，并提出提高教师职业认同度的一些建议。例如魏淑华和山显光通过问卷调查、相关分析、回归分析等方法研究了教师工作价值观和职业认同之间是非常显著的正相关关系，可以通过教师的职业价值观预测教师职业认同度。魏淑华与宋广文通过对团体进行调查研究，对教师满意度、职业认同度、离职意向的关系进行了研究，提出教师职业认同度的高低会显著影响工作满意度，调离意向和换职意向明显，且在职业认同与离职意向之间，教师工作满意度起中介作用。[③] 魏淑华就教师专业认同与专业发展之间的关系进行了研究，提出教师职业认同与教师的专业发展意识、行为密不可分，增强教师职

① 崔新玲，梁进龙. 我国教师职业认同研究现状[J]. 晋城职业学院学报，2011(18)：68～71.
② 江建民，王合，李欣晏. 智库时代[J]. 晋城职业学院学报，2018(50)：249～250.
③ 魏淑华，宋广文. 教师职业认同与离职意向：工作满意度的中介作用[J]. 心理学探新，2012(6)：564.

业认同对提升教师专业具有较大意义。①

（3）关于教师的职业认同的实证研究。

此类研究相对较多，其中研究对象包括中小学教师、中小学初任教师、城市中小学教师、农村中小学教师、小学男性教师的职业认同研究。

杨玲在调查研究的基础上，提出了中小学教师职业认同形成和发展的三个阶段和六个时期，对各阶段的特点、发展任务及制约因素做了具体分析，并在教师入职和培训方面提出了相关建议。

欧阳慧琴通过问卷调查，对上海市 6 所初中的 251 名初中教师展开了调查。调查结果和访谈结果发现，工作负荷重、工资待遇低、社会地位低、身体状况堪忧这四个方面可能会阻碍教师职业认同的形成与发展。

贾盈楠通过问卷调查法、访谈法对小学男教师进行了研究，提出小学女教师职业认同度高于小学男教师，并提出教龄、职称、学历、岗位对于小学男教师的职业认同具有一定影响。

邹乐对小学新教师的职业认同进行了研究，从性别、教龄、年龄、职称、任教年级五个维度进对小学新任教师进行了职业认同研究，提出小学新任教师职业认同不是固定不变的，是不断形成再塑的过程。

张月以中小学教师职业认同为切入点，通过对浙江、福建、河南、湖北、湖南、贵州 6 省 26 县中小学教师的实证调查，发现中小学教师职业认同水平总体较高，但不同类别教师的职业认同存在差异。区域、城乡学校、学段、工作环境满意度、性别、教师籍贯、行政职务、所任课程、收入等是影响教师职业认同的重要因素。

3）研究评述

综合国内外对教师职业认同的研究，我们可以看出，教师职业认同不单单是回答"现在我是谁"，而更要回答"我想要成为谁"，这是一个不断对经验进行解释和重新解释的动态过程。教师职业认同影响因素有很多，例如社会、文化、历史、心理等因素，并且教师作为一个有思想的个体，有自己的认知，所以他们对自己的价值

---

① 魏淑华. 教师职业认同与教师专业发展[D]. 曲阜：曲阜师范大学，2005.

认识、职业意义也会影响其对教师职业的认同，职业认同带有明显的个人色彩。

已有的研究成果也存在一定的局限性。在研究对象的选择上，国外学者注重研究职前教师，而国内的研究多是聚焦于在职教师，且大部分都集中于城市教师，涉及农村小学教师的研究较少。

基于此，笔者采用叙事研究方法，对农村小学教师职业认同进行探究。在农村地区从事教育工作的教师是我国农村教育的中坚力量，对他们的职业认同进行分析研究，进而可以提出更具针对性的对策建议。

四、研究框架

第一部分是绪论，主要由研究缘起、研究问题、研究意义、文献综述、研究方法、研究思路几个部分组成。本章以国务院办公厅印发《乡村教师支持计划（2015—2020年）》为背景，说明本章选择缘由、目的及意义。

第二部分是走进 C 教师的世界，通过对 C 教师访谈、观察等，将访谈内容进行整理，分别从生活、工作两个方面着手研究，主要从其家庭环境、求学经历、职业发展过程几个方面描述研究对象的教师职业认同过程。

第三部分是对故事的解析，主要通过对 C 教师的职业认同个案进行分析，并结合相关文献，揭示出 C 教师的职业认同的形成轨迹及其影响因素，职业认同的变化因素。

第四部分是研究结论与建议。通过对 C 教师的职业认同过程的描述，分析影响农村教师职业认同的诸多因素，此部分针对影响因素提出针对性建议。

五、研究方法

1. 文献法

查阅整理相关的文献资料，为本章的研究提供一定的理论依据和参考。

2.访谈法

访谈法采用的是一种研究性的交谈，是研究者通过寻访、访问被研究者并且与其进行交谈、询问的一种活动。它是具有一定目的性的活动，可以更真切地了解受访者的感受，且具有灵活性、即时性与意义解释功能。访谈法的类型可分为：结构性访谈、非结构性访谈、半结构性访谈。结构性访谈是按照统一设计要求、一定结构的问卷而进行的比较正式的访谈；非结构性访谈询问的问题只有一个粗略的设定，实际内容可灵活调整。

本章采用的是半结构性访谈的方式，即研究者对访谈的结构有一定的控制作用，但同时也允许受访者积极参与。笔者主要采用面对面的直接交谈，根据半结构访谈提纲，与研究对象进行语言交流，针对研究对象的职业认同形成过程进行访谈，并且访谈了研究对象的同事、领导以便收集更多的信息资料，获得较真实的第一手资料。对访谈内容研究者已经录音，便于资料的整理归类。

3.叙事法

叙事法采取人类学的深描，工笔画般的繁复翔实的叙事方式。叙事法与文学叙事不同，它将事件按情节分章节，通过对细节的"深描"，在重组片段的过程中，还原一个真实、具体的世界。本章就采用叙事法将笔者收集的资料呈现给读者。

第二节　走进研究现场

一、走进 L 教育园区

清晨，笔者伴着朝阳，启程。从笔者学校到园区要转一次车，坐上一辆只有 13 个座位的面包车，驶向 Q 县城，两边的山光秃秃的，卡车驶过，尘土飞扬，行驶了一个半小时后，笔者到达县城汽车站。接着转车继续驶向 L 教育园区，山路很窄，弯弯曲曲，盼望着早点到达园区。终于，经过两个小时的颠簸，笔者到达了园区所在的中心镇L镇。

小镇有一条主干道，商铺鳞次栉比，行人络绎不绝。L镇是甘肃省历史文化名镇，据说在距今7800年前，就有人在此繁衍生息，开垦种植，且文化底蕴深厚。L镇山多川少，梁峁起伏，沟壑纵横，人多地少，土地贫瘠，其所在的Q县是全省十八个干旱县之一。在经济快速发展的大环境下，这里的经济急需发展，教育水平迫切需要提高，L教育园区就是在这样的环境下应运而生。车停站后，往东走五分钟，笔者就到了园区。

笔者到达园区已近中午，园区渐渐热闹起来，有提菜匆匆回家的女性，也有放学后嬉笑打闹的孩童，园区一派和谐景象。走进园区，一栋白色的办公楼和两栋粉白相间的四层住宅楼映入笔者眼帘，园区的办公楼上有"创新走教模式，促进教育公平"的醒目标语。整洁干净的教职工食堂，宽敞明亮的办公室和教研室，温馨舒适的教职工宿舍是给笔者的第一印象。

实行走教前，L镇农村小学布点多、班级规模小、教师队伍不稳定、教育资源短缺、教育质量偏低，基于以上的问题，经过深入调研、深入研究，按照"资源共享、联合互动、集中住宿、巡回走教"的总体思路，将以前的学生"走读"变为教师"走教"，2015年9月，L教育园区正式运行。

园区成立了园区管理委员会，组建一套领导班子，设立一个综合办公室、一个教研教改中心、一个后勤服务有限公司。综合办公室负责园区的工作、教师派送、园区安保及日常工作；教研教改中心负责整个学区的教学规划、教学模式、教师培训，以及教师集体教研工作，统筹管理教学资源库；后勤服务有限公司提供后勤保障工作，例如食宿、车辆调配、功能室协调分配，园区绿化卫生、供水、供电、供暖等。整个园区以中心小学为主，与分布在大山上的学校、教学点互动联合，实行教师走教，校点整体管理。教师统一在园区食宿，早晚校车接送，晚上可在园区开展集体教研活动，并且各校课程、教师由园区统一管理调整，打破传统校际界限，教师由"学校人"变为了"园区人"。

二、走近 C 教师

笔者第一次去 L 教育园区参观时，就见到了 C 教师，他为人亲和热情，并且在教育教学方面有自己独特的见解。在最后确定论文选题后，笔者第一时间想到了 C 教师并联系了他，他欣然同意。

C 教师出生于 1982 年，刚刚结婚两年，一位"80 后"青年，脸上早已没有了稚气。他是个很健谈的人，我慢慢对他有所了解。C 教师出生在甘肃省 T 市 L 镇，父母是朴实的庄稼人，他是家里唯一的儿子，父母每天辛苦劳作，他很早就懂得珍惜父母来之不易的每一分钱。一直到高中，C 教师的学习一直都不需要父母操心。2007 年，C 教师参加工作，之后一直在 L 镇的农村小学工作，现任 N 小学校长，同时是六年级语文教师。

从 C 教师整个从教经历来看，从选择体育专业，报考师范院校，到毕业后去深圳打工两年，再到参加招教考试回家乡成为正式的农村小学教师，角色不断变化，看似平稳过渡，但过程中矛盾与冲突层出不穷。整个过程中，C 教师的教育态度不断变化，逐渐适应农村小学教师职业的种种要求。难能可贵的是，他数十年如一日坚守在农村教育这片热土上，坚持自己的教育理想，保持自己的教育风格，将希望的种子播撒在家乡的土地上。

1. 职前故事

本部分首先关注的是 C 教师职前的成长故事。这一阶段，C 教师面临三种角色的转换，即农村孩子、体育师范生到农村小学教师，面临着来自生活、考学、就业三方面的压力。让我们走近 C 教师，共同体味其心路历程。

1）农民子弟，勤劳乐观

C 教师出生在一个普通的农民家庭，有一个姐姐，父母靠仅有的几分薄地，辛苦养育姐弟两人。在农村，"养儿防老"的观念还是比较盛行的，其父母对于 C 教师的出生甚是欢喜，并对其寄予期望。

他是这样介绍自己的："我的父母就是老实巴交的庄稼人，我们这里常年干旱，他们非常辛苦地经营着那几分薄地。虽然家里收入有限，父母也没有上过学，但是他们却非常重视我们的学习。父母一辈子靠天吃饭，面朝黄土背朝天，他们一直希望我和姐姐不再像他们一样风吹日晒，不再一辈子困在这贫瘠的土地上。教师在他们眼中算是比较符合这一条件的工作，定期发工资，并且有假期。"

C教师从小家庭贫困，需要帮父母做力所能及的事，这在一定程度上培养了他勤劳、不怕吃苦的精神，使得他在工作以后，乐于帮助同事，做事任劳任怨。一个人最初受教育的场所就是他的家庭，父母的期望就像一粒种子，虽彼时在其脑海里还未发芽，但家庭教育就像一个人的影子一样，影响其一生。

2）体育专业，促梦成真

C教师小学就读于本村的S小学，初中就读于离家不远的镇上L中学。他上小学时是1995年，此时《中华人民共和国义务教育法》已颁布近九年，但当时我国的基本国情是人口多、底子薄、包袱重，国家和家庭的经济承受能力都不强，所以很多学校教学环境差、教学设施不完备，没有足够数量且质量合格、学科配套的教师队伍。C教师回忆道："我上小学、初中时没有微机课、音乐课，体育课就是在满地是土的操场上乱跑。每天也没什么作业，在学校学点知识，回了家就玩，这样成绩自然就不理想。高一时，体育教师看到我身体条件好，个头高，便鼓励我学习体育，我自己对体育也很感兴趣，加之文化课成绩不算太好，体育专业高考要求的文化课成绩较低，我便毅然地选择了加入体育生的行列，主攻篮球。"

1995年，原国家教委印发《关于大力办好普通高级中学的若干意见》，其中提出各地可根据情况开办少量侧重体育、艺术以加强某一学科的特色班级，培养德智体全面发展并在某一方面具有特长的学生，且各高校对于普通高中体育类考生的招生录取需求有所增加，这为不少原本文化课基础薄弱但有着一定身体特长的学生提供了宝贵的求学机会。①在当时，对于 C 教师这样的农村孩子，想走出大山，考上大学，学习体育，可以说是一条较为便捷的途径。"由于体育专业选择的范围较窄，我只能报考师范类的学校，最终我被甘肃省 H 学院体育系录取，我就这样误打误撞成了一名体育师范生。"C 教师说。

C 教师用"误打误撞"一词来描述自己成为体育师范生的经历，可想其对教师这一职业没有太多的期待，并且对教师这个职业的认识也只是停留在学生时代自己对教师的印象。

C 教师谈到自己为什么选择师范专业，很大原因是能上大学，而不是教师这个职业对他有足够的吸引力，对"教师"更没有深刻的认识。懵懂少年，前路漫漫，正在人生的十字路口徘徊。

3）心怀梦想，独闯社会

毕业后，面临找工作的问题，此时 C 教师的姐姐和姐夫在深圳务工，他便有了去深圳闯荡一番的想法。背上行囊，一路南下，前路漫漫，等待他的是鲜花还是荆棘，一切都还是未知。

回忆打工生活，C 教师有许多话要说："打工的那两年，我做过销售，也和姐夫一起经营过电脑维修店，其中滋味只能自己体会。城市是好，什么都有，一开始我也一心想在大城市做出点成绩。可能大家听多了成功的故事，但是成功的只是那万分之一，更多的是普普通通的职员，每天过着朝九晚五的生活，我不喜欢，而且我感觉我的性格太直，不太适合在社会上闯，学校人际关系更单纯一点。"

从谈话中,我们不难看到 C 教师这两年的打工生活更多的是辛酸，C 教师认真地对自己进行了剖析，社会上复杂的人际关系让他感到身心疲惫，加之背井离乡，家里年迈的父母需要照顾，于是，C 教师回家乡加入了教师队伍。

从 C 教师整个入职前的经历来看，他对教师职业的态度是不断变化的。最初，选择师范院校并不是他的本意，而是为了考学，教师这个职业也并不是 C 教师毕业后的第一选择。但经历两年的打工生活之

---

① 曾宪斌. 高中体育生学习动机、心理健康与学业成绩的关系[D]. 武汉：华中师范大学，2015.

后，他充分认识了自己，发现自己的性格更适合人际关系相对单纯的教师，最后，家乡组织考试，C 教师加入教师队伍。

2. 职业初期

C 教师的职业生涯始于 Z 小学，了解他工作生活的环境，可能会为我们提供更多有利的线索。这个小学已有八名教师，七名年纪较大的男教师，一名本村代课的女教师，教师数量少，人际关系简单。六间土坯房建于 20 世纪 80 年代，年久失修，教学工具简单，黑板、讲桌以及破旧的桌椅，教室前有一个花坛，里面竖立着一杆旗杆，校园地面未经硬化，全是土制地面，这就是 Z 小学的基本情况。

"Z 小学的基本情况是这样的：我们的小学大都分布在山上，山路不好走，一年四季，我从镇上骑摩托车到学校要花二十多分钟。尤其是冬天，下雪路滑特别危险，风吹得脸疼。我们这些男教师还好说，冬天晚上还可以回家，对于单身女教师来说，来回奔波确实辛苦，平时只能住在学校，周末再回家。学校没有给单身教师提供宿舍，我们就住在办公室里，白天把床收起来，教师就在这里办公，晚上再把床支开，睡在上面。冬天，没有暖气，需要我们自己点炉子取暖。夏天，屋子小，太热的天，晚上在屋里都待不住，没有一点家的感觉。"通过 C 教师的描述，我们了解到 Z 小学教学环境艰苦。对于新入职的教师来说，良好的工作环境是影响其职业认同的一个重要因素。此时的 C 教师对所处的工作环境是不满意的，但是他肯吃苦，因此也没有过多地抱怨。下面聚焦发生在 C 教师身上的，令他难忘的三件事，共同体味职场新人的酸与甜。

1）新手入职，手忙脚乱

新手入职，走马上任，但一开始的教学工作就令 C 教师措手不及。"来到 Z 小学，我除了不教英语外，其他科目都教。我学的是体育，但要教他们识字、算术，真是让我捏一把汗。刚开始上课的时候，不懂什么教学方法，整堂课都是我来讲。对教学的重难点把握不清楚，满堂灌的老方法不仅让孩子们学起来很吃力，我自己也很苦恼。"

地理位置较为偏远的农村小学，师资力量不足，学生年龄参差不齐，但学校的年级数量却不能减少，在这种情况下，包班制就产生了。一些农村教学点，学生人数极少，则由少数的教师来维持整个年级的正常教学，基本上是一个教师包揽一个班级的所有学科教学任务和管理事务。"那时学校教师少，可交流的人更少，所谓的教研更是没有，我就只好自己去网上查阅优秀教学案例，模仿人家的讲课风格，教学环节的设计，重难点的把握，一点点自己摸索。我常常想这样讲对不对、好不好，整个过程时常会质疑自己。"C教师如实说道。

　　C教师属于典型的"教非所学教师"。"教非所学教师"是指正在从事某一学科课程教学工作，但在职前教育中，其所学专业并非本专业，这类教师对其所学科目不熟悉，对学科结构不了解，有可能会对所教学科产生抵触心理，这样会对其教学产生负面影响。Z小学实行包班制，多学科的教学工作令C教师倍感压力，同时，由于其有较强的责任心，内心很自责也很无奈，对自己持否定态度。

　　2）披荆斩棘，重拾信心

　　公开课是每位青年教师都要经历的，也是教师专业发展的重要途径，教师的收获不仅仅在于最后的结果，也在于其认真准备的过程。"一段时间后，我找到了生活的节奏，工作也慢慢步入正轨。在工作的第二年，我参加了镇上举行的优质课比赛。为了得到好的名次，我从头到尾认认真真地打磨一节课，修改完了就让同事帮忙看，改完了再上课。这次比赛真的很锻炼人。"C教师说道。

　　公开课就是研究课，由教育专家共同评审，教师本人一遍又一遍地研磨，最后结合专家的反馈和自己的反思，认识到自身课堂存在的问题，并且接下来会为提升自身专业能力花费更多的时间和精力，这样的公开课才能对教师专业能力的提升起到促进作用。

　　C教师这一次优质课比赛的成功，让他认识到做一名好的教师需要经验的积累和知识的沉淀，同时，对自己所不擅长的学科有了信心。通过优质课比赛，C教师注意到自己讲课时的一些问题，并且慢慢找到了自己的教学风格。这次比赛既是对C教师的一次考验，同时是对他两年工作的肯定。"做好一名教师"成为他新的目标。

3）技术达人，大显身手

在深圳务工的两年，C 教师与姐夫一起经营过电脑维修店，对电脑方面的知识有所了解。回到家乡工作不久，镇政府要搭建一个党员活动培训平台，经人推荐，这项任务就落到了 C 教师身上。"整个平台的搭建任务量真的很大，从整体构思到首页设计制作，从版面划分到文件整理、字体的使用、图片的选择，都是我一个人来想来做的。那时候，除了上课，我就一心扎在平台搭建上，周末也加班，一个月的时间，整个平台才做好，看到最后的成果，内心成就感油然而生。"C 教师颇为欣慰地说。

C 教师通过自己的努力，不断克服困难，平台最终搭建完成，并获得各方面一致好评，其成就感油然而生。

许多理论都认为前 3 年是教师的入职期，这一阶段的关键词是"求生"与"现实的冲击"。此时，C 教师"现实的冲击"是工作环境艰苦，以及"教非所学"带来的教学上的困扰，这两个现实问题一度使 C 教师对教师这个职业产生怀疑。

3. 职业中期

1）工作"瓶颈"，热情殆尽

进入职业中期，工作方面已经趋于稳定，结婚生子则需提上日程。C 教师于 2015 年结婚，此时距其入职已近八年时间，32 岁结婚在农村已算大龄，其间亲戚、朋友不断介绍，但他都没遇到合适的人。

笔者："您结婚时 32 岁，这个年龄结婚在农村算晚的吧？"

C 教师："对啊，结婚这事一直是我工作以来的大难题，父母着急，亲戚朋友一直介绍。我的生活范围很小，基本是学校这个圈子，与社会上的女性接触机会不多。而一些在镇上学校工作的女教师大多想找个在城里工作的对象或者是机关事业单位工作的，像我这样的情况，真的是很难找对象。"

与其他行业相比，男教师处境略显尴尬。

"实行绩效工资后，我们的工资也涨得不多。有的时候，学校减少教学成绩不好的教师的工资，将其补给教学成绩好的教师，教师的怨言很多，有的教师可能拿的比实行绩效工资之前的还要少。其实，除教师自身教学水平外，学生水平参差不齐也是影响教师教学成绩的一个方面，以这样的形式评定教师工作的好坏，我认为不太合理。"C教师说道。

C教师任职学校所在的L镇是距离县城最远的乡镇，交通闭塞，工资待遇低。他说，结婚了，再加上父母年纪大了，再也没有出去闯荡的劲头，甚至没有刚开始上班的热情，日复一日，昨日的激情已被现实打磨殆尽。

2）各式培训，眼花缭乱

2010年，C教师通过在Q县电大学习，获得了本科学历。2012年，他参加了国培计划，在T学院学习了半年，其间也去兰州参加了多次培训，例如英语培训、计算机培训，各式各样的培训非常多。C教师说道：

"镇上的大部分教师都报了电大学习班，只要定期去考试，到期就发毕业证。学习过程很简单，但学习效果不明显，而且即使拿到了学历证书，工资也没涨，对职称评定也没用，所以越来越多的教师不再热衷继续教育。"

"国培计划，在T学院进修了半年，几百人的大礼堂，教师在上面讲，我们在下面听，但是教师给我们讲的都是理论知识，回到真正的课堂基本发挥不了作用，还不如让我们观摩名师的几堂课。现在教师们出门培训也不像之前那样积极了。"

通过C教师的话不难看出其有继续提升自己专业素质的愿望，但是各种形式化的培训令其厌倦，看似形式多样，实则解决不了教师课堂上遇到的真正问题。农村优秀教师不多，年轻教师如何教及怎样教好这些问题亟待解决，所学的理论知识无法应用于课堂，C教师产生这种消极心态，也是可以理解的。

3）学生减少，积极性低

农村学校学生及家长择校观念不一，学生流动性大。相比较而言，农村学校某些条件比城市差，学生积极性不高，很多家长亦不重视，教师教学信心受到影响。C 教师说："农村学校办学条件差，撤点并校后，有许多孩子转学到镇上，或者到县城租房上学，学生减少了，教师们越教越没劲了。"教学设备不完善，课程开设不全，教师专业性不强，学生成绩不是很理想等问题，令 C 教师职业认同度不高。

4. 职业后期

由于 C 教师踏实肯干，2008 年，他担任 F 小学教务处主任；2014 年，又调任至 N 小学担任校长。走马上任后，他为学校、为教师、为学生解决了一些迫在眉睫的事情，教学工作也开展得如火如荼。

1）新官上任，众人夸赞

"我刚来学校时，几间教室的房顶年久失修，下雨天还漏雨，我就请师傅将房顶翻修了一遍，墙面重新粉刷了一遍，窗户换了新的，修了花坛，地面进行了砖面硬化，你现在看到的 N 小学已经不是从前的样子了。"C 教师说起这些，颇为自豪。笔者与村民交流时，他们都对 C 教师称赞有加，他们真真切切地看到了学校的变化。

在教师方面，首先解决他们的伙食问题，以前教师的午饭需要自己解决，饥一顿饱一顿的，教师怨言很大。现在学校请了一位做饭的师傅，每个月给他 600 块钱工资，每天负责采买、做饭，教师想吃什么直接告诉师傅，教师的伙食费是每天五块钱，放学后有一口热乎饭，教师都很满意。

C 教师非常重视校园文化建设，他说："校园里的文化建设标语都是我在网上找的，每一句放在什么位置、什么形状，都是我设计、落实的。"笔者在观察校园时，看到洁白的教室外墙上挂着扇形的标语，例如"汗水是奋斗的痕迹，毅力是成功的前提，成功取决于毅力而非智慧""微笑是最具震撼力的语言，是人与人之间沟通的桥梁，是人脸上最美丽、最灿烂的花朵。"一句句朴实的话语，没有老套的说教，只有殷切的期望，只有真善美的感化。

　　这几件事看似平常，却可以看出 C 教师很享受做这些事带给自己的成就感。一旦人们体验到成就感，就会获得一种精神上的满足和动力，会看到工作本身给其带来的意义，工作不再只是为了生计，而是一种社会责任，工作将充满激情和乐趣，这是教师的内部工作动机。

　　调研期间，N 小学举行了一次家长会。参会的大部分家长都是学生的祖父母辈，还有母亲抱着小一点的娃娃来参加家长会的，学生们坐在家长旁边，叽叽喳喳好不热闹。C 教师作为校长，主持本次家长会。先是给优秀学生颁奖，接着又讲了学校愿景，家长们听后，无不鼓掌，从他们质朴的脸上，看到了对 C 教师的期望与尊敬。

　　"从我来到 N 小学担任校长后，村里人看到了学校的变化，每当我经过村子时，老乡们都亲切地和我打招呼，和乡亲们聊聊家常，很亲切。"笔者在和 N 村村民交流过程中发现，他们都对 C 教师夸赞有加。用 C 教师自己的话说："教师的社会地位是靠自己争取来的。怎样争取？就是真正地将自己的身心投入到教育中，真正地做点实事。"

　　与 C 教师交谈中，他多次提到本校的一位老教师 J 教师。J 教师今年五十多岁，马上就要退休了，但现在依然坚持在教师岗位。教书育人近三十年，J 教师带的每一届毕业生的数学成绩在全县排名中都名列前茅。据 C 教师说，J 教师特别敬业，教学上有自己的一套方法，知识点深入浅出。笔者调研时也参加过 J 教师班级内家长会，他将每位学生的优缺点了然于心，用最质朴的语言和家长分析学生最近的学习情况，又拿出书写优秀的作业让家长传阅。看着 J 教师认真的模样，笔者不禁感叹 J 教师是教师的楷模，农村教育需要更多像 J 教师一样的人。C 教师对其尊敬有加，视其为榜样。

　　2）生活环境，全面改善

　　L 教育园区位于甘肃省 T 市 Q 县 L 镇，是 Q 县最偏远的乡镇之一，从县城到园区需要一个半小时。

　　经园区校长介绍，L 教育园区共有小学 17 所，共 103 个班级、2428 名学生，学生上学放学不再接送，而改为教师巡回走教。实施走教后，教师的生活得到改善。

笔者走访园区，与园区教师交流了解到，学校统一发车，统一接送，早七点在园区门口准时发车，每辆车都配有专职司机，不再风吹日晒，家里人也不用担心教师们上下班的安全问题。

园区还解决了教师的住房问题，八十多平方米的楼房，教师们只用交 2 万块钱押金，只要不调离，就能一直住下去。冬有地暖，周围有健身设备，家里装了宽带、安了空调，生活环境得到改善。

园区配备食堂、锅炉房，教师们下班后可以在食堂吃饭，食堂师傅每天变换着花样给教师们提供饭菜，食材新鲜、卫生，而且便宜，教师们终于结束了和炉子的斗争。

留人先留心，设身处地为教师着想，让教师有归属感。园区确实为教师想得很周到，从 8 小时之外到个人吃住行，学校替教师解决了后顾之忧，更多的教师愿意扎根农村。"现在已经有外地教师在打听如何能到园区教书了。"C 教师得意地对笔者说。农村教师不能只靠良知和奉献撑着，提高待遇才是留住农村教师的硬道理。

3）教学硬件，不断完善

L 教育园区投入大量资金用于远程教育资源的建设，分布在每所村学和教学点，教学资源的更新，不仅给教师带来了改变，同时也是一次挑战。"现在我们每个教室都配备了一体机、投影仪，教师上课提前制作课件，用多媒体来上课，整个课堂生动了许多。"C 教师接着说，"但我们的好多教师都不太喜欢用多媒体，尤其是老教师，课堂需要与多媒体课件相融合，怎样融合是需要一定经验与技巧的，很多教师没有这方面的经验，所以多媒体利用率不高。"

多媒体的应用使原来单纯使用黑板、粉笔的课堂更多彩了，农村小学的课堂也可以像城市学校的课堂一样，更多元素融入课堂，学生学起来更积极。但是多媒体课件的制作需要教师掌握一定的信息技术知识，并且需要大量的时间，很多教师并不具备这方面的能力，也觉得很麻烦，因此他们更喜欢传统的教学方式。

4）集体备课，促其成长

集体备课是校本教研的主要方式之一，也是教师专业发展的重要途径。L 教育园区统一安排教研时间，每周二、周四，语文、数学、英语以及音体美四个教研组实行集体备课。

教师在课时（对教师）负担重、个人身体健康状况不好的情况下，很难面面俱到地精心设计、构思每一节课。现在，在教研组选定的主备人精心备课的基础上进行有针对性的改动，即二次备课，既可以很好地缓解大部分教师备课的压力，又能使教师之间相互学习，使教师将更多的精力放在学生身上。

与园区 A 校长交流时，其介绍道："走教模式实施以来，由园区统一管理教师进行集体备课，最明显的好处是减轻了教师的负担，我再也不用早起走山路，晚上熬夜备课到很晚，还担心自己休息不好，精力赶不上，第二天不能把知识点给学生讲清楚了。"教学活动是一项注重创造和生成的活动，加之教材内容具有多样性的特点，个人备课看似效率很高，实则很难全面理解和把握教材内容和教学重难点。集体备课有效地克服和弥补了个人备课存在的不足，考虑了教学中可能出现的一些诸如学生难以理解和教师想不到的新问题。

教师集体备课，即教师定期参与集体备课活动。二次备课，首先由主备课人进行说课，然后其他教师针对主备课人的说课内容，进行讨论，形成共案的过程，即在备课的基础上再次备课。这一新的备课形式和以往研究中提及的集体备课有所不同，园区教师集体备课更加注重教师的反思过程，这对教师的成长无疑会起到积极的促进作用。

5）地位提升，赢得尊重

L 教育园区实行走教模式，对所有学校、课程统一安排，统一配备教师，以保证课程开全、开好。音体美三门科目由专业教师教授，学生的学校生活更加丰富多彩了。"现在各个科目都已经开齐，课堂丰富起来了，校园里的笑声更多了。学生们和任课教师很亲近，一下课就黏在教师旁边，问东问西。"C 教师说。笔者和村民交流，他们说："现在学校里有了歌声、广播操的声音，孩子们会讲普通话了，交给学校，我们放心了。"

　　家长的理解与支持是教师教育教学不断发展的动力，随着农村教师在学生及家长心中地位不断提升，农村教师的职业认同感也越来越强。

　　6）受到关注，倍感荣幸

　　2015 年，园区正式实行走教模式。各级领导来调研，各路记者来走访，各校学者来研究，小镇备受关注。C 教师所在的 N 小学经过前两年的改善，已经有了新的面貌，每次都是领导、学者参观必经的一站。

　　走教是 Q 县教育的创新，如果试行成功，可能会推广到全省甚至全国。C 教师说："作为园区的一员，我很荣幸能参与这样一次史无前例的改革中。虽然接待任务很烦琐，但是我接触到了很多我以前不可能接触的人，比如去年我国香港大学的学生来园区调研，和他们交流了很多，也从他们身上学到了很多。"实行走教以后，C 教师对教师这个职业的热情好像被重新点燃了。

　　C 教师之前已慢慢磨掉的热情再一次被"走教"所点燃。人是需要被关注的，往往受到关注，才有行动的热情，并且这是一次创新改革，影响深远，C 教师每时每刻都能感受到自己的使命。"走教"不仅给 C 教师带来了生活上的改变，也使 C 教师对自己的教育事业有了一个新的规划。

　　笔者："如果有一份酬劳更高，而您又能胜任的工作等着您，您会选择离职吗？"

　　C 教师："不会。"

　　笔者："为什么？"

　　C 教师："我对现在所处的环境熟悉了，对工作、生活的圈子也有了感情，住房问题解决了，车子也买了，工资在镇上生活也够用，不想再换新的环境重新适应、重新开始了。现在我就想好好地把 N 小学管理好，它就像我的孩子一样，看着它从无到有，它也见证着我的成长。我只想写好 N 小学的故事。"

从以上片段可以看出，C 教师是一位有想法、干实事的教师。自从其当了校长之后，有了更大的施展平台，把自己的想法变为了现实，用有限的资源创造了更大的价值。

第三节　故事解析

一、C 教师职业认同轨迹

从 C 教师的职业轨迹可以看出，他是一位有责任感、踏实肯干、有想法的教师。求学以及毕业后两年的打工经历，到他十年的从教经历，就是他对教师职业认同的过程。教师职业认同是由职业价值观、角色价值观、职业归属感、职业行为倾向四个因子构成的多维结构。从第二部分可以看出，C 教师对教师职业的认同是有起伏变化的。

懵懂阶段。C 教师为求学选择体育专业，高考分数不尽如人意，只能选择一个专科师范院校继续求学。大学几年，一心想闯荡社会的热情从未熄灭，教师这个职业不是他的第一选择。毕业后，孤身闯社会，一心想干出一番事业的他发现原来自己更喜欢人际关系相对单纯的教师行业，当家乡有教师招聘考试时，他回到了家乡，但是这时，C 教师还没有形成对教师职业的认同，只不过是认识到自己的性格更适合教师这个行业。

职业取向的改变。刚刚入职，C 教师还无暇享受"做教师"的乐趣，繁重的教学工作使他焦头烂额，学习体育的他还要承担语文、数学等科目的教学任务。语文、数学该怎么教，怎样教好是他最头疼的问题，他处于苦苦摸索阶段。工作第二年的一次优质课比赛是影响 C 教师职业认同的关键事件。此次优质课比赛，C 教师把自己的课细细打磨，和同事共同解决自己在课堂上遇到的问题，最后取得了较为理想的成绩。在这次比赛过程中，他慢慢找到了自己上课的模式，对课程也有了系统的整合，C 教师对教学工作充满了自信。C 教师"转危为安"，危机阶段顺利渡过。

经过几年的工作，在教学工作方面，C 教师越来越得心应手，虽然对所处学校居住条件差、交通不便利、人际圈小有过一些抱怨，但是这些都不是最大的问题，但工资待遇低、奖罚制度不合理等问题一直困扰着他。期间，作为学校的年轻教师，为学校、为其他教师服务似乎是 C 教师很大的乐趣。其后来又接管了学校的教务工作，他把这次工作机会作为一次学习机会，这些事似乎给 C 教师平淡的教学生活带来了一丝新鲜感。是金子总会发光。2014 年，他被任命为 N 小学的校长，他把自己对学校管理的想法都付诸行动。N 小学经过他几年的管理，已经有了很大的变化。教务主任、校长是职务上的晋升，给了 C 教师施展个人才能的平台，并且个人的想法得以实现，C 教师成就感倍增。加之学生获得优异成绩，家长越来越重视孩子的教育，C 教师感到了自己作为一名教师的光荣与责任。在教学过程中，C 教师虽然遇到或大或小的危机，但是他的教师职业认同感是不断增强的。

实行走教后，园区用"心"去关注教师。从 8 小时之外到个人衣食住行，学校替教师解决了后顾之忧，C 教师更愿意扎根乡村。园区因为实行走教而备受关注，C 教师作为其中的一员感到荣幸。园区再次点燃了他当教师的热情，是"走教"给了他第二次职业生命。

二、C 教师职业认同影响因素

在前面已经用较长篇幅详细描述了 C 教师入职前、入职后以及走教后的工作、生活情况。接下来，将深入地剖析隐藏在这些故事后影响 C 教师职业认同的原因。

1. 个体因素

1）性　格

教师职业认同特征之一就是具有鲜明的个人色彩，个人性格、生活经验等都会影响教师职业认同的形成。在笔者与 C 教师的接触中，他多次强调教师工作非常适合自己的性格。

C 教师认为自己的性格比较直，不会藏着掖着，在和他人交流时不喜欢揣测别人的想法。"当了校长之后，我对教师有什么意见会当面提出，不会背后说别人坏话。"C 教师坦言道。同事之间真诚交流、相处，C 教师非常享受教师这个职业带给自己的这份轻松。"天天和学生打交道，孩子们单纯善良、天真无邪，每次进入学校，学生冲着我喊'老师好'，所有的烦恼都烟消云散了。上课时，一双双求知的眼睛看着你，顿时动力满满。"学生天真无邪、不谙世事，C 教师很享受学生带给他的这份内心的平静。

C 教师朴实诚恳，乐于助人。笔者不止一次看到他给其他教师帮忙，一点也没有校长的架子。刚入职时，C 教师是所在学校唯一的年轻男教师，自然各种琐事都落到了他的身上。"作为学校里唯一的年轻男教师，各种力气活、杂活都落到了我的身上。学生课本运送、往中心校送各种材料、运煤、换灯，各种杂事都会找我，我很乐意做这些事情，感觉每天都很充实。"C 教师说。

C 教师对自己的"忙"有着不同的定义，繁杂的琐事，忙碌并快乐着。他当校长之后，也没有领导架子，吃饭时帮同事舀一碗，晚上回家顺路把同事载回中心园区，开家长会也会和同事一起布置会场。

C 教师积极乐观，不怨天尤人。初入职场的他被分配到山上的教学点，教学、生活条件不好，但他没有消极怠工，而是积极面对，从小艰苦的生活环境练就了他吃苦耐劳的品质。

C 教师职业认同的形成过程中性格因素有着较为重要的影响，这使得他在工作岗位上能全身心投入，在与同事相处过程中能保持良好的关系。双因素理论提出，人际关系是影响员工满意度的因素之一，良好的人际关系会提升其职业认同度，可见 C 教师的性格特征是影响其职业认同的一个非常重要的因素，他十分享受教师这份职业带来的心理上的愉悦。

2）解决专业发展中的困惑

教师专业发展包括教师知识技能的提升、教学水平及学科专业水平的发展。教师的专业发展，要尊重教师个人意愿，考虑其主观感受，以及在其能力范围之内，把教师的专业发展与教师个人条件相结合，如兴趣爱好、知识技能等。[①]

初入职场，C 教师教非所学，迫切需要得到必要的教育教学方面的指导与帮助，但其寻求不到相关帮助。"刚刚进入 Z 小学，对于我来说一切都是未知的，也是迷茫的，在教学方面更是摸不到头绪，学校一共就 8 名教师，可以交流的人太少了，重难点把握不好，满堂灌的课堂，常常把学生讲糊涂了。"C 教师无奈地说。当时的 C 教师只能自己摸索前行。

职业中期，C 教师参加过各种类型的培训，但对其自身专业发展并无过多帮助，专业上得不到提升，令 C 教师感到迷茫和困惑。"我参加的一些培训，往往形式大于内容，注重的只不过是一张证书，而不是学习的过程和效果。我不愿参加这样的培训，内容空洞，根本不能满足农村的课堂教学，我认为这些缺乏实用性的培训是浪费时间的。"C 教师说。

教师专业发展的内在动力是教师是否具有自主意识，只有教师自身认识到不足，并采取合适的方式方法，才能真正地提升个人专业水平，得到发展。偏远的农村小学在教学资源不足、信息不发达、工作任务繁重的情况下，完成自身建设是很困难的。双因素理论提出，影响职工工作满意度的因素中包括发展的可能性，即工作情景变化的可能性、提升的可能性、增加学习机会的可能性，可见专业发展对于职业认同是有影响的。C 教师从入职以来一直想寻求自身专业发展，但找不到突破口，为此感到十分迷茫，时间一长则会对工作缺乏热情和积极性，产生职业倦怠，进而影响职业认同。

2. 环境因素

环境因素对教师职业认同的形成具有重要意义。环境一般指所有可能影响人发展的外在条件。

---

① 曾庆伟，曾宪常，杜爱平. 教师本位观：一种教师专业发展的新理念[J].
中国成人教育，2001（4）：43～44.

1）教师心中踏实

作为一个独立的生命个体，教师有生存和发展的需要，而收入以及生活状态是影响其职业认同的两大关键因素。

农村小学教师大都生活在条件相对落后的农村，收入不高，对商品房的购买力不足，但许多教师多是在城市上学，体验过城市带来的便捷，想方设法往城市学校调动。教师队伍不稳定，对学校教师配置、管理等方面带来困难。

进入职业中期的 C 教师面临多重压力，其一就是住房问题，要稳定农村教师队伍，就必须先改善其住房条件，L 教育园将这一问题的解决放在了首位。C 教师说："只要是我们园区的教师，交 2 万元押金就可以入住了，而且这个押金最后不仅会归还教师，教师还能额外获得一部分利息，相当于把钱存起来了。"教师的生活条件得到明显改善，有效解决了农村教师工作不安心的问题，留住了教师，稳定了教师队伍，增强了教师的职业认同感。

2）教师心有归属

（1）教学资源的改善。

现代教育资源是教师更好完成教学的重要手段，资源配置不完善，使得农村教师学科专业知识难以充分发挥。

"刚当老师时，一进教室，一张讲桌、一本书、一盒粉笔、一面黑板便映入眼帘，那时我对计算机略有了解，对课件的制作也有心得，但是学校条件不允许，这也没有办法。"碍于硬件的缺失，C 教师对自己课堂教学的所有设计都无法实施。

L 教育园区建成后，教学资源更新，多媒体、投影仪进入课堂。"现在我上课就经常用多媒体，园区有一个数据平台，里面有各个年级、各个学科的课件，我一般会在那里找自己想用的课件，找到之后根据个人需要进行添加或删减，但是教学内容怎样和我的课件更好地整合，是我接下来要慢慢摸索的地方。"C 教师说。

对于有一定信息技术知识基础的 C 教师来说，用多媒体课件上课是信手拈来，教学硬件改变了其教学方式，课堂加入更多元素，学生上课更有积极性，教师则更愿意教，这样良性循环，使 C 教师的课堂更加多彩。

（2）集体备课的实施。

教师充分沟通合作，有利于教师专业发展水平的提升。走教前，教师分散在镇上的各个小学或教学点，每个小学教师数量少，没有教研活动，更谈不上教师专业提升。走教后，园区实行集体备课，在一定程度上减轻了教师的备课负担。C 教师谈到二次备课有自己的看法："集体二次备课最显著的好处就是减轻了教师的负担，教师不用每一节课都精心设计，只需要对集体讨论形成的共案进行个性化修改，工作量明显降低，而且拓宽了自己的思路，对提高教师的教学技能有积极意义。"

与园区 A 校长交流时，其对二次备课做了如下评价："由于教学活动是一项注重创造和生成的活动，加之教材内容具有多样性，使得个人备课看似效率很高，实则很难全面理解和把握教材内容和教学重难点。集体备课有效地克服和弥补了个人备课存在的不足，考虑了教学中可能出现的一些诸如学生难以理解和教师想不到的新问题。"

集体备课集聚众人智慧，教师通过不断沟通合作，实现资源共享。主备课人精心设计教学内容，其他教师各抒己见，将教学设计更加完善。这样不仅大大节约了时间，也能将教学设计更精细化。

（3）人际环境的变化。

学校是教师的工作场所，同事之间的关系是教师重要的人际关系之一。同事关系和谐融洽是教学工作顺利展开的保证。在马斯洛的需要层次理论中，当人的生理需要与安全需要得到满足时，就会有更高一层的需要。第三层次是归属与爱的需要。C 教师刚入职时，学校只有 8 名教师，与其他学校的联系也不多，教师进进出出就这几个人，圈子小，流动小。

C 教师回忆道："刚入职时，我们学校只有 8 名教师、几十个学生，教师一星期都生活在这一个小圈子里，有时候真感觉自己像个井底之蛙，看不到外面的世界，和外面的人没有交流，有时感觉自己孤零零地待在山上，很孤独，就像没人管的孩子。就我们这几个教师，想组织一场篮球比赛都不行。"C教师接着说："走教后，整个园区是一体，共有144名教职工。教师集中了，有了安全感、归属感，教师的感情交流也更加频繁了。周末有时候几个朋友会打打球，在镇上找个饭馆喝点酒。现在园区教职工人数多了，从园区开始使用到现在，我们组织过篮球比赛和乒乓球比赛，反响都不错。"

C教师加入教师队伍，其中最大的原因就是教师的人际关系单纯，从最初的Z小学只有8人的小环境，到实行走教后144人的大环境，改变不仅仅在数量上，改变的是人心，也是教师的归属感。

笔者在走访调查中发现，尽管教师之间有一定的交流合作，人际关系相对融洽，但偶有表面一团和气、实际不和谐因素存在。教育园区运行后，C教师所在的N小学是各界人士参观的必经一站，他踏踏实实地投身于园区工作，但园区的评优选先却令C教师不满："今年选先进，我们学校只得了一个'先进集体'，别的小学的校长有'优秀校长'称号，而我没有，我就感觉很不公平，我的工作大家都是看在眼里的，每次接待工作也是我们学校打头阵，没有功劳也有苦劳吧，接下来我也要评职称了，优秀校长的称号对我来说是很重要的。"园区评优选先存在一定的问题，对于尽职尽责的实干者没有给出合适的评价，令C教师感到不公平，这对其工作积极性有一定的影响，很难给教师以职业幸福感和安全感，从而会影响教师职业认同感。期望理论提出，人在得到预期的成绩后，希望得到适当的奖励。如果没有相应的有效的物质和精神奖励来强化，时间一长，积极性就会消失。园区评优选先存在的问题想必对C教师工作积极性有一定的影响，从而影响其职业认同。

3）教师的苦与甜

小学阶段的教学内容相对简单，且农村小学有大量未经过专业师范学校培训的教师，许多教师教非所学或一人多教，这样的授课方式毫无专业性可言，家长质疑教师的能力，一些教师自身教育观念也较陈旧，社会声望不高，职业认同度不高。许多家长宁愿背井离乡，也要带孩子到外地接受更优质的教育。以前班里几个、十几个学生是常见的事情，许多家长为了孩子有更好的出路，将孩子转到镇上、城里上学。自从实行走教后，小学课程基本开全，并且由专职教师教授，家长更愿意将孩子送到离家近的学校。C教师说："自从园区成立以来，课程也开全了，学生的学习积极性也上来了，家长也比以前更配合工作了，对教师也越来越信任了。六一儿童节时，学校组织教师给学生排演节目，并邀请家长一同来观看，家长看到孩子们的进步，对我们的工作给予很大的认可。"

农村教师大都是土生土长的本地人，与学生或家长可能存在亲缘关系，这样的"熟人环境"会大大增加学生、家长与教师之间的信任。C教师作为土生土长的L镇人，对于当地的风土人情很熟悉，与当地的村民也很熟悉。自从C教师来到N小学，其带来的变化乡亲们都看在眼里，记在心里。笔者与当地村民交谈时，谈到C教师，无不对他表示夸赞："他来了以后，给我们村增建了幼儿园，以前孩子们要走很远的路到镇上的幼儿园，或者天天在村里疯跑没人管。现在好了，孩子有人管，中午有人看，大人可以安心地去找个工作挣钱了。"用C教师自己的话讲："教师的社会地位是靠自己争取来的。"

一些人误认为小学教育工作简单琐碎，缺乏挑战性，并且女教师占绝大多数，男教师不适合从事小学教育工作。许多已经选择这一职业的男教师面临种种困扰，如爱情、婚姻、家庭等，C教师入职后，择偶问题也一度困扰他。

3. 关键事件

关键事件可能来自教师个人成长经历、学习经历、从教经历，这些事足以影响其对职业认同的形成与发展。

事件一：大学毕业后，C教师一心想走出大山，去大城市闯荡一番，他来到深圳，开始了他的打工生活。"由于我是体育专业毕业的，在深圳根本找不到对应的工作，我在工厂里当过流水线工人，一天到晚重复同样的动作。"C教师不喜欢每天单调重复的工作，工厂里的工作环境也不是很理想。"后来也做过销售，但我不是能说会道的人，没工作几个月就放弃了，之后和姐夫一起做电脑维修，每天生意也不是特别好，每天还要开门营业，这样的生活真的不是我想要的。"一系列的工作经历，与他个人的想象相差甚远。打工经历让一心想干出一番事业的 C 教师充分认识到了社会的复杂，同时他也剖析了自己的性格，他更喜欢人际关系单纯的教师行业，愿意加入教师队伍。

事件二：C 教师在 2014 年被任命为 N 小学校长，这次角色的转变，似乎给 C 教师的职业生涯开启了新的篇章。C 教师担任校长后，职务上得到了提升，有了更大的自主权来实现教育理想。

C 教师在朋友圈里发了几张孩子在草地上奔跑的照片，并写道："舒适的草地，快乐地玩耍，天真的童年，可爱的小朋友！"这引起了笔者的关注，L 镇长年干旱，种植一片草地想必是很费工夫的，笔者便问起草地这件事。C 教师面露微笑地说："一直想给学生建一块草地，学生在上面跑啊、跳啊也安全，今年春天就开始动工了，请了师傅一点点先将地铲平，然后我又找我的同学买了种子，我每天一点点地看着草的变化。我们这里雨水少，暑假的时候，我每天都来浇水，九月份开学草就长了一大截了，我便到市里让同学帮忙给借了个除草机，把草修剪整齐，学生上学后，高兴地在草地上打滚，我看着心里美滋滋。"

这虽然是一件微不足道的小事，但足以看出 C 教师用心对待自己的工作，用心呵护学生。他修缮教室，美化校园，提升学生素养，强化教师队伍，他一步步地将自己的教育理想变为现实，这不仅增加了其成就感，而且实现了自我价值，同时获得了周围村民的广泛好评。双因素理论提出，成就、工作本身是影响工作满意度的因素。成就，即是否成功地完成了工作，是否解决了问题；工作本身，即工作是否具有创造性，是否有趣。C 教师在担任校长后，其工作本身以及工作带给其的成就感，都对其职业认同有一定影响。

4. 重要他人

重要他人是指对个体自我发展有重要影响的人或群体。在 C 教师的教师职业认同形成过程中，重要他人往往扮演着举足轻重的角色，这些重要他人在不同时期影响着他对教师职业的认同。

家庭是人接受教育的第一场所，父母自己的观念潜移默化地影响着子女。C 教师的父母都是土生土长的庄稼人，没有接受过良好的教育，他们一辈子在黄土地上劳作，深知生活的不易，靠天吃饭没有实实在在的保障，他们盼望着自己的孩子长大后能有一份轻松稳定的工作。在 C 教师父母眼里，教师职业相对于其他职业来说，是一个比较好的工作，因此从 C 教师小时候起，父母就希望他将来能从事教师工作。C 教师说："我爸妈希望我们不再像他们一样，他们过惯了苦日子，天天风吹日晒，就想我和姐姐有一个环境相对舒适的工作，教师在他们眼里是个不错的职业，有稳定的工资，人际环境、工作环境都不错，从小就对我们说将来你们也一定要找像教师一样的工作。"

C 教师多次提到教师不是他的最初的选择，甚至毕业后决定要在社会上做出一番事业。但不能辜负父母的期望，多年来父母的观念对 C 教师是有重要影响的，加之 C 教师的性格与职前工作经历等因素，使 C 教师较为迅速地适应了教师的工作，对教师产生了一定的认同感。

工作期间，在 N 小学的 J 教师是 C 教师的重要他人，以及他身边像 J 教师一样扎根农村、兢兢业业的教师都是 C 教师的重要他人，正是 J 教师的榜样力量，使他对教师这个职业有了更深的理解与认识，与他交流中，他无不流露出对 J 教师的敬佩："J 教师年龄和我父母差不多，明年也该退休了，但他从来没有耽误过学生们一节课，有事也是把课调好了再去办，他对学生真的很细心，作业面批，学生不会的问题一点点地讲，每年 J 教师教的班学生成绩都是最好的，村里人都放心把娃交给 J 教师，在这里 J 教师很受尊敬。"J 教师用他的行动感染着 C 教师，榜样的力量是无穷的，在 C 教师身边还有许多像 J 教师一样的人，比如十年如一日坚守在教师岗位的代课教师 W 教师、踏实肯干的 F 教师，他们都是 C 教师成长路上的动力。

第四节　农村小学教师职业认同提升建议

教师对职业认同度高，对于提高农村教师留任率，稳定农村教师队伍，促进农村教师专业发展都具有非常重要的意义。笔者分析 C 教师整个从教经历，发现影响其职业认同的因素有许多，这些因素相互交织在一起，随着时间的推移，这些影响因素在不断地发生变化。其中个人性格、教育理念、师生关系对其职业认同起到正面影响；人际关系从一开始的小环境到后来园区大环境，使其职业归属感增强，并影响其职业认同感提升；教学硬件、软件匮乏到资源充足，教学手段多样化，其课堂更加生动多彩，也对其职业认同有一定的影响。但在工资、个人专业发展等方面对其职业认同起到负面影响。前面分析了 C 教师职业认同的影响因素，C 教师身上存在的问题，其他农村教师身上也可能存在。以下我将从教师、学校和教育部门几个层面提出相关建议。

一、教师自身

1. 增强自我发展意识

教师自我专业发展意识是指教师为了获得自身专业发展，完善自身教育理念与行为的意识。教师一般通过反思、体验、顿悟、创造和总结来提升个人专业水平。

农村教师要发挥个人主观能动性，积极主动地寻求发展机会。首先，农村教师应充分利用现有资源自主开发学习，例如借用农村特有文化素材，开发乡土文化教材，借助互联网展开自主学习等。其次，农村教师要利用好每次公派外出学习的机会，积极参与，充分交流，将所学的知识融会贯通应用到教学实践中。再次，农村教师要充分认识自身的专业水平，制定属于自己的、个性化的专业发展规划，明确不同阶段自身应达到的专业发展目标。最后，根据教师自身的具体情况制定具有自己特色的专业发展目标与行动方案。

2. 培养个人合作精神

教师职业的 大特点就是劳动的集体性。教师承担教书育人的重任，单凭教师自身是完不成任务的，所以需要教师共同努力，采取有效的合作方法，达到最终的教育目标。在教师教育教学工作中，合作精神是教师必不可少的。每个教师即使各自的知识结构、能力、教学风格迥然不同，但集体选择一种共同的合作态度，最终也会达到育人的目标。这就要求教师怀揣一颗开放的心，积极、主动地寻求与他人合作，共同发展。主动加强与同行的交流与合作，形成共同发展的协作氛围，在团体合作的和谐氛围中，以教育实践为载体，以共同学习与研讨为主要形式，通过相互交流与合作来相互学习和分享彼此专业发展进程中的经验，从而实现教师的共同提高和共同成长，那些缺乏教学经验的青年教师也能逐步成长起来。

3. 培养个人反思习惯

反思习惯是教师专业发展的重要因素。农村教师只有认识到反思的价值，才能积极主动地从事教育教学工作，基于教学实践行动研究中的行动—研究—再行动—再研究的原则，经历发现问题—剖析问题—制订行动研究的方案—实施研究方案的过程，在实践中反思，从而得到新的启发，进而提升个人教学能力，促进教师个人专业发展。积极的教学反思有助于教师产生积极、愉快的情绪体验，对教师个人教学效能感、教学动机等都有一定提升，进而影响自身职业动力。

反思同样有助于提高自身的人际交往能力。教师自觉分析自身在人际交往过程中的行为、原因及后果，从而取长补短，提高自身人际交往水平。

4. 培养个人乡土情怀

农村教师大都是本地人，对伴随自己成长的故土有着浓厚的感情。只有唤起他们对家乡的"乡愁"与"乡情"，才能激发其归属感。农村教师应以促进农村学生的生命发展、提高农村教育质量、促进农村文化繁荣以及进一步推进农村振兴为根本目标。

农村教师不是游离于农村的他人，而是农村建设的重要成员。首先，培养农村教师的乡土情怀，增强乡土意识，让其从内心深处认同农村，接受农村生活，强化其对农村和农村教育的情感依恋和归属。

其次，强化教师的责任感，以振兴农村教育为己任，心系学生，心怀乡土，始终以身为农村教师为荣，只有这样才能更好地融入农村。

二、学校方面

1. 营造合作育人环境

制定合理的合作制度，营造合作育人环境，是开展一切活动的基础。开放民主的校园文化更有利于教师合作活动的开展。

在当前合作的大环境下，学校应为教师搭建教师合作平台，不能仅局限于学校内部，所谓人外有人、天外有天，采用学校教师走出去、外面教师请进来的方式，将合作平台扩大。例如，请校外名师、教育专家、优秀教育工作者走进学校，让其在教学、管理等方面与农村教师进行沟通。

青年教师在刚刚入职的时候会遇到许多困难，这些困难都是其在学校学习过程中不曾学到的，例如课堂管理、课程教学、"学困生"问题，不管是在教学上还是心理上都还不成熟，但是学校方面需要其快速成长。年龄较大的教师对新鲜事物接触较慢，例如多媒体应用、家校联系的手机软件等，但年轻教师对这些都已熟知。在学校营造的合作大环境下，新老教师相互学习，取长补短，合作共赢。学校可通过定期组织新老教师论坛、"师徒制"、不同学科课题研究等形式营造合作环境，整个学校融为一体，这样对学校教育教学工作必定会起到重要的作用。

2. 创建合理评优体系

双因素激励理论中的激励因素是工作本身的内在因素，它们能调动员工的积极性，使他们在工作中充满激情和创造力，提高工作效率和绩效。这些因素包括：工作中的成就感、工作的认可和接受、工作的挑战、工作的乐趣、对未来的期望、责任等。教师获得领导的认可和信任，从而感到满意和快乐，获得成就感。

例如 C 教师工作上得到了肯定，其担任校长职务后，积极地将自己的教育理念在新的学校实施，获得了强烈的成就感，并对未来充满期望。适时地给予教师工作上的肯定，能提高教师的职业认同度。但 C 教师也有不满的地方："我不是那种特别会来事的人，不会溜须拍马，不会天天在领导面前转。去年评优，其他校长差不多都被评为'优秀校长'了，但我没有，我不是太在乎这个，只不过我做了这么多工作，作为领导应该是看在眼里的，而且这些荣誉对我评职称也很重要。"可见建立合理评优体系是多么重要。

笔者在走访过程中，通过与教师沟通发现，L 教育园区领导具有重要的决定权，一些没有做出成绩，但其人际关系维系得好的人，获得与其成绩不符的荣誉称号，这样着实会使那些实实在在付出的教师心寒。

教师绩效评价应从三个方面考虑。第一，工作态度。工作态度不认真、做事不积极等，在考核中应相应减分。第二，教师专业能力。教师在教研、备课、上课、课后辅导等方面是否保质保量完成，反映在学生综合素质与学业成绩方面。第三，教师师德师风。一个师德败坏、违法乱纪的教师，无论怎样出色都是不能被评为优秀教师的，这样的教师要一票否决。评优项目是教师成长的载体，是教师舒心工作的"安心剂"，合理地建构评优体系有利于教师尽其所能，乐于教育。

三、教育部门

1. 创新教师培训模式

《中华人民共和国教师法》明确规定：参加进修和其他方式的培训来提高教师的教学业务水平，既是教师应有的权利，也是应尽的义务。近年来，我国中小学教师培训形式多种多样，有专题培训、校本培训、课题研究和说课评课等。《乡村教师支持计划（2015—2020 年）》也提倡通过加强农村教师培训来提高农村教师队伍的整体素质。

笔者在调研时发现，农村教师的培训存在一定的问题。C 教师表示，其所参加的培训针对性不强。"我们学校地处偏远山区，和城镇里的学校本身就存在很大的差距，更别说是发达地区了，培训者大多数来自发达地区，培训的内容也不符合咱们农村小学，不适用，因此参加意义不大。"园区 A 校长坦言："农村教师整体素质偏低，培训对教师意义不大，也没有取得显著的成效。"可见农村教师的培训是存在一定问题的。例如培训在没有调研的情况下就盲目开课。即使有调研，也缺乏针对性，讲授内容老套，没有新意，往往是形式大于内容。参培教师收获甚微。另外，培训应是一个循序渐进的过程，仅有的几天培训对教师的成长发展起到的作用不大。

鉴于此，教育部门应提供具有创新性、针对性的培训，以促进农村教师专业发展。在培训课程建设方面，相关省份的教育部门应组织培训专家团队制定相关课程，课程内容围绕专业知识、专业技能、学科教学组织、教学实施技能等方面展开，并建构基于测评、诊断的分层培训课程体系，全方位为农村教师提供有针对性的培训。在培训实施过程方面，培训过程应将讲授内容与实际教学相结合，专家、学者采取引领式教学，充分体现因材施教、主体参与、实践体验、自主学习、小组合作的培训特点。在培训时间方面，采取循序式、阶段式培训，培训后提供可跟授课教师及时进行交流的平台。

2. 提升农村教师声誉

一些人认为农村教师教育观念陈旧，专业素质低，从而导致其职业声望不高。许多人为了子女接受更好的教育，宁愿背井离乡，也要选择让子女去城市的学校就读。

公众应正确认识、评价农村教师，应从以下几个方面做起：首先，消除对农村教师职业的刻板印象。农村教师也是一批有着一定知识储备，肯付出、乐奉献的人。社会媒体要多对农村教师进行正面宣传，要通过多种媒介渠道，提升农村教师的社会声誉，营造尊师重道的社会风气。其次，家长应与教师积极沟通，主动与教师联系，而不是将孩子送到学校后就放任不管，孩子的教育是家长与教师共同的责任。

一些家长不了解教师的工作，教师可开放课堂，将家长请进教室，让其了解教学的复杂性，了解孩子的学习状况，当其真正体验了教师的辛苦，才能给予教师更大的支持。

3. 资金投入更具针对性

把教育放在优先发展的地位。近年来，国家在农村教育上投入了大量资金，在农村教师保障方面也投入巨大，令更多教师"下得去、留得住"，而不仅仅是依靠甘于奉献这句口号来留住教师。笔者所调研的L教育园区是农村走教试点，该园区将教育资金应用到实处，切实从根本上解决教师的困难。首先，在教师生活方面，实行改善住房条件、改善交通条件等一系列举措，将资金用到实处，让教师真真切切地感受到国家对农村教育的大力支持，并且有信心未来会越来越好。其次，在教学硬件、软件方面，园区在每个教室配备多媒体一体机、投影仪等设备，并完善教育资源，课堂上多了这些资源，将更多彩、更丰富。

有针对性地使用资金，相比泛泛的资金投入更切实有效。笔者在与教师交流农村教师补助计划时，有教师反映，之前所发的农村教师补助，国家拨的资金不少，但是平均补发给每位教师的就很少了。农村教师人口基数较大，发放补助虽好，但可以考虑将资金集中，有针对性地解决教师面临的实际问题。

第 2 章 "走教"背景下农村小学教师学校归属感研究

本章摘要：

　　农村教师是农村基础教育的支柱，他们为基础教育事业做出的功绩是不可泯灭的。近年来，在"走教"模式的大背景下，教师在物质和精神上都得到了一定满足，生活现状和生存状态均发生了变化，具体体现在生活、工作、专业成长和人际交往上。那么，在这些变化下，农村教师的学校归属感是否也发生了变化？

　　基于这样的思考，本章研究通过对三位研究对象进行追踪观察和实施深度访谈，了解他们的走教生活、记录他们的走教故事，从研究对象的具体、真实的描述中，去把握他们学校归属路上的归属历程、归属外显和归属展望。学校归属历程部分主要是通过对三位对象教学生活的深描，进而抽象出他们的学校归属感，并从纵向上了解他们学校归属感形成的动态过程。归属外显部分侧重对三位研究对象的学校归属感的影响因素的分析，并在此基础上提出了相应的建议。

第一节　引　言

一、问题的提出

1. 走教的施行改变了农村教师的生存现状

"走教"是在教育公平大背景下为解决农村教学资源不平衡、师资短缺等问题而提出的一种策略，其主要思路是：学生不动，教师巡回走教。这种策略提出后被各地借鉴并进行试验，各省各地区结合自身实际进行尝试性实施并取得了一定的实验成果。其中，甘肃省L镇的"教育园区"的走教模式是在精准扶贫工作下进行的一场教育综合改革，短短几年时间，园区的建设已初具规模，园区教师的生存、生活现状发生了一些变化。

园区教师们的食宿和办公环境发生了变化。园区分为住宅区、综合服务区和办公区。住宅区为教师们提供周转房，已婚教师可选择套房，单身教师可选择单身公寓，教师们不再担心住房问题。通过调研了解到，目前已婚教师和部分单身教师已经入住园区的周转房，少部分教师因为离家近而暂时没有入住。综合服务区主要包括食堂和澡堂。食堂主要是为"中心校"的学生和教师开放，每天提供早中餐，食堂的工作人员大都是教师家属，这解决了教师家属的工作问题。至于教学点，各教学点教师实行轮流买菜制，由园区聘请做饭阿姨到各教学点为教师们做早中餐。办公区、园区有专门的备课教室，每人配备一台电脑，教师平时可联网学习和开展教学交流，每周四教师们在专门的教研室进行集体备课和二次备课。

教师们接受园区统一管理，出行方式发生了变化。走教模式运行后，各小学教师集中在园区统一食宿、统一接送，园区规划4个走教片区，每个片区配备专车1辆，每天负责接送教师白天到走教学校上课，晚上在园区食宿、备课及开展教研活动。这使得农村教师的出行由依靠步行变为校车专送，教师由家到学校的"多点对多点"形态变成了由园区到学校的"一点对多点"形态。

教师的教学形态发生了变化。在教学内容方面，走教实施后各教学点和完全学校都拥有了现代教学设备和远程教学资源。教师们不再单纯依靠传统的课本实施教学，可利用多媒体和互联网教学资源辅助教学，教师不再照本宣科。教学方法上，教师可根据具体的教学内容选择合理的教学方法，不再局限一种，从而使自己的教学多样化、高效化。在教学对象上，巡回走教教师管理的学生量增多，年级增多。尤其是音、体、美教师定期在两所以上学校间交流走教，不同学校不同年级学生都是巡回走教教师的学生，打破了教师"校内"授课的传统。

教师的工作任务和工作量发生了变化。走教实施前，教师们的主要工作任务就是教学、班级管理。走教实行后，教师纳入园区管理，走教教师新增一项集体备课教研活动并且此项工作已纳入教师的绩效考核当中。在工作任务增多的情况下，相应地加大了教师的工作量。尤其是巡回走教教师，不仅要完成本校的三项基本工作还要完成走教学校的工作任务，工作量成倍增长。

教师专业成长的路径发生了变化。以前各学校的教师的专业成长基本靠自我反思和校本研修两种途径，现在走教后教师的专业成长的路径主要依靠专家引领和集体帮助。比如聘请优秀教师讲学和园区内部集体备课。

教师的人际交往范围发生了变化。教师由"学校人"变成"学区人"带来的最大变化就是教师的人际交往的范围扩大、同事间的关系拉近。教师群居园区后，大家与园区内其他学校的同事产生了交往，方便了同事间的交流，使得教师的人际由学校扩大到整片学区，无疑加深了同事间的相互了解，增进了同事间的情感。

教育园区无论在解决教师食宿方面、走教运行管理方面还是在教研教改方面都倾注了大量的资金，获得了政策支持，目前改革也取得了一定的成效。教师在生活、工作、专业成长和人际交往方面也发生了相应的变化。那么，在这样的变化下，教师的学校归属感如何形成？是什么因素影响教师的学校归属感？如何增强教师的归属感？这都是本章要研究的核心问题。

2. 农村教师学校归属感研究的现实要求

农村教师是农村基础教育的"中流砥柱"。农村教师是决定农村学校教学质量的重要因素，是农村学校发展的中坚力量，也是农村基础教育事业发展的中坚力量。相对而言，农村教师无论在工作环境还是在专业成长上都与城市教师有一定的差距，但是他们在农村基础教育工作中依然默默无闻地付出，并且为农村教育做出了很大的贡献。客观上，他们更需要被关注，而且更应该被关注。

另外，农村教师学校归属感研究有一定的现实要求。

学校归属感的高低直接影响教师在农村学校的教学工作，表现在：农村教师的学校归属感的缺乏不利于农村教育事业的健康发展；农村教师学校归属感缺乏影响教学效果；农村学校教师学校归属感缺乏影响教师队伍的稳定。很多农村教师缺乏学校归属感，不能全身心投入教学工作，还影响教师的专业成长。教师的专业成长建立在个体对职业的高度认同的基础上。目前，农村小学教师学校归属感普遍低下的现状影响到教师对教师职业的认同。低认同感使得部分教师对教学丧失热情，教师没有积极主动的意向去提升自己的专业素质，更没有对自己的专业成长进行规划和设想。这是一种消极的状态，不利于教师在自己的专业领域获得成长和进步。

基于上述农村小学教师生存状态的变化和农村教师学校归属感研究意义的综合分析，本章的研究问题——农村小学教师学校归属感得以提出。

二、选题的目的和意义

1. 选题的目的

近 5 年时间里，归属感研究已有了丰硕的成果。这些研究，有的研究对象不一，从教师层次来看，研究包括幼儿教师、小学教师、中学教师和高校教师。从年龄划分来看，有研究青年教师的，也有研究年长教师的。在性别上，分为男教师和女教师。从区域划分来看，研究对象分为农村教师和城镇教师。另外，也有关于少数民族教师和民办教师方面的研究。不同的研究也有不同的研究视角，有的从教育均衡角度研究，有的以师资流动为研究背景，还有的从校本管理角度开展研究。通过对学校归属感文献的分类归纳和梳理，目前对学校归属感的研究大致包括以下几个方面：教师归属感的概念和研究；学校归属感形成过程研究；学校归属感的影响因素研究；提升教师学校归属感的策略研究。笔者在分类整理文献的过程中发现，目前还没有在走教背景下研究教师学校归属感的文章。因此，此选题有了全新的研究视角，为研究提供了空间。在走教背景下研究农村小学教师学校归属感得出的结论，能进一步丰富和完善归属感研究理论体系，并为归属感的相关研究提供理论借鉴和参考。

2. 选题的意义

农村教师学校归属感关系教师的生活和教学，它能影响教师的工作态度和生活状态。从实践意义上来看，本研究通过对农村教师学校归属感的现状探究与原因分析，提出具有针对性的策略，能够促进农村教师尽快地适应从"学校人"到"园区人"的转变，提高工作积极性与主动性，使得农村教师能潜心投入教学和研究，不断强化专业理论和实践，提升专业能力，实现专业成长。无论对教师自身、园区学校还是区域义务教育事业的发展都具有重要的实践意义。此外，农村教师学校归属感是否有效建立，是影响走教政策能否有效执行的关键因素之一。因此，在走教背景下对农村教师学校归属感的研究，为顺利开展教师走教、促成教育公平提供了一个新的观察视角。

三、研究设计

1. 研究方法的选择

本章的研究方法主要有以下两种：文献资料法和访谈法。

1）文献资料法

本章将对国内外相关文献资料进行分析，借助互联网和图书馆全面收集关于学校归属感的研究资料，通过总结、归纳文献了解农村教师学校归属感研究的动向进而明确本研究的研究现状，基于研究现状从中选取新的研究视角。另外，从文献中获得与学校归属感相关的理论知识，为农村教师学校归属感的研究奠定理论基础并从有关的理论、观点中发掘出其中的可借鉴之处，以用于书稿的撰写。

2）访谈法

访谈法为本研究的主要研究方法，通过与访谈对象面对面访谈，了解走教教师的生活现状和在工作环境、食宿条件、薪资待遇、同事关系等方面发生的变化。从访谈对象对自身学校归属感的真实描述中探究他们对于职业的认同和学校归属感变化的过程以及发生变化的原因。在此基础上提出激发农村教师归属感的措施。

2. 研究对象的选取

本研究在对象选取上主要考虑的是访谈对象是否具有代表性，基于此出发点共选取了三位具有代表性的研究对象。A 教师是唯一一位巡回走教教师，他对于走教生活的感受是比较深刻的，他对教师的职业的认同和归属与定点走教教师对职业的认同和归属是不同的。另外，A 教师还是一个教学点的管理者，他对走教生活的感受和对教师职业的看法又不同于普通教师。B 教师是一位新手教师，不是本地人。作为新教师他对走教生活的感受如何，对教师职业的认同和归属又怎样？作为非本地人，她为什么选择走教又是否愿意继续走教？对她的访谈是比较有代表性的。C 教师是一位老教师，同时也是一位民办转正的教师，从参加工作到现在一直在一所学校任教。他对走教前后学校在外部条件发生的变化是有所比较的且感受很深刻，他对教师职业的认同和归属感也在不断发生变化，通过他对这个变化过程的描述，进而更清晰地看到他们归属感的发展变化过程。这些对于研究资料的获取至关重要。

三位研究对象的基本情况如下。

研究对象一：A 教师，男，35 岁，从教 11 年，音乐教师、艺术组教研组组长兼教学点管理者，在 2 所学校巡回走教。户籍在本地，目前在园区居住，已婚但是两地分居。

研究对象二：B 教师，女，26 岁，从教 2 年，在完全校走教。非本镇人，最高学历为本科，未婚，在园区居住。

研究对象三：C 教师，男，58 岁，从教 36 年，在完全校走教。户籍在本地，中等师范学校毕业，已婚，未在园区居住。

3. 访谈设计

本研究主要采用访谈法，针对三位访谈对象的特殊性，共设计了三份访谈提纲。分别为《农村小学教师学校归属感研究访谈提纲（女教师）》《农村小学教师学校归属感研究访谈提纲（半百教师）》《农村小学教师学校归属感研究访谈提纲（手风琴教师）》。

四、核心概念及相关理论基础

1. 核心概念界定

1）走　教

走教是指一种"学生不动教师动"的调度式"走教"模式。走教教师被统一管理调配到村级小学和教学点巡回任教、长期帮扶和开展教学交流活动，以期解决村级薄弱小学的师资结构性短缺问题。

2）归属感

归属感是指团体组织成员彼此之间及成员与所在团体之间的情感，还包括成员通过共同承担工作满足自己需求的一种共享信念。[①]

3）学校归属感

学校归属感是在学校社会环境中，个体感到被他人接受、尊重、

---

① 时蓉华. 社会心理学词典[M]. 成都：四川人民出版社，1988：187.

包容和支持的程度。①

2. 相关理论基础

本研究所涉及的理论主要有三个,即麦格雷戈的 X 理论—Y 理论、马斯洛需要层次理论、戴维·麦克利兰的成就需要理论。

1）麦格雷戈的 X 理论—Y 理论

X 理论—Y 理论是麦格雷戈对把人的工作动机作为得到经济回报的"实利人"的人性假设理论来命名的。X 理论主要观点是:人类本性懒惰,厌烦和逃避工作;很多人没有雄心壮志,宁愿被领导骂也不敢承担责任;要使大部分人都能实现组织目标,必须用强制办法乃至惩罚、威胁;激励只在生理和安全需要层次上起作用;创造力对于多数人来说,是极低的。因此,企业在管理员工时,把增加经济报酬作为一种激励手段,以此来获得更高的产量。②所以,这种理论特别重视满足职工生理及安全的需要,同时也很重视惩罚,认为惩罚是最有效的管理工具。

麦格雷戈针对 X 理论的错误假设,提出了相反的 Y 理论。Y 理论的主要观点是:人并不懒惰也不厌烦工作,相反他们是乐于工作的,只要给予人适当的机会,他们渴望发挥其才能;多数人主动寻找发挥自己才能的机会,对工作也抱着负责任的态度;激励在需要的各个层次上都起作用;想象力和创造力是普遍具有的。

2）马斯洛的需要层次理论

马斯洛需要层次理论把人的需要分成生理需要、安全需要、爱和归属感的需要、尊重的需要以及自我实现需要五类,依次由较低层次到较高层次排列。在自我实现需要之后,还有自我超越的需要,但通常不作为马斯洛需要层次理论中必要的层次,大多数会将自我超越合

① GOODENOW, C. School motivation, engagement and sense of belonging among urban adolescent students[R]. The annual of meeting of the American educational research association, 1992(4): 20 ~ 24.

② 孙喜东. 行为科学与现代企业管理[J]. 中国管理信息化, 2014(1): 116.

并至自我实现需要当中。[①]五种需要像阶梯一样从低到高，按层次逐级递升，但这样次序不是完全固定的，可以变化，也有种种例外情况。需要层次理论有两个基本出发点，一是人人都有需要，某一层需要获得满足后，另一层需要才出现；二是在多种需要未获满足前，首先满足迫切需要；该需要满足后，后面的需要才显示出其激励作用。一般来说，某一层次的需要相对满足了，就会向高一层次发展，追求更高一层次的需要就成为驱使行为的动力。相应的，获得基本满足的需要就不再是一股激励力量。

五种需要可以分为两级，其中生理上的需要、安全上的需要和感情上的需要都属于低一级的需要，这些需要通过外部条件就可以满足；而尊重的需要和自我实现的需要是高级需要，这些是通过内部因素才能满足的，而且一个人对尊重和自我实现的需要是无止境的。同一时期，一个人可能有几种需要，但每一时期总有一种需要占支配地位，对行为起决定作用。任何一种需要都不会因为更高层次需要的发展而消失。各层次的需要相互依赖和重叠，高层次的需要发展后，低层次的需要仍然存在，只是对行为影响的程度大大减小。

3）戴维·麦克利兰的成就需要理论

人类的许多需要都不是生理性的，而是社会性的，而且人的社会性需要不是先天的，而是后天的，来自环境、经历和培养教育等，很难从单个人的角度归纳出共同的、与生俱来的心理需要。时代不同、社会不同、文化背景不同，人的需要当然就不同，所谓"自我实现"的标准也不同。

麦克利兰提出著名的"冰山模型"。在这个模型中，他把人的素质描绘成一座冰山，这座冰山分为水面之上的和水面之下的两个部分。水上的部分是表象特征，指的是人的知识和技能，通常容易被感知和测量。水下的部分是潜在特征，主要指社会角色、自我概念、潜在特质、动机等，这部分特征越到下面越不容易被挖掘与感知。经过深入研究之后，麦克利兰领导的研究小组发现，从根本上影响个人绩效的

---

① 马斯洛. 动机与人格[M]. 北京：华夏出版社，1987.

是素质，具体来说就是类似"成就动机""人际理解""团队影响力"等因素。

五、相关文献综述

1. 国内外研究现状

1）学校归属感的概念和内涵研究

目前，对学校归属感还未形成一个统一的界定，学校成员感、学校依恋、学校关联、学校投入等都曾被用来表示学校归属感。然而这些概念仅仅反映了学校归属感的某一个方面，并未揭示学校归属感的本质和内涵。在关于学校归属感的研究中，主要有以下几种概念。Albert 用三个 C（connect，capable 和 contribute）概括学校归属感，第一个 C 强调学生需要通过合作学习与他人产生联系，通过教师的问候和鼓励与教师发生联系；第二个 C 强调教师需要帮助学生使其感到自己是有能力的，通过教师设计的降低难度的任务和作业使学生产生成功学习的体验；第三个 C 强调学生需要通过承担义务来为学校做贡献，这些任务是教师分配给他们以使其获得受重视的机会，该界定更加侧重于活动层面，认为学校归属感体现于学生的某种行为或活动。[①]Goodenow 认为，学校归属感是在学校社会环境中，个人感到被他人接受、尊重、包容和支持的程度。当学生感觉自己是受欢迎、有价值、被尊重的学校共同体中的成员时，就会产生学校归属感。Goodenow 的定义代表着早期研究对学校归属感的认识，将学校共同体感或成员感等同于学校归属感。[②]后来，Anderman 和 Freeman 指出学校归属感是个人的一种嵌入及与他人属于同一个地方的一种感受。这种观点更加注重个人与周围他人的比较，即个人是否感觉与他人有相同的归属。国内也有一些学者对学校归属感进行了界定，他们的界

① ALBERT, L. Cooperative discipline. Circle Pines[M]. MN: American Guidance Service, 1991.
② GOODENOW, C. School motivation, engagement and sense of belonging among urban adolescent students[R]. The annual of meeting of the American educational research association, 1992(4): 20~24.

定更加具体，更侧重于心理认同和投入。包克冰和徐琴美将学校归属感定义为：学生对自己所就读的学校在思想上、感情上和心理上的认同和投入，愿意承担作为学校一员的各项责任和义务及乐于参与学校活动。[①]徐坤英认为学校归属感是学生把自己归入所就读的学校，以及由学生和教师所组成的集体的心理状态，这种心理既有对自己学校成员身份的确认，也带有个体的感情色彩，包括对学校的认同、投入、喜爱和依恋等。对自己能够成为校或班级的一员感到高兴；认同学校的教学及其各种发展目标，愿意通过参与学校的各种活动来促进其发展。[②]阳泽认为，学校归属感应该这样理解：教师将自己与学校联系起来，感觉自己被学校接受和认可，是学校的一员，是其中的一部分，它综合体现了教师对学校的认同、依恋、寄托与卷入状态，是教师与学校之间关系密切的反映。

2）学校归属感形成过程研究

学校归属感的形成是一个长期的、复杂的、动态的过程，有的学者认为，在同学校的交往过程中，教师学校归属感的形成必定要经历三个阶段：认知阶段、肯定阶段和同化阶段。教师对学校的归属感从认知开始，当认知达到一定程度时肯定其目标和价值标准，将自己的价值观念融入学校的价值理念中，并与之相互促进。还有的学者将教师学校归属感的形成划分为熟悉、认同、参与和卷入四个过程，这是一个由浅入深、循序渐进的过程。[③]另外，学者认为，教师学校归属感作为一种深刻的心理体验，在其形成之前必定有一个启动过程，那就是教师自身归属的需要。

3）学校归属感的影响因素研究

Narges Babakhani 认为，课堂是教师经常进行教学活动的场域，

① 包克冰，徐琴美. 学校归属感与学生发展的探索研究[J]. 心理学探究，2006(2): 51~54.
② 徐坤英. 中学生学校归属感及其与心理健康的关系研究[D]. 重庆：西南大学，2008.
③ 阳泽. 论学校归属感的教育意蕴[J]. 中国教育学刊，2009(7): 31~34.

因而也是最能影响学校归属感的环境因素。[①]研究表明，如果个人所感知到的课堂环境是令人愉悦的，那么个体就会积极地参与课堂活动，从而产生很强的学校归属感。也有一些研究者认为，学校规模的大小会影响教师的学校归属感。与较大规模的学校相比，小规模的学校更容易激发个体对学校的归属感。因为小规模的学校可以使个体对学校活动的参与变得更容易、同事间的人际交往变得更融洽以及学校管理和同事合作变得更简单。

从对教师学校归属感相关文献的梳理与分析可以看出，目前关于学校归属感的影响因素大都从三个层面进行剖析：外部社会环境因素、学校因素和教师个人因素。从外部社会环境因素来看，主要是现代社会快速发展，社会制度因素在某种程度上导致教师学校归属感缺失。吴玉军、李晓东在《归属感的匮乏：现代性语境下的认同困境》中分析了个体归属感所面临的困境。他们认为，现代性意味着个体以身份为基础的社会关系向以契约为基础的自由关系转变，这种转变使个体经历身份的多重化及身份间的不断转化，同时也打破了原本稳定的社会关系，从而导致个体归属感缺乏。[②]王九红则从教育均衡化的视角，反窥师资流动对教师的学校归属感造成的冲击。师资流动使教师从原本稳定的学校组织流向陌生的学校，导致教师学校归属感缺乏。[③]同样地，郭学东认为教师若频繁更换学校，将很难建立起对某一学校稳定的归属感。教师如果对以前的学校感情深厚，那么就很难对现在的任职学校产生归属感，因为最初人际关系的稳定性恰恰有碍于教师目前人际关系的建立。[④]从教师个人因素来看，周建平认为，教师个人所持有的教育理性认识使得教师自我意

① NARGES BABAKHANI. Perception of class and sense of school belonging and self- regulated learning: A causal model[J], 2014(5): 1481 ~ 1482.

② 吴玉军，李晓东. 归属感的匮乏：现代性语境下的认同困境[J]. 求是学刊，2005(5): 27 ~ 32.

③ 王九红. 教育均衡化背景下教师归属感问题及对策[J]. 江苏教育研究，2013(1): 12 ~ 14.

④ 郭学东. 中小学教师教育责任感、教学效能感和学校归属感关系研究[D]. 石家庄：河北师范大学，2011.

义丧失。[1]教育是一项育人的事业，教师需要保持高度的责任感与奉献心，如果一味追求实用价值，沉迷于自我利益，终会导致教学热情的耗竭，以至学校归属感的丧失。

4）提升教师归属感的策略研究

从社会层面来说，张丽认为教育行政管理部门要加强政策引导，保障流动教师的合法、合理权益。相关部门应该在教师待遇、职称评定、社会福利等配套措施方面给予政策上的扶持与倾斜，以解除流动教师的后顾之忧。[2]有学者认为，在市场经济条件下，教师首先是"经济人"的身份，追求个人利益的最大化是人的本能需求。流动教师有理由要求提高薪金，获得与其付出相对等的福利待遇。张学铭、孙润仓同样建议政府相关部门制定各种优惠政策来提高流动教师的社会地位和物质待遇。[3]薛雅云主张应该从文化视角构建归属价值，她认为如果文化不能解决人的虚无、被流放的状态，那这种文化就是一种不全面的、不健全的文化。因此，我们要对归属文化保持高度的自觉，有意识去构建这种归属文化。[4]李飞基于马斯洛需要层次理论来论证改善教师物质待遇的必要性，[5]他认为教师归属的形成是建立在生理需要和安全需要的基础之上的。因此，他建议要改善教师的生活条件，为其教学发展提供充分的物质保障。人只有在生理需要、安全需要得到满足的基础上，才会追求更高一层的归属需要。

从学校层面来说，学校作为教师工作生活的场域，其本身所具有的态度观念与价值理念，对教师的归属感产生极大的影响。刘春华从伦理学视角出发，认为在学校情境中，教师同样是具有生命意义和价

---

[1] 周建平. 教师自我认同：危机与出路[J]. 教师教育研究，2009(4): 27～30.

[2] 张丽. 民办学校教师归属感问题及策略探讨[J]. 现代教育论丛，2011(2): 27～29.

[3] 张学铭，孙润仓. 高校青年教师归属感缺失与重构[J]. 中国林业教育，2010(1): 8～10.

[4] 薛雅云. 现代人归属感的缺失及其价值构建[D]. 西安：陕西师范大学，2014.

[5] 李飞. 基于马斯洛需要层次理论的中学教师教学发展策略[J]. 教学与管理，2015(1): 67.

值追求的主体，学校要执守以人为本的价值理念，对教师施以生命关怀，关注并尊重教师的需要、自由与尊严。[①]张学铭、孙润仓认为，学校要从教师的专业发展着手，采取各种措施促进教师的发展。周芳兰则从管理心理学的视角出发，认为学校应基于"以人为本"的教育管理理念，增强学校与教师之间的沟通与交流，以提升教师对学校的认同感。[②]

从教师自身层面来说，教师要摆正自己的观念立场，要明确：教师职业不只是一种谋生的手段，更是教师应承担的责任、应肩负的使命，同时也是教师实现自我价值、体验幸福人生的渠道。因此，张丽认为，教师归属感的构建还需要教师从自身出发，加强修养，不断充实自己，提高自己的教育教学能力。[③]周芳兰、张学铭等学者也持有类似的观点，认为教师要点燃自身的教育激情，乐业敬业。

2. 对已有研究的总结和反思

综合上述，有关学校归属感的相关研究可以发现，国内和国外研究整体上都比较系统深入、有层级、视角多元，但是，在具体方面也存在差异。学校归属感概念研究方面，国内主要是从个体出发来定义的，国外是从组织关系和情感上来界定的，明确指出情感是一种驱动力。在教师归属感分类和形成过程方面，国内的研究比较细致、由浅入深、循序渐进，而国外没有对分类和形成过程专门论述，只是把二者融合在概念研究中进行阐述。归属感作用的相关研究方面，国内从教师专业成长角度展开研究，认为学校归属感是教师专业发展的内在驱动力；国外则是从个体心理、行为和学术研究三方面进行研究的，其中侧重研究情感体验和工作动机。在学校归属感影响因素方面，国内外都做了大量系统的研究，主要是从教育均衡化、师资流动、学校

---

① 刘春华. 从素质关怀到生命关怀——教师教育的伦理视角[J]. 教育发展研究，2008(8): 50.

② 张学铭，孙润仓. 高校青年教师归属感缺失与重构[J]. 中国林业教育，2010(1): 8~10.

③ 张丽. 民办学校教师归属感问题及策略探讨[J]. 现代教育论丛，2011(2): 27~29.

规模、课堂环境、功利心理及教师自我角色缺乏认识等视角来一一说明的。关于提升学校归属感策略研究，国内与国外都提出了不同的策略，策略的提出取决于各自的研究对象和研究方法。

从研究总结中清楚地看到，这些研究很少涉及小学教师和农村教师，本研究将以农村小学教师为研究对象，进一步填补和完善研究的缺口。从研究方法来看，以往的研究多选用调查法和文献法，访谈法几乎不采用。本文主要采用访谈法，通过对访谈资料的分析和对农村小学教师教学生活和走教生活的深描来研究农村小学教师的学校归属感。在分析影响因素时，以往的研究比较注重宏观机构，不够细致。本研究则主要以个体自身的历程、经验和展望为一条主线索，根据组成教师的学校归属感的五个维度来分析农村小学教师的学校归属感。在此基础上提出提升农村小学教师学校归属感的五条建议，由于在"走教"背景下实施的研究具有一定的特殊性。研究结论直接反映 L 园区教师的学校归属感情况，研究中的对策直接针对 L 园区农村小学教师，对整个农村小学教师学校归属感的研究具有借鉴和参考价值。

第二节　农村小学教师的学校归属历程

2017 年 5 月 18 日，按照与三位教师的约定，我与他们进行面对面访谈。这也是我第一次去教学点进行访谈。这次访谈的目的主要是了解三位教师的教学日常、工作环境，通过对他们教学生活的观察来透视他们的教学行为，继而从纵向上把握他们的学校归属感。下面是我以观察者视角对走教教师走教日常所见所闻的真实描述。

"今天天气很好，早上 7 点我坐上了去教学点的校车，去往这个教学点的校车是一辆能容纳 11 人的小巴士，据说去其他线路的教师较少，因此园区安排的是家用汽车。我乘坐的这辆校车将前往同一条走教路线上的 2 所教学点。车上有 12 人，刚上车不久，教师就开始聊起来了，说说笑笑，我能感受到氛围真的很融洽，我也被感染了。车辆驶入集镇后停了 10 分钟，一位老教师下车了，我问了身边的 C 教师，她说是去菜市场买菜了。我很好奇，便和她聊了起来。从她口中我得知，走教的教师都是值日买菜，前一天大家先商量好买什么菜，第二天一早值日的教师先自己掏钱垫付买菜，到月末大家再平摊。说到这里C教师脸上露出了微笑。她说他们想吃什么就买什么，不像中心小学的教师只能去食堂吃并且吃的都是大锅饭，味道不好还没得选择，但他们就不一样了，他们所在的教学点专门聘请了师傅为他们做饭。

10分钟后我们继续出发，经过一片绿油油的麦地，车开始驶向盘旋的山坡，此时阳光投射到窗户上，照到教师们的脸上，心中一股热流，再看看窗外的小麦和村庄，我此刻感受到了贫瘠土地上的生机和希望。一路上教师们的笑声从未断过，不经意间我们到达了教学点。

走进校门，呈现在眼前的是三幢平房和不太大的升旗台，然后我跟随着校长来到了他的办公室。办公室很小，其实也不是严格意义上的办公室，因为里面只放置了一些简单的家具和生活物品，从办公室的床可以看出，他的生活和工作已融为一体。随后我和校长简单聊了聊学校的教学环境，他说以前教学资源缺乏，现在园区给学校都统一安装了远程设备，教师可利用丰富优质的教学资源，教学也比以前更得心应手了。但是，教师办公配套设施还不够完善。我在校园转了一遍，没有看到单独的教师办公室，大家都是在自己的宿舍里办公，条件比较简陋，至少C教师所在的学校是这样。说到办公，我也观察到一个现象，这些教师从跟随校车来到教学点到上课，都没有备课。不知道是因为没地方备课还是前一天就备好了，我有些疑惑。和校长聊到一半，C教师把我们叫去吃早餐。来到一间小屋子，看到灶台上放着几大碗蛋花汤和一些馒头，没想到他们的早餐还是挺丰富的，之前我在园区中心小学吃过早餐，食堂基本供应的都是粥类。我看厨房里还有消毒柜、面条机等，看得出园区为教师们考虑得还是很周到的。

吃完早餐，马上就是第一节课，我也进班听课。第一节是六年级的语文课。课前十分钟我就来到了教室，宽敞的教室里只有五个学生，感觉很冷清。当时我就想，五个学生的课教师会如何上呢？瞬间对这节课充满了期待。

正当我陷入深思时，一个瘦瘦高高的中年男教师匆匆走进教室，手里拿着教科书。我们对视微微一笑，接着他让学生读书并在教室里来回走动，看似在巡视但也在思考。此时，教室依然非常安静，没有读书声，只有远处的鸟儿偶尔鸣叫几声。一会儿，他开始组织上新课。首先，他让学生用四字词语描述今天的天气，学生词穷总是说不出，这个环节几乎是失败的。接着教师想调动学生的积极性，专门组织了一个游戏——"你画我猜"。我对这个环节充满期待，瞬间感觉身心放松。但我看了看五个学生，他们的表情告诉我这是一项极其难为情的互动，他们紧张得都不敢抬头。教师布置完游戏任务后，没有一个学生主动参与，教师只好随机点了一个学生，学生拖着沉重的脚步走上讲台，双脚发抖脸也涨得通红。教师把要表演的词写在纸上，让学生表演，学生不知所措，最后教师让我们看了纸上的内容——目瞪口呆。

关于这段表演，教师只评价了一句：'这位同学的表演其实就是这个词的含义。'后面的时间基本上就是教师唱独角戏。随后我听了C教师的课，她的课体现了新课程观，也有师生互动。同样是给教学点的学生上课，为什么教学效果不同呢？课后我特意访谈了执教的几位教师。A教师说：'这里的学生基础太差，学起来比较吃力，我教起来也感觉为难，很多时候的课堂基本就是一言堂。'B教师从另一个角度说了自己的看法，他说这种差异主要体现在教师的教学上，年轻教师懂新的教学理念，会新的教学方法和手段，教学更符合学生的心理，自然教学氛围、互动和效果都要好一些。C教师认为：'一堂课的效果如何直接体现的是教师教学的基本功，现在这种现状说明我们需要不断学习，我希望学校能定期给我们安排一些职后培训来强化我们的教学。'访谈完三位教师已经到了放学时间，和教师们吃了饭就坐校车回到了园区。回到园区后，我的心情很复杂，就把今天的所见所闻记录下来。

这次教学点之行，我大致对教师们的走教生活有了一定的认识。

首先，在校车接送上，大家感觉到了一种身份的认同，进而也有了自己对教师职业的认同。

其次，在教学设备上。设备不够完善，而且使用率不高，并没有发挥远程教学资源的作用，教师们在信息技术和现代教学手段上还需要进一步学习。

再次，在教学上。教师们整体的学习和教研意识不强，大多数时候都是为了完成教学任务，没有考虑教学效果，甚至有时候教学任务都没有完成。教师们在专业成长方面安于现状。

最后，在饮食生活上，教师们都比较满意。我在与某教学点的教师交谈时，了解到他们虽然觉得教学点的工作环境不如中心校，但物质上的满足使他们内心萌生了被重视的感觉，而且这种感觉很强烈，很多教师都说自己有了"家"的归属感。

以上是我从旁观者的视角对三位农村小学教师的教学生活的片段化描述，为了更全面、深入地洞察农村小学教师的学校归属感，针对三位教师实施了深度访谈。从纵向上围绕他们的人生经历、日常工作和生活等方面把握其学校归属感的动态形成过程。

一、女教师从县到乡的选择

在三位访谈对象中，有一位女教师，她于三年前来到 L 园区的一个教学点任教。她是当地县城人，之前在县城工作。为什么她选择成为一名农村教师，这是访谈设计的核心内容，也是分析她的学校归属感的关键因素。当被问到自己为何选择成为一名农村教师时，她讲到了自己入职前备考的经历，她是这样描述的："我是甘肃某学校教育学院 2009 级学生，2013 年毕业。我同许多师范毕业的大学生一样，回到家乡生源地参加大学生基础项目考试。毕业后第一年，很遗憾没有顺利找到工作，于是边工作（任教于一所私立中学）边考，于 2015 年 6 月考到 L 学区上班。"虽然女教师工作的地方是一所比较偏远的农村小学，但条件和待遇还是不错的。刚到学校时，她惊讶地说："记得来到学校的第一天，当时的王校长说我有眼光，还说 L 园区已建立，今后条件会越来越好，有房住，有校车接送。我当时听了表示很惊讶，后来发现他说的这些都是真的。这是我第一次听说'园区'，我很荣幸成为园区开创以来首批教师。但当时我并不知道园区是如何开展教研教学的，一系列的培训以及每周二、周四的集体教研，让我也可以拥有县区教师一样的教学资源，在教学上我逐渐成长。现在你问我为何选择到园区任教，我可以说，我来对了，我有眼光。至少这对我今后几十年的帮助是很大的。"

从女教师的描述可以看出，她选择从县城来到农村任教，原因主要有三点。首先是考试失利加深对职业的迫切需求，选择到农村任教满足就业所需。其次，园区的物质待遇成为择业的重要诱因。最后，L 园区的集体教研能给予平等的教学资源，能促进教师专业成长。总之，园区的这些待遇让女教师对自己工作的学校的最初印象比较好，让她相信自己从县城来到农村任教是正确的。

1. 教学生活

在多种原因的驱使下，女教师选择到 L 园区走教。如今，她已经走教三年，这三年中，她对走教生活有了深刻的认识和感悟。她已经由不适应到慢慢适应教学生活并表现出了良好的工作状态。目前，女教师在工作上呈现出"流畅"的状态，这种状态取决于她职前的工作经历，也离不开她在教育教学上的主动钻研，无论是参与集体备课还是向同事请教教学经验，都体现出她的专业追求。

"流畅"的工作状态具体表现在哪些方面呢？围绕这个问题，我们进行了深入的访谈，女教师说："自从开展走教模式以来，我们学校来了几位音、体、美学科的走教教师，学生的课余生活丰富了，智力得到了开发，潜力得到了挖掘。学生变得开朗了，数学课上得多姿多彩，课堂教学效果很好。同事间的交流、探讨也变得流畅了。我们 8 个同事，每天课余时间都会在一起讨论遇到的各类教学问题和困惑，大家不厌其烦，气氛很活跃。"

女教师认为，自己流畅的工作状态与学生的状态以及与同事之间的交流分不开。学生的课余生活丰富了，性格也变得外向，教学工作开展起来也比较顺利。同事之间经常探讨工作，能增进同事之间的感情，有利于工作的开展。这种工作状态反映出 L 园区的走教使农村教师对职业产生了认同感，对同事产生了亲和感，体现出农村教师的职业归属感。

2. 价值体现

价值因素是择业和就业的关键因素，有价值的工作能体现出一个人的价值追求和人生奋斗的意义。女教师当初选择成为一名农村教师，除了有自身的就业的客观需求和学校教学环境及良好待遇两个基本因素外，还有一个重要的考虑因素就是个人价值的实现。三年的走教生活让她在工作和生活中找到了自己的价值，也体验了被人肯定和认同的成就感，这种成就成了她工作的动力并使她在工作中有责任感，一次次成功的体验促使她对工作产生了很强的价值感，这种价值感具体体现在教研教学上，访谈中女教师这样说："在园区任教时，我很荣幸地加入了教研组，每周二、四大家在一起讨论如何上这一节课，我们畅所欲言，积极发表自己的看法和见解。例如我提出二年级可采用'线段法'解决问题，以及采用'班内小班级'管理模式解决班额大、学生照顾不周的问题，大家都很赞同。这使我感到了我在教学上的归属感，也体现了我的价值。"谈到自己的价值时，女教师认为自己价值的实现离不开自己肩上的责任和对学生的热情服务。所以她很高兴地分享了管理学校图书的感受，她说："这两年来我参与我校图书室管理，编码、贴标签……，看着学生每天看书交流，我感到很欣慰。"

从女教师的自述中可以看出，她对工作产生的价值感主要体现在集体教研教学和学校日常管理两个方面。教研上畅所欲言以及教学上的建议得到同事的支持，她实现了个人价值。学校的日常管理是教师实现自我价值的一个重要途径，女教师无私奉献，为学生创造学习的机会。由此可见，她的个人价值是通过集体价值的实现来实现的，充分体现了个人价值与社会价值的统一。这种价值感和成就感折射出了女教师对集体和学校的认同和依恋，反映了女教师在学校的主人翁意识逐渐增强。

3. 初上讲台的归属体验

三年的讲台经历让女教师对自己的职业有了一定的认同，对工作也表现出高度的热情，教学过程中所表现出的对工作的价值感和责任感以及对同事关系表现出的亲和感，这些体验都表明了她对学校产生了初步的归属感。三年后，女教师谈起初上讲台的体验，她脸上流露出的是喜悦和自信，交谈中她回忆了自己比较难忘的几件事。第一件事是第一堂公开课："刚到学校上的第一堂课就得到了校长的认可。那是五年级的数学课，五年级去年就7个学生，我上数学课，一上课我的声音很洪亮，引得所有教师观望。因为班级人数少，其他教师声音都压得低，我已经习惯在大班级讲课，声音特别大，也许这一点在同事们看来觉得很好。这样下来，学校里各种事情也多了我的身影。"

俗话说，万事开头难。第一次公开课得到领导和同事的赏识，这让女教师信心大增，无论做什么事都十分积极并且力争做好。她说："目前做过的事，都没有让校长和各位同事失望，例如给图书编码、贴标签。由于这次工作完成得不错，校长决定让我负责图书室。2017—2018年第一学期，我被校长安排教六年级数学和思想品德。由于面对的是毕业班，我很紧张也有压力。我害怕教不好就努力地教，主动请教学校有经验的教师。毕业会考成绩下来，我教的六年级学生毕业会考成绩排在学区第一，我很高兴我的学生有这样的好成绩，也为自己感到自豪。"

通过对女教师的描述进行对比分析，她从关注学校的外部环境开始转向关注自身的发展。可以看出她在工作和生活中渴望成功，在教学、管理上渴望得到认可，目前受到了关注。这种成就体验进一步加深了她对学校的认同，同时也加快了她追求自我专业成长的步伐。

二、"半百"教师的从教生涯

今天，笔者又来到了园区。这次来是为了访谈一位有30年教龄却有28年民办学校教学经历的老教师。本文从"民转公"之路、从教生涯的学校归属历程和走教背景下的学校归属体悟三个方面进行线索式的研究，通过对研究对象分阶段的深度访谈和田野观察来深挖其在走教大背景下对学校产生的归属感。

1. 从教生涯的"民转公"之路

在当时民办教师多公办教师少的情况下，"半百"教师对公办教师产生了羡慕，并希望能成为公办教师。为了成为一名公办教师，"半百"教师首先想到的是提升学历。在当时的条件下，对他来说要想提升学历确实是一件难事，回忆那段经历，他说："虽然那时条件艰苦，步行上班，月薪只有40元，但我不忘初心努力工作，坚持自学提高学历（原有学历为高中）。教学之余，1990年10月参加了由兰州大学为主考院校的甘肃省高等教育自学考试，学习汉语言文学专业，于1994年10月取得大专文凭。在这几年中既有生活不如意的寒酸，又有学业收获的喜悦。为了考文凭，花去了许多费用。如报考科目费（当时每科15元，后来逐年提高）、往返车费及住宿费。每年两次都在市里参加考试，后来由于家计问题停止了本科自考，现在想起来还是很后悔。"

"半百"教师在回忆自己民办教师生活时，特别讲述了自己在家境贫寒的境况下参加自学考试获取大专文凭的不易，这段经历对于他是刻骨铭心的，但是在困境中反而表现出他对自己专业成长的严格要求，不断看书学习提升自己的文化修养，时刻为顺利通过转正考试成为一名公办教师打基础，就连每年两个假期都留校看管学校，挣取每晚10元看校费。看校期间，他经常看书学习，这为其后来转正打下了坚实的基础。从这段备考经历可以看出，"半百"教师面对经济拮据的困境，毅然坚持备考，以积极的态度奋进向上，这充分体现了他对公办教师这个职业的执着追求，以及对教学的热爱。在学校代课和备考公办教师的经历体现出"半百"教师强烈渴望加入学校公办教师的大集体，早日实现他的身份归属。

2. "变化中的"学校归属

关于半百教师从教生涯的学校归属历程，他说他的学校归属感不是用高或低来形容，而是伴随着他的人生选择和人生经历在不断发生变化。访谈中，他特意提到了自己参加"招干"考试而最终走上"民转公"的从教之路。综观"半百"教师的教学生涯，经历了民转公的坎坷之路，对学校的归属感有深刻的体会："当处于工作初、中期阶段时，认为教师职业一般，到了工作后期则更加珍惜来之不易的机会，对于学校的归属感由弱变强。自1988年参加工作至2000年，我觉得自己只是一名民办教师，没有归属感。直到2010年，有了民转正的政策，我看到了曙光，看到了希望。在L园区有一套自己的住房，妻子也有一份稳定的工作。这样一想，在X小学当教师还是很好的，我很庆幸在这所学校任教，在这里我有了家的感觉。"

"半百"教师选择从教或是参加招干考试，最初的目的是找一份正式工作，获得稳定的收入以摆脱贫困。后来经历招干考试失败，凭借自己有民办教师的经历遇到民转正的机遇顺利成为编制内的教师。他的梦想终于实现了，公办教师工作稳定，他有了安全感，同时其自我实现的需要也逐渐凸显。"半百"教师的公办教师生涯虽然不是很长，但他对现在的工作和生活状态是比较满意的，对学校产生了较强的归属感。那么，他的归属感从何而来？他说他的学校归属感是伴随着身份的变化而来的。当民办教师时，工资低、成就感低、学校归属感低、现在成为公办教师了，身份、地位和成就感提升了。除了身份、地位的变化会影响其学校归属感外，工资待遇、工作和生活环境、同事关系也是重要的影响因素。

首先是工资待遇。"以前我的工资是由学校发，工资就是代课费，一个月才800元，而那时公办教师就有2000~3000元。"其次，工作和生活环境。"还是民办教师的时候，我的任务就是上课，上完课就回家，回到家既要下田干活又要备第二天的课。工作就是生活，生活就是工作，这种状态比较累，纯粹是为了完成教学任务。"再次就是同事关系。"以前，我忙于上课和务农，在学校很少有时间和同事聊天，来往也不频繁。现在我和同事关系很融洽，大家一起买菜一起吃饭，闲暇时还一起聊聊工作上的事，平时嘘寒问暖，别看他们年纪轻轻却很懂事，处处为我着想。"最后，个人兴趣发展和专业素质的提升。"以前的直线生活很枯燥，基本没有时间来发展自己的兴趣和提升自己的专业素养。现在，课时任务少，相对的闲暇时间多一些，我就利用这些时间来练毛笔字和学习使用多媒体，学习制作课件。我年龄偏大，现代教学技术方面不懂，只有利用课余时间来学习。"

"半百"教师在描述中提到了民办教师与公办教师在工资上的差别，这种差别主要是受政策的影响。公办教师纳入国家教育部门管理，工资由国家财政统一发放，不仅有基本工资、课时费，还有绩效和各种补贴。对于"半百"教师而言，转正后不仅是工资待遇上的提高，而且给予他的是公办教师的身份和地位。这种身份的转变还使他享受了相应的权利，强化了主人翁意识，被人尊重的需要在一定程度上得到满足。"半百"教师的身份发生了变化，他的工作和生活也相应发生了变化，这种变化直接反映了他的学校归属感的动态生成过程，且呈现由弱渐强的变化趋势。从他的深度描述中可以挖掘出影响其学校归属感的因素，例如个人的选择、对公办教师身份地位的认同、对教师职业的认同、和谐的同事关系、教师待遇、个人专业成长空间等。

3. 从教生涯的学校归属体悟

"半百"教师在×小学从教 36 年，其间见证了×小学的变化发展历程，尤其是园区实行走教后，他的工作和生活都已经发生了变化。他详细地描述道："自从实行走教后，我的生活和工作发生了很大的变化，我有了安居乐业的感觉，有一种满足感和幸福感。我觉得最大的满足就是，园区给我们提供了周转房，解决了我们最关心但也是最担心的问题。不仅如此，园区还给我们教学点配备了电子白板和投影仪，这样我在教学时可以借鉴一些优质的教学资源丰富我的教学，再就是专车接送的待遇。这些让我们有了备受关注的感觉，我现在再也不会因为是农村教师而觉得委屈，相反我感到自信和自豪。"

"半百"教师对于现在的生活和工作状态很满意，但他并没有安于现状。他内心的满足感和幸福感源于走教带给农村教师的优越的物质条件，帮助农村教师改变家庭环境，消除他们的后顾之忧。在教学上，享受公平的教学资源和平等的发展平台，让农村教师感到职业自信。这些物质和精神层面的待遇，使农村教师自愿地、主动地融入学校和学校的各项工作中，以"学校人"的主人翁精神为学校的发展建言献策。在这个融合过程中，农村教师学校归属感逐渐增强。

三、音乐教师的巡回走教生活

1. 走教生活的奔波路

这次，笔者在园区见到了在两所学校间巡回走教的音乐教师，由于他擅长手风琴，笔者就亲切地称他"手风琴"教师。这次跟着他体验了两所学校间的巡回走教，笔者对他的巡回教学生活有了更直观、深刻的认识。在两所学校间巡回走教是比较麻烦的事，要承担不同学校的教学任务，"手风琴"教师的想法是："同一所学校的各年级的音乐课都统一在一天内上完，再去另外一所学校集中进行教学，这样就要来回跑。教学点的音乐课安排在周三，早上我就要把乐器带上校车，还要把东西卸下来，然后急急忙忙组织学生上课。我主要教授乐器，所以把不同年级的学生都集中起来上公共课。每一次上课时间都比较长，几乎要把一周的课全部上完。周三一天的课下来，我的嗓子基本处于嘶哑的状态，身心疲惫。等到周五，我就把乐器带到另外一所完全学校。这所完全学校人多，年级多，实施集体教学更累。周五的课上完后我还得把乐器带回园区保管好。每周都是这样重复。"巡回走教令教师身心疲惫，十分考验人的耐心和毅力，但是"手风琴"教师却一直坚持，其原因正如他所言："我之所以坚持巡回走教，最主要的原因是农村孩子文娱方面太空了，这会给他们造成很大的影响。我认为一些农村孩子性格内向、孤僻和这个都有一定关系。我是学音乐的，我认为我有责任和义务承担起音乐教学工作。"

"手风琴"教师在接受访谈时还特地从电脑里调取了前几年"六一"儿童节的视频和图片资料。他一边看一边给我们讲解，不放过每一个细节，时不时微微一笑。这反映了一名农村小学教师对自己的职业和学生的热爱。"手风琴"教师日常教学充满了不易，但他并不抱怨，反而积极投身于巡回音乐教学，这体现的是一种高度职业责任感和事业心。巡回走教很辛苦，但他却一直在努力，为孩子们的未来奠基。

2. 教学点管理中的"爱"

苏联著名教育实践家和理论家苏霍姆林斯基说过："没有爱，就没有教育。"他认为"有爱"是进行教育的前提和基础。《中小学教师职业道德规范（2008 年修订）》中也明确提出了作为一名教师应该拥有"三爱"：爱岗敬业、爱国守法、关爱学生。[①]管理学中也强调管理的人性化，更加看重团队中和谐友爱的交往氛围。

在谈到教学点管理工作时，"手风琴"教师认为他自己工作做得好都是出于管理者的身份职责，但是有一位教师却是出于无私奉献和对学生的热爱。他提道："说到师爱这个话题，我是深有感触的。在教学点的时间最长的并不是我，而是一位代课教师。她是这个村里的人，50 多岁了，非常热爱教育，来我们学校代课。她把学校当成自己的家，把学生当成自己的孩子，教学点杂七杂八的事都是她在做。她每天把学校打扫得干干净净；有孩子尿裤子了就给孩子洗裤子；有孩子想妈妈了，她就去哄他们开心。她还经常把我和另外一位教师叫到家里给我们做饭。她家并不富裕，但她还把自己 800 元的工资抽一部分给贫困学生买学具和奖品。对她来说，奉献远多于回报。"

"手风琴"教师具有教师和管理者的双重身份，在他教学和管理的过程中，他本着对职业的热爱以及对学生和任教教师的关爱把教学点管理工作做得深入人心，得到了学生、教师、家长的赞许。

3. 音乐教学中的诉求

美国心理学家马斯洛在需要层次理论中把人的需要分为五大类：生理需要、安全需要、爱和归属感的需要、尊重的需要以及自我实现的需要。五种需要可以分为两级，其中生理上的需要、安全上的需要和感情上的需要都属于低一级的需要，这些需要通过外部条件就可以满足；而尊重的需要和自我实现的需要是高级需要，要通过内部因素才能满足[②]，而且一个人对尊重和自我实现的需要是无止境的。同一时期，一个人可能有几种需要，但每一时期总有一种需要占支配地位，对行为起决定作用。

① 中小学教师职业道德规范（2008 年修订）[Z]. 2008.
② 马斯洛. 动机与人格[M]. 北京：华夏出版社,1987.

作为独立个体，"手风琴"教师同样有需要。"手风琴"教师说现在走教的教师非常少，除了实习生就只剩他一人了。他在两所学校巡回走教，总感觉有些力不从心。一方面，教师太少，他一个人承担两所学校的音乐课，还要自带乐器来回奔波，确实很辛苦。另一方面，学校的音乐器材太少，只供教学使用，乐器品种也不多，无法开展多种器乐的教学。现在音乐课上基本就是让学生感受音乐的节奏和韵律，学生没乐器自己练习，教学效果并不理想。"手风琴"教师巡回走教也有几年了，哪里需要就往哪里安排，但学校在绩效考核上却没有实行专门的考核标准，自己做的事不能从工资待遇方面体现出来。他建议，在学习培训上应该多考虑走教教师，多给他们学习、成长的机会。目前，"手风琴"教师的需要集中体现在教学中的教学设备需要、教师资源需要、身份认同需要及自我价值实现需要，并且教学设备需要和教师资源需要处于支配地位。

第三节 农村小学教师学校归属感的影响因素

学校归属感指在学校社会环境中，个体感到被他人接受、尊重、包容和支持的程度。[①]具体而言，教师学校归属感是指在学校工作的教师在学校里面经过一段时期的工作生活，教师与学校充分磨合后，教师自觉在心理上、感情上对单位产生认同感、对职业产生安全感、对工作产生使命感、对付出产生价值感、对同事产生亲和感、对生活产生满足感、对现在满意和对未来充满期望等这些感觉整合内化后形成教师的归属感。[②]从定义中可以看出，教师的学校归属感是由"多感"整合内化形成的。

---

① GOODENOW, C. School motivation, engagement and sense of belonging among urban adolescent students[R]. The annual of meeting of the American educational research association, 1992(4): 20~24.
② 王锦. 归属感探析[J]. 西安文理学院学报(社会科学版), 2011(4): 88~90.

一、对学校的认同感

朱兴国认为，对学校的认同感不仅是农村教师留下来的前提，而且是他们职业坚守的内在动力。认同感能促进农村教师对教育的忠诚，激发他们的教学热情，充实他们的教育智慧。回归教育本源，能催生农村教师的归属感；发挥农村教师的自我效能，能使其体验成就感。[①]农村教师通过"走教"，对所在学校的办学理念、办公环境、教师专业成长和教师待遇方面有了一定的认同。

1. 办学理念和办公环境

现代教育制度下的每一所学校都应形成属于自己的学校精神，为践行教育思想，实现办学理想和办学目标提供精神动力和信念支持。学校精神由办学理念派生，是学校发展的"内核"。[②]"走教"是 L 园区实现发展的实质内核，实现园区学校教育的均衡发展、提升农村基础教育的质量是落实学校办学理念的终极目的。随着教育改革的不断深入，特别是近年来均衡教育的推行，农村学校教育教学资源得到了优化，在农村学校整体资源得到改善的今天，农村教师办公条件的改善却还不够。健康、安全、优雅的办公环境有利于提高工作的效率，有利于调动教师工作的热情。[③]L 园区在实施"走教"的过程中，把改善教师的办公环境作为一项重要的工作。园区给教师们配备办公桌椅、提供教研和集体备课室、提供远程教育教学资源等，自从走教的四条线上的学校纳入园区管理后，各学校的办公环境有了大的改善。

三位访谈对象所在的学校都纳入了园区管理，其办学理念是园区实行的"走教"的理念。关于学校的办学理念，"手风琴"教师表示赞同。巡回走教使不同学校的学生享受同样的教学资源，促进学生整体素质的提高，说到底都是为了学生的全面发展。这样的理念他不仅

---

① 朱兴国. 认同感：乡村教师职业坚守的内力 [J]. 教育评论，2016(10)：36～38.

② 史燕来. 中小学校办学理念探析 [J]. 中国教育学刊，2004(5)：59～61.

③ 周玉元，张仕美. 乡村教师办公条件的现状及对策 [J]. 教育管理，2016(6)：57～58.

认可，还会身体力行把它落实在课堂上。教师们对学校的认同不仅仅体现在办学理念上，还体现在对学校办公环境的认同上。某位在×小学任教的女教师对办公环境做了如下描述："我们现在的办公环境就像会议室一样，配备很齐全。尤其是集体备课的教研室，每人配备一台电脑，全网覆盖，互动式电子白板和打印机都有。我们备课时只需要在电脑上呈现文本即可，方便快捷。"

2. 教师专业发展

管培俊在做客人民网谈我国教师队伍时提到，20 世纪 90 年代以来，教师发展专业化已成为我国教育发展和改革的重要趋势。其中，农村教师的专业发展越来越成为当前教育改革实践的重点和难点，直接决定了教育的质量和义务教育的均衡发展能否真正实现。[①]

一段时间以来，国家通过面向农村教师实施教师继续教育计划，建立了培训基地，构建了课程体系，进行周期性的普遍轮训等措施，取得了一定成效。关于如何提高农村教师专业发展，三位教师所在学校是通过集体备课来提升农村教师的专业能力的，为教师们提供专业发展的机会。那么，集体备课是否能促成教师们的专业发展呢？三位教师从自身出发谈了自己的看法。作为新手的女教师认为集体备课是加速她专业成长的有效途径，她认为通过集体备课可以知道其他的教师的教学设计思路以及一些好的教学活动和手段。在二次备课时就加以借鉴，把这些都用到自己的课堂。而且，从学生们的课堂反馈来看，教学效果还是不错的。手风琴教师认为集体备课流于形式，对他的促进作用不大。他说："我认为集体备课的形式是好的，但一些教师持应付的态度，往往在备课时看到的是个人的备课成果，虽然有集体参与以及分工协作，但是并没有激发集体的探究意识。这种氛围还谈不上专业成长。所以集体备课对于我来说促进作用不大。"

在"半百"教师看来，虽然他很少不参与集体备课，但是他的专业也处于发展中。"有了集体备课后，每个教师的教学成绩整个园区的教师都会知晓，出于自己不想落伍、追求进步的要求，我坚持练习

---

① 管培俊. 管培俊谈教师队伍建设[R]. 人民网，2017.

三笔字，提升自己的教学基本功。"

为了进一步了解农村小学教师的专业发展的现实情况，我又访谈了其他教师。通过访谈发现：农村小学教师们对于自我专业发展的认同整体较低，有的教师没有专业发展的意识，有意识的又有相应的行为的人极少，还有的教师有意识也有行为，但意志力不强。从学校层面而言，学校对教师专业发展没有规划，没有给大家鼓励和支持，很多时候都是任由教师发展。

由此可以看出，农村教师专业发展意识还不强，目前农村小学教师的专业发展方面有待改善，学校也应该满足教师的专业发展需要，想办法帮助农村小学教师实现专业发展。

3. 教师待遇

按照麦格雷戈的 X 理论—Y 理论的观点，"人的工作动机是为了获得经济报酬，人类本性懒惰，厌恶工作，尽可能逃避；绝大多数人没有雄心壮志，怕负责任，宁可被领导骂；多数人必须用强制办法乃至惩罚、威胁，使他们为达到组织目标而努力；激励只在生理和安全需要层次上起作用；绝大多数人只有极少的创造力。因此企业管理的唯一激励办法，就是以经济报酬来激励生产，只要增加金钱奖励，便能取得更高的产量"。作为被学校管理的教师们，同样，他们也是为获得报酬的"实利人"，这是人的本性。[1]教师待遇直接影响到农村教师们的教学热情和工作态度，甚至会影响到教学质量。目前，园区给走教教师们提供周转房、集体备课办公室、公共澡堂，配备校车，给教师家属安排工作。工资按基本工资和绩效工资发放，另外，教师们还享受国家的专项补贴。在这些政策的激励下，他们比以前更加积极主动地投入教学和学校的发展。

新手女教师不断提升自己的教学能力。她每次在备课的时候，都主动请两到三个同事给她提建议，借鉴好的思路和方法。有时，还专门请同事们去听自己的课，课后让大家给予评价意见。在集体备课时，多次成为主备人，把自己的想法和整个园区的教师交流，具

---

① 道格拉斯·麦格雷戈. 企业中人的方面[J]. 管理评论, 1957(5): 56~58.

有一定的研究意识。"手风琴"教师则以主人翁的意识投入学校的管理和建设中去。他主动担任艺术组的教研组长，挑起园区的教研大梁。为了改善教学点的办公环境，提升农村小学的教学质量，他成为一教学点的校长。一上任就开始谋划学校的发展，由于自己各项工作都做得出色，得到了上级领导的肯定，学校的发展也受到了关注。现在学校环境是教学点中最好的，上级还给学校捐了一间抗震书屋，孩子们可以安心、舒心地在里面学习。"半百"教师虽然没有参与学校的管理，但是他也一直义务地为同事和学生服务，为他们解决工作和生活上的琐事。

二、对职业的安全感

职业安全感是指一个人在职业中获得的信心、安全和自由，特别是满足一个人现在或将来的各种需要。职业安全感是教师坚守岗位的内生动力，也是教师永葆教学热情的重要保障，更是教师实现专业发展的促成因素。"走教"背景下的农村教师们对于教师职业的安全感的认识，有农村教师的普遍性，也有走教教师自身的特殊性。普遍性的认识集中于教师职业的稳定性和社会地位的认可，也就是对教师职业的静态审视。特殊性的认识则是从专业成长、人生规划等多方面的动态的把握。"半百"教师从静态上谈了职业安全感："现在有学校提供的周转房，有校车接送上下班，有公共浴室。这些待遇，让我更安心。现代化的教学设备和丰富的教学资源让我的教学更顺心，现在我的教学热情高涨，职业自信增强，我觉得十分踏实，看来我的坚持是正确的。""手风琴"教师对于职业安全的认识主要体现在自己的专业发展上，他还与以前做了对比："我在这里任教 11 年了，前 8 年，我和其他教师没什么区别，默默无闻在自己的岗位上工作，几乎不被外界所知，也没有走出去学习的机会。现在我巡回走教后，得到了媒体的关注，而且园区领导给我提供了出去培训的机会。这让我对自己的未来有了盼头，我现在又有了当年刚入职时的那种干劲儿，我感受到了工作带给我的希望。"

三、对工作产生的使命感和价值感

实证研究表明，具有强烈工作使命感的个体往往会将其生命与工作融为一体，并通过在工作中展现一种主动自发的积极行为来寻求个人的意义感、目标感、自我表达以及社会贡献等，进而在工作中体验到内在的乐趣和自我价值的实现。使命感是归属感的一部分，农村教师的使命感是在他们对于教学工作高度认同的基础上形成的，它也是一种责任心和事业心。[①]三位教师对工作产生的使命感和价值感的表现是不同的，"半百"教师是从"以人为本"的教学理念和"教书育人"的宗旨来谈的："我觉得不论是城镇教师还是农村教师，我们的使命都是教书育人。作为教师，我有责任和义务完成好教学工作，培养全面发展的人才。所以，学生就是我的一切，把学生教好也是实现自我价值的一种表现。"新手女教师认为自己对工作产生的使命感和价值感是通过自己不断学习，不断给学生授业解惑中表现出来的："我是新手教师，在我肩上有很重的担子，我要利用园区给我的学习机会去汲取新的教学理念和方法，不断地使自己处于学习的状态，走在教育前线。我希望我能把这些新的东西都在我的学生身上践行。"作为管理人员的"手风琴"教师深知，他要体现带头作用，无论是教学还是管理，始终有一种很强的责任感，这是他一直在做并会坚持做的事情。

"从园区安排我巡回走教的那一刻起，我就意识到了园区对我的重视，包括后来让我任艺术组的教研组长，我深深感受到了我对于园区的重要性。目前，我一直坚持音乐走教，这是园区的特色，我把这项工作认真落实了，得到了大家的认可，这使我意识到了我在园区中的存在价值。"

个体心理学认为，人类行为以目的为导向，所有行为的首要目标都是在一定的社会环境中追求归属感和价值感的。价值感是指个体感

---

① 赵海霞，郑晓明．工作使命感研究现状与展望[J]．经济管理，2013(10)：192～199.

受到自己在这个集体中的价值和重要性，为之做出贡献。在走教这个社会环境中，每位教师感受到了自己在集体中的地位和重要作用，而且通过访谈发现他们为园区的发展也做出了一定的贡献。

从三位访谈对象的陈述中可以看出，农村小学教师在走教过程中已经将自己的工作融入学校的工作中，他们从"独立人"转变成了"学校人"，这种主人翁精神、对教学的责任感以及对自己专业发展的强烈渴望，就是他们对工作产生的较强的使命感的具体表现。

四、同事间产生的亲和感

安东尼·罗宾曾说："人生最大的财富便是人际关系，因为它能为你开启所需能力的每一道门，让你不断地成长不断地贡献社会。"在工作中，同事关系也会影响个体对集体的看法，甚至影响个体的工作状态。农村教师的学校归属感在人际上表现为同事间的亲和感。从"半百"教师的叙述中就可以看出："我觉得我和同事的关系很融洽。虽然我年龄偏大，但是我比较喜欢和年轻人交流。我和其他同事一起上班、一起做饭、一起聊教学、一起下班。可以用'生活在同一屋檐下'来形容。年轻教师们思想先进、开放，性格开朗，总能带给我欢笑，而且我们还互帮互助。我不太会用多媒体，他们就手把手教我，直到我学会，有时他们生病请假，我也会主动帮忙代课。感觉大家就像一家人，那么亲切、贴心、关怀备至。"

由此可以看出，农村小学教师间的关系很融洽，体现在生活和工作的方方面面。这种关系已经形成了一种氛围，同事情已上升到了一种"特殊的亲情"，这种认同也是一种"爱与尊重"的满足。这种融洽的同事关系是农村教师的较强学校归属感的具体体现。

五、对生活的满足感和期待感

人们常说"知足常乐"。当人们对生活处于满足状态时，就会表现出对生活和工作的强烈热爱。目前，农村小学教师对他们的工作和生活也处于一种满足的状态。"半百"教师说："我比较满足自己现在所处的生活状态，学校的工作环境也变好了，还有自己的房子，上下班有专车接送，关键是工资也还不错，我已经很满足了。""手风琴"教师说："我也比较满足自己现在的生活状态，我的这种满足更多地体现在精神层面。我现在不仅有时间去看专业方面的书籍来补充自己的专业知识，还能发展自己的兴趣爱好，比如画画和书法。"

期望价值理论认为，个体完成各种任务的动机是由他对这一任务成功可能性的期待及对这一任务所赋予的价值决定的。个体自认为达到目标的可能性越大，从这一目标中获取的激励值就越大，个体完成这一任务的动机也越强。[①]这种目标可以是短期的打算也可以是长期的规划，鉴于三位农村教师对工作的认同和满足，他们对个人的发展有了打算和规划。

新手女教师现在一直追求和努力的方向就是把课上好。"我期待着自己的课能在园区有一定的影响力，同时，我也渴望自己能登上各种赛课平台和行业内的优秀教师切磋。"

"半百"教师认为自己的未来充满希望。"我给自己的未来也定了一些目标。首先，我要在一年内熟练掌握各种办公软件并能灵活运用多媒体授课。其次，我个人有写文章的爱好，希望自己能写出高质量的文章并发表。最后，我期望自己能把教学工作完成好，带出一批优秀的学生。"在这些都做好的情况下，"半百"教师期待着自己在退休前在职称上有所提升。

农村小学教师的学校归属感总体呈现出由弱到强，处于由物质到精神、由安于现状到追求专业发展的动态发展过程中。一方面取决于农村小学教师的内生动力，另一方面也离不开学校政策的外在助力。但要说明的是，基于研究对象自身的特殊性，不同的研究对象的归属感的影响因素的侧重点和影响程度也是不同的。从访谈分析来看，新

---

① 皮特里. 动机心理学[M]. 郭本禹，等，译. 西安：陕西师范大学出版社，2005.

手教师归属感的影响因素集中在对园区的认同（环境、待遇）、专业发展和同事关系三个方面，其中专业发展占据支配地位。老教师尤其是快退休的教师，他们的学校归属感则受园区或者学校的教育理念、工作的满足感两方面的影响多一些。作为管理者，工作使命感是影响其学校归属感的首要因素。

第四节　农村小学教师的学校归属感提升策略

农村教师的学校归属感是在长期变化的过程中逐渐形成的，教师由"独立的个体"逐渐融入学校成为"学校人"，走教施行后又由"学校人"变为"园区人"。这种身份的转变，是 L 园区教师们的归属历程的外显。农村教师的学校归属感的变化过程还具有阶段性的特征。从访谈结果来看，教师在由"独立的个体"走向"学校人"的这个阶段中，他们的学校归属具化为职业身份的认同和自我价值的实现；当由"学校人"变成"园区人"的阶段中，教师们的学校归属表现出对园区教育理念的认同、自身专业发展意识的唤醒，总体呈现出对生活和工作的满足。当然，满足只是一种暂时的状态，按照马斯洛的需要层次论，当人的一定阶段的需求得到满足后，就会渴求更高阶段的需求得到满足，当已有的需求得到满足时又会产生新的需要。通过对 L 园区的三位农村教师的深入访谈，在对他们的描述进行分析时发现，教师们的学校归属感经历由弱到强、由不满到满足、由不了解到认同的这个过程中表现出了他们对于目前的教学生活现状有了更深层次的认识，部分教师尤其是本研究的三位研究对象，他们能透过走教现象来揭示个人发展的实质，主要涵盖如何实现专业发展、利用何种路径走出自己专业发展的瓶颈以及促成个人实现专业发展和职业规划等方面。

走教的出发点和落脚点都是为了发展农村教育，缩小城乡教育的差距，进而实现教育的均衡和公平发展。无论是文化课教师的"定点走教"还是音、体、美教师的"巡回走教"，这种模式下的学生的发展是核心。只有农村学生的素养、能力都提升了，农村小规模学校才能由最初的"外生式"的发展逐渐转向"注重内涵"的内生发展（兰州大学教授孙冬梅在第三届中国乡村小规模学校联盟年会上就"农村小规模学校内涵发展的主体、核心与途径"做主题发言）。要实现农村学校的内涵发展，教师才是主力军。《人民教育》发文《全面开启新时代教师队伍建设新征程》重点强调了要做好师德建设、队伍建设、教师管理综合改革、补强农村教师短板、倡导尊师重教等重点工作，全面开启新时代教师队伍建设新征程。由此可以看出，教师的发展越来越受重视，教师专业成长的步伐日趋加紧。西北偏远地区的 L 园区，"走教"是实现其内涵发展的一种途径，但在具体运行过程中，对教师的专业成长的重视还不够。因此，农村教师在自身的专业成长上有自己的诉求和期望。

一、丰富农村小学教师精神生活，升华其学校认同感

园区在建设方面投入了大量的资金，为农村小学教师提供了舒适的生活条件和现代化的办公环境，尤其是在教学设备上其配套的完备性不亚于城镇学校，这使得农村小学教师的教学工作更便捷高效，从一定程度上减轻了教师们教学备课的繁重负担，他们有了相对宽裕的时间来发展自己的兴趣。但是通过访谈得知，大部分教师的业余时间是荒废的，尤其是下班后和周末的时间几乎没有利用起来。作为"园区人"的走教教师也是"社会人"，他们渴求在学校中多一些集体活动来丰富他们的园区生活，他们迫切希望园区能带给"园区人"更多的精神享受。根据需要层次理论，农村教师的需要已由低级过渡到高级，由物质需求转向精神需求。由此表明，农村小学教师对目前的生活和工作状态比较满意，已经能将自己的工作和生活融入学校中去，且对学校的归属感逐步增强。目前，学校应该开展一些文娱活动，让每一教师充分利用好业余时间丰富自己的精神生活，通过各种集体性

活动加强园区内教师们的联系和交流，给他们搭建精神互动平台，让农村教师充分发展自己的兴趣爱好和展示自己的才华，让每一位教师真正体验到归属感。

二、强化农村小学教师专业素质，增强其职业安全感

教师的专业素质直接影响到教师的教学质量，专业素质的提升对于 L 园区的教师来说是必需的。笔者通过走访中心校和走教教学点发现，农村教师的专业素质参差不齐，很多教师对于自身的专业素质缺乏深入的认识，对于教师专业素质的理解还停留在专业知识和专业能力两个狭隘的层面。L 园区正在实行的"集体备课"能唤醒教师们的专业成长意识，也是一个专门强化教师素质的专业平台，但是在实施过程中，并没有发挥其应有的作用。"集体备课"是教师学习共同体的载体，通过它不仅要使优秀教师发挥模范示范作用，还要使普通教师在专业知识、专业能力、专业精神和专业实践四个方面都能有所成长。目前园区的集体备课还不具有一定的研究性质，因此教师的教育科研能力的提升也是强化教师专业素质的重要方面。建立学习共同体能将每个人的专业优势和个人能力发挥出来，可以有效地进行优势互补，使每一个学习小组的综合能力达到最佳状态。当每一个人都实现了最优发展时，整个农村教师群体的专业素质就会大幅提升，同时教师们的职业安全感也会随之增强。

三、规范教师管理，凸显教师价值，激发教师使命

个人价值的实现依赖于个体为个体所在的群体或所处的社会做出的贡献，农村教师的个人价值同样如此。走教给农村教师的物质和精神都带来一定的满足，使得教师们对自己教师身份的认同加强，进而使得他们思考自己的专业发展和人生规划，反过来更安心、主动地投入教学。走教加强了农村教师自身的价值认同。但是，个人价值受到

园区的重视度不够。通常情况下，走教的农村教师的工作繁杂，很多时候不仅是本职内的还包括非本职内的。尤其在走教过程中，教师对教学的付出非常大，因此，在教师管理上，应当把走教的农村教师与其他教师分开考核，设定不同的考核标准和要求。另外，对走教教师完成的除教学外的工作可以进行适当的补贴和奖励，并把相应的补奖政策规范化后纳入走教教师管理；从制度和政策层面给予走教教师人文关怀，让走教教师真实地感受到自己走教的价值所在，从而使得每一位教师获得教学自信，能以主人翁的态度投身教学和学校发展，肩负起提升农村基础教育质量的重大使命。

四、找准专业成长路径，促进农村小学教师专业成长

农村教师实现专业成长是提升农村师资力量和质量的必由之路。学校在帮助教师实现专业成长之前，要帮助教师找到适合自己专业发展的路径，根据不同路径提供针对性指导和引领，让教师们能很快明确自己的发展方向并在自己的专业领域内有研究成果。对于经验丰富的老教师，一定要足够重视。可以利用这些资源，建立"导师制"，让老教师帮助新教师在教学上快速成长。对于一些新手教师，应该充分调动他们的研究热情，适时请一些研究人员到学校开展教育研究的讲座，让这些年轻教师具备一定的研究意识。而且，还应该给予他们一定激励和支持，让他们有研究的动力并落实到实践上。这样就使得一批青年教师在科研路上实现自己的专业成长。除此之外，对于所有农村教师都应提供多种机会。这点是 L 园区教师共同的心声。通过对三位对象的访谈了解到，他们渴望参加一些与教学相关的技能大赛，希望通过这种赛事来检验自己的教学水平，借助这些比赛丰富自身专业知识，提高能力与综合素质。在职后培训方面，农村教师的学习和工作圈子很窄，对一些新的教学理念和方法缺乏全面深入的了解，也没有实践上的经验。尤其是职后学习和培训的机会很少。因此，园区

应定期组织一些培训，有必要时选派部分教师代表外出学习。总之，要实现农村教师的专业成长，一定要结合走教的实情和农村教师自身的实际，找准适合他们的专业成长的路径。

五、树立"终身学习"思想，增强满足感和期待感

学习是没有止境的。在知识经济时代，知识的更新速度非常快。农村教师要时刻吸收新知识，并与已有的旧知识融会贯通。只有不断地学习新知识才能在新时代教育道路上不落伍。农村教师肩负教书育人的责任，自己必须要不断学习新知识、新理念、新方法，使自己的知识体系更充实、更丰富，才能把新的知识教授给学生。"活到老，学到老"是农村教师追求专业成长的基本学习观，贯穿于其一生，体现在人生的各个阶段。农村教师应结合自己所处的不同阶段来进行有选择性的学习，除了学习知识和技能外，更应该学习教育思想，提升自己的精神境界和道德修养。园区和学校有责任和义务为农村教师营造良好的学习氛围，创造更多的学习机会并提供一定的政策支持，确保他们在工作之余有时间和精力投入学习和研究。

笔者通过对农村教师深度访谈的分析得出，农村教师的学校归属感具体表现在对单位产生认同感、对职业产生安全感、对工作产生使命感、对付出产生价值感、对同事产生亲和感、对生活产生满足感、对现在满意和对未来充满期望这七个方面。其中，对工作的使命感和对付出的价值感不强。从自身而言，一定要有很强的使命感，要主动将自己的发展与学生的发展和学校的发展紧密联系起来。以高度的责任感对待教学和学生，在工作中严格要求自己，以主人翁的意识主动完成好自己的各项工作。学生的发展是每一位农村教师的使命。另外，农村教师不要对自己的付出有过高的价值的期待，更不应有"功利主义"倾向，要相信自己的每一次付出都不是毫无意义的作为，怀着一颗纯粹的心教书育人，把自己的价值转移到学生身上，学生得到了发

展，那么教师自身的价值也就自然而然地体现出来了。一旦农村教师的学校归属感增强了，他们就会追求专业成长和个人职业发展，反过来农村教师也会促进学生的成长，学生成长了学校的教育质量也会相应地提高，村学校与城镇学校的差距也会逐渐缩小。

第 3 章　农村小学语文教师实践性知识发展研究

本章摘要：

对于大多数农村小学语文教师来说，实践性知识是教师职业发展的必要条件，同时也是促进教师专业化的基础。研究教师实践性知识对于提升农村小学语文教师的专业化水平以及提高教学水平具有极其显著的作用。本章研究主要采用了质性研究方法，通过对三名低中高年级的农村小学语文教师的深入访谈和课前课中课后的观察，对 L 镇中心小学的语文教师实践性知识的不断发展做了深入研究，并且提出了一些具有针对性的建议。

本章研究对象虽然局限于 L 镇中心小学的三名农村语文教师，但极具针对性，反映了农村小学语文教师教学生活中实践性知识发展的情况，能对其他农村小学语文教师产生启发，有效促进农村小学语文教师专业成长。

第一节　绪　论

一、问题的提出

1. 教师实践性知识是小学语文教师专业发展的建设性工具

我国对教师实践性知识的重视是从 20 世纪 80 年代兴起的教师专业化运动开始的。作为教师专业发展的理论基础，将教师实践性知识进行深度研究是一重要课题。语文对于刚入学的学龄儿童来说，是学好其他学科的基础和获得知识的必须技能，由此可见，小学语文教师在基础教育教学中起着举足轻重的作用。想要促进小学语文教师的专业发展首先需要在实际的教学工作中发展语文教师的知识，这就必不可少地涉及语文教师实践性知识发展的研究。教师实践性知识影响着语文教师对外部理论的接收和吸取，也影响着教师自身的进步和发展，是语文教师理解和建构新知识的基石。因此，对小学语文教师自身所拥有的实践性知识进行探究，有利于小学语文教师更好地认识自己，在专业发展中真正发挥专业自主。

2. 调查者实习期间对农村小学语文教师的关注

笔者本科时期学习汉语言文学（师范方向）专业，对于小学语文一直保持浓厚的兴趣，如何成为一名合格的语文教师，如何促进语文教师的专业发展是笔者大学四年来一直思考的问题。现在作为一名小学教育专业的研究生，在校期间一直接受专业的教育教学方面知识的培养，为成为一名优秀的人民教师奠定理论基础。笔者于研一下学期及研二上学期的农村小学教育见习中，担任了近三个月的语文实习教师，在实习期间笔者发现农村小学语文教师在接受系统教育教学期间学习的很多理论知识并不能很好地被应用在实践教学之中，反而是入职之后积累的教师实践性知识在日常教学中起到了作用。因此，引起了笔者研究农村小学语文教师实践性知识的兴趣。

在农村小学实习时笔者发现，农村小学语文教师的教学方式与农村当地环境密切相关。那么农村小学的语文教师的实践性知识是如何形成发展的，又有哪些因素影响着他们的实践性知识呢？这些都是笔者值得去探究的问题。

二、研究意义

1. 理论意义

当今我国学者愈发重视农村小学教师的教学及生活，随着我国教育改革的不断进步，农村小学教师专业发展逐渐成为教育领域所探讨的重要议题。想要确立农村小学教师职业的专业性，推进农村小学教师专业化的进程，就必须关注农村小学教师的实践性知识的发展。农村小学语文教师实践性知识的有效发展不仅有利于农村小学语文教师理论知识的不断建构，而且可以充实农村小学语文教师自身，提高他们的教育教学技术水平。因此，对农村小学语文教师实践性知识的发展研究具有一定的理论意义。

2. 实践意义

研究理论的最终目的是指导实践。研究农村小学语文教师实践性知识发展是为了更好地结合当地的农村条件，让农村小学的语文教师能应用于自身，进而促使农村小学语文教师直面现实教学生活、认真反思教学课堂、及时更新自己的实践性知识，加深农村小学语文教师对教学实践及生活的认识，最终达到引起农村小学语文教师自身对于实践性知识的重视，打破农村小学语文教师理论与实践分离的状态。本次研究对农村小学语文教师实践性知识发展的途径进行探索，可以为农村小学语文教师提供一些参考和借鉴，还可以提高农村小学语文教师的教学能力，进一步优化农村小学语文教师的课堂行为，为提升农村小学语文教师的专业发展提供一个新的方向。

三、研究的思路与方法

1. 研究的思路

在本篇研究中，笔者选择了热情开朗的 Z 教师、内向稳重的 W 教师和善于交际的 B 教师作为研究对象，跟随 B、W、Z 三名农村小学语文教师的脚步，进入真实的农村小学语文课堂，观察记录三名教师的教学风格、课堂管理方式、师生相处模式等。通过与三名农村小学语文教师面对面谈话交流，深度挖掘个人生活背景、关键人物、关键事件对农村小学语文教师的影响，包括对语文教学的态度、对教师职业的信念等。整合一手资料尽可能全面地分析与解读农村小学语文教师实践性知识的发展历程。

2. 研究方法

本课题拟采用文献法、深度访谈法和观察法来收集研究资料。

1）文献法

本章通过对相关文献进行查阅、分析、整理，梳理了国内外有关实践性知识的相关著作。在重点关注语文教师实践性知识的定义、特征和构成要素的基础上，对小学语文的学科性、农村小学语文教师的专业发展现状展开分析，继而建立农村小学语文教师实践性知识发展研究的分析框架。

2）深度访谈法

访谈是在人与人之间的互动过程中，通过谈话交流的方式，挖掘交流过程中有意义内容的一种活动。本研究采用深度访谈法，通过与研究对象一对一自由地谈话，逐渐围绕研究内容展开讨论，继而从中提炼出研究对象的态度、观念和发展历程。一方面，在课堂观察之前与农村小学语文教师展开交流，以了解教学设计的目的与教学预设；另一方面，在对教师课堂观察记录整合之后对农村小学语文教师进行访谈，以了解农村小学语文教师对这堂课的反思，了解他的想法，从而深入挖掘农村小学语文教师行为背后的意义，将其实践性知识提炼化，促进农村小学语文教师对其专业发展的思考。

3）观察法

在本研究中，笔者站在一个旁观者的角度去观察三名农村小学语文教师的语文教学课堂、师生互动等，并在与 B、W、Z 三名研究对象的单独访谈中，对他们面部表情、眼神、行为动作、说话音量等非言语行为进行捕捉，继而更生动地呈现出农村小学语文教师的真实教学生活，有助于研究的真实性、全面性。

3. 研究对象的选择

经过认真考虑，本研究主要选取了三名 L 镇中心小学的语文教师，并征得其本人的同意开始研究调查，收集资料（表 3-1）。

表 3-1　三名 L 镇中心小学语文教师的基本情况

Z 教师	女性，45 岁，从教 23 年，教授语文学科 18 年，大专学历，小学教育专业，现任一年级（2）班语文教师，该班后升为二年级（2）班
B 教师	女性，36 岁，从教 10 年，教授语文学科 10 年，本科学历，计算机专业，现任三年级（4）班语文教师
W 教师	男性，37 岁，从教 10 年，教授语文学科 10 年，大专学历，小学教育专业，现任六年级（3）班语文教师

值得一提的是，Z 教师性格活泼开朗，教学风格幽默风趣；W 教师较为内向，教学风格严肃认真；B 教师代课的同时还从事行政工作，性格直爽率真，教学风格灵活多变，严谨细心。

第二节　文献综述

一、基本概念的界定及理论基础

1. 基本概念的界定

1）农村小学教师

农村指以从事农业生产为主的人聚居的地方。本研究中的农村主要指乡镇地区，而教师是指履行教育教学职责的专业人员，承担教书育人、培养社会主义事业建设者和接班人、提高民族素质的使命。那么本研究中的农村小学教师是指在乡镇小学履行教育教学职责的专业人员。①

2）教师实践性知识

关于教师实践性知识构成要素的提出，国内研究有两种说法。第一类从教师知识结构的整体性出发，探究了教师实践知识的构成。它以陈向明的观点为代表，既包括理论知识又包含实践知识，其中，教师实践性知识包括教师的教育信念、自我知识、人际知识、情境知识、策略性知识和批判反思知识。第二类强调从教师实践知识的某些特质角度阐述其具体结构，以曹正善和蔡亚萍为代表，前者强调教师实践性知识的道德性，后者强调教师实践性知识的缄默性。②

综合国内外学者对教师实践性知识的观点，笔者偏向于姜美玲在其博士论文《教师实践性知识研究》中对教师实践性知识下的定义：教师实践性知识是指教师在面对实际的教学情境中，用来解决教学实际问题时所使用的策略性知识。它是一种实用性知识，需要教师在平

---

① 谢琼. 农村小学语文教师教育实践性知识研究[D]. 桂林：广西师范大学，2015.
② 吴义昌. 国内教师实践性知识研究综述[J]. 上海教育科研，2017(11)：15～19.

时的教学实践中通过自身体验、感知、反思获取到的知识，并将其升华为内在的教学知识。①

3）农村小学语文教师实践性知识

本研究中的农村小学语文教师实践性知识是指农村小学语文教师在面对实际的语文教学情境，用来解决语文教学实际问题时所使用的策略性知识。农村小学语文教师的教学行为、教育效果都深受农村小学语文教师实践性知识的影响。农村小学语文教师实践性知识不但是农村小学语文教师个人专业发展的基础保障，而且是小学语文教师群体专业化地位提高的首要条件。②

通过资料的搜集与整合，笔者发现农村小学语文教师实践性知识涵盖以下三个方面：第一，区别于其他教师，属于农村小学语文教师个人所特有的知识；第二，离不开小学语文特有的教育教学实践，并最终服务于农村小学语文教师的教育实践；第三，农村小学语文教师自身体验、反思得到的知识，可以随着情境不断地发展和变化。

2. 理论基础

对教师实践性知识的研究并不是近些年才出现的，一些理论研究当中早已提及，通过汲取与之具有共同性的理论主张的基础上，进而积极建构自身完整的存在感。本研究借鉴姜美玲的博士论文《教师实践性知识研究》中的观点，从哲学、心理学与教育学维度解读教师实践性知识衍生与发展的广阔的理论支撑背景。

1）以亚里士多德为代表的哲学家的思想为教师实践性知识提供哲学基础

许多哲学家的哲学思想都深深地影响着教育的发展。亚里士多德提出的实践智慧是一种来自人类实践本身的实践性知识形式。亚里士多德的实践智慧与实践性知识是以人类最基本的生存领域为研究对象的，为这一领域知识合法地位的确立奠定了基础。英国哲学家波兰尼

---

① 姜美玲. 教师实践性知识研究[D]. 上海：华东师范大学, 2006.
② 林琼. 小学语文教师实践性知识发展研究[D]. 重庆：西南大学, 2016.

系统研究了知识理论特别是科学知识的性质问题，并提出了"个人知识"（personal knowledge）和"默会知识"（tacit knowledge）的理论。教师研究应注意到教师教学实践中的知识和经验，揭示每位教师掌握的隐性或个体教育教学知识，以促进从"默会"状态向"显性"状态的转变过程；教师要反思、批判和评估自己的知识，努力发展教师学习共同体或知识共同体的研究。[①]

2）认知心理学为教师实践性知识提供有力支持

知识作为一个重要的课堂被纳入心理学的研究领域，始于当代认知心理学，认为知识就是个体通过与其环境相互作用而获得的信息及其组织结构，可以划分为陈述性知识（declarative knowledge）和程序性知识（procedural knowledge）两大类。其中，程序性知识即有关具体过程的操作性的、实践性的知识，它通常存在于一个人的意识域之外，只能借助某种活动形式间接地推测出来，有时难以用语言进行表述。在探究教师实践性知识的存在形态问题上，认知心理学为其提供了方法上的借鉴。[②]

3）以舍恩为代表的教育学家的研究为教师实践性知识提供教育学支撑

舍恩从 20 世纪 70 年代开始，主要开展专家实践性认识的案例研究。舍恩指出，"活动过程中的反思"是实践性思考的本质特征，在实践性认识论中，理论不是从外部控制实践过程的基础，而是作为实践主体的思考与行为的"框架"在活动过程内部发挥作用。这是从"理论的实践化"向"实践中的理论"的转换。[③]

教师知识和教师工作的研究深受舍恩的研究的影响。20 世纪 80 年

① 迈克尔·波兰尼. 个人知识——迈向后批判哲学[M]. 许泽民，译. 贵阳：贵州人民出版社，2000.
② 姜美玲. 教师实践性知识研究[D]. 上海：华东师范大学，2006.
③ 唐纳德·舍恩. 培养反映的实践者——专业领域中关于教育学的一项全新设计[M]. 郝彩虹，张玉荣，王志明，等，译. 北京：教育科学出版社，2008.

代中期以后，教育研究者和教师大力地支持以舍恩提出的"反思性实践者"的概念和以"活动过程中的反思"为核心的认识论，这就为数年后发展教师教育和教学研究的范式转换提供了极大的推动作用。①

二、国内外文献综述

1. 国外研究现状

1）教师实践性知识研究从幕后走到台前

教师实践性知识研究是 20 世纪 80 年代以来教育研究领域的重点议题，以美国学者舍恩，加拿大学者艾尔贝兹、康奈利、尤克蒂宁的研究为代表，教师实践性知识发展成为一个教育研究的焦点。

加拿大教育学者费里曼·艾尔贝兹从 1976 年开始致力教师实践性知识的研究。艾尔贝兹认为，实践性知识这一概念是广义的，既包括实践的知识，又包括以实践为中介的知识。她认为教师的知识是不清晰的，教师拥有广泛的知识引导其工作，在面临各种任务和问题时，他们利用各种知识资源去解决。①教师的实践性知识不是抽象的、不是理论取向的，也不是真空的。②艾尔贝兹希望通过教师实践性知识这一术语为深入理解教师提供可能，她提醒人们，教师的所知是可以用"知识"来界定的，这种知识产生并应用于实践。③艾尔贝兹将实践性知识分为三个层次，即实践的规则（rules of practice）、实践的原理（practical principle）和意象（image）。其中实践的规则是在实践中经常遇到的情境下，教师做什么和如何做的陈述；实践的原理则是广义的，是包摄性更广的陈述；意象是最模糊的也是包摄性最广的，

---

① ELBAZ F. The teacher's "practical knowledge": Report of a case study[J]. Curriculum inquiry, 1981, 11 (1): 43 ~ 71.
② ELBAZ F. Teacher Thinking. A Study of Practical Knowledge. Croom Helm Curriculum Policy and Research Series[M]. New York, Nichols Publishing Company, 1983.
③ ELBAZ F. The teacher's "practical knowledge": Report of a case study[J]. Curriculum inquiry, 1981, 11 (1): 43 ~ 71.

是将教师的情感、需要、信念、价值观等联合起来以简洁隐喻的方式进行陈述，是对教师价值判断的整体渗透，是教师目标实现的直观性向导。[①]

从艾尔贝兹开始，人们才将教师的理解作为知识来看待，她让人们认识到教师知识的独特性和不可替代性。

2）教师实践性知识研究走向深入

尤克蒂宁和康奈利于 1982 年发表了第一篇论文《街角中学的实践性知识》标志着二人开始合作研究教师的实践性知识。在探讨教师实践性知识这个话题时，他们指出，教师不仅仅是知识的传授者，他们还有一种来自自身的知识，即"教师实践性知识"。从学习理论、教学理论和课程理论的意义上说，教师的知识包括两种知识，即理论知识与实践知识，其中实践知识混合了个人生活背景和教师的特质及其在特殊情境中的表现。这些知识与教师的特殊背景和各种课堂内外情境息息相关，是教育教学理论与实践结合的产物。

尤克蒂宁和康奈利对教师实践性知识研究的深化还体现在他们提出了教师"专业知识场景"（professional knowledge landscape）的概念，回答了"教师的知识是怎样在其专业知识背景下塑造出来的"这一问题。教师的个人实践性知识和专业知识在教师"专业知识场景"得以结合，并且个人叙事和文化叙事也在教师"专业知识场景"中获得融合。在《讲述、重新讲述教师专业知识场景中的故事》中，通过让研究对象重新讲述故事的方法，使教师重新建构专业场景，教师在重新讲述和经历故事的过程中获得了对故事的新的诠释，从而得到了不同的结论，使得故事中的矛盾得到化解，探讨重新讲述和经历故事对专业场景的影响。

教师个人的叙事为康奈利和尤克蒂宁的主要研究方法。首先从叙事的来源看，不局限于对教师的访谈，认为实地调查记录、研究访谈、对话、日记等都是具有教育意义的事件。这是对叙事来源的一

① 陈静静. 教师实践性知识论：中日比较研究[M]. 上海：华东师范大学出版社，2011.

种拓展，同时也说明了教师实践性知识来源的丰富性和研究方法的多样性。从叙事的方式来看，他们不局限于一位教师的一次性叙事，而是强调叙事的调整与重构，强调从不同角度对同一个叙事对象的故事进行讲述。

3）教师实践性知识研究不断丰富

在尤克蒂宁和康奈利研究的基础上，杜维·梅杰、尼克·威鲁普和简·D.沃蒙特等扩展了实践性知识的研究领域，开始研究不同身份、不同学科的教师实践性知识的特点。其研究涉及实践指导教师的知识、指导教师与师范生之间实践性知识的互动的关系、教师身份的认知以及学科中的教师实践性知识等。梅耶尔·可莱美特和艾琳娜·拉米莱兹的文章《教师如何通过叙事表达自己的知识》，以西班牙7所幼儿园和小学教师为研究对象，探讨教师如何表达他们的实践知识以及描述时间的准确性和概括性。其结论是：教师的叙事是对不同层次的实践的表达，而这些层次则是连续的。[①]

与此同时，日本学者也致力教师实践性知识的理论研究，东京大学的佐藤学教授在多部著作中都突出了教育研究向"实践"发展的主题，并就"实践性知识"的关键问题做了重要论述。佐藤学还提出了增加教师实践性知识和智慧的教育研究方法——教学的临床研究，丰富了教师实践性知识，生成了教师实践智慧，从而提高了教师工作的创造性和专业性。[②]此后日本的教育学领域陆续出现了分支性研究，包括教师生活史的研究、教学意象的研究等。

2. 国内研究现状

相对于国外一些国家来说，我国对于教师实践性知识的研究起步较晚，2001年前后才初步涉猎教师的实践性知识研究。随着时间的推移，人们对教师自身的关注越来越多，教师实践性知识随之也成了研

① 陈静静. 教师实践性知识论：中日比较研究[M]. 上海：华东师范大学出版社，2011.
② [日]佐藤学，钟启泉. 课程研究与教师研究[J]. 全球教育展望，2002，31(9): 7～12.

究的热门的话题。

1）关于教师实践性知识定义的研究

目前国内学者对实践性知识的定义还没有一个准确的定论。陈向明认为教师实践性知识是"教师真正信奉的，并在其教育教学实践中实际使用或表现出来的对教育教学的认识"[①]。曹正善认为教师实践性知识是"以人类美好生活为目的，以教师的教育生活经验反思为基础，并用一切具有典型意义的概括唤起清晰的意识，再回到具体的教育实践中去，以得出一些因时因地因不同情况而异的行为指导性知识"。[②]李德华认为教师实践性知识"是以实践者的生活史为背景，建立在对教师自身的实践反思的基础上，借助于教育理论观下的案例解读和教学实践中问题的解决，逐渐积累而成的富有个性的教育实践的见解和创意"。蒋美玲认为教师实践性知识是"教师在具体的教学实践情境中，运用体验、沉思、感悟等多种方式来洞察和发现自身实践和经验中的意蕴，并将自身的生活经验与个人赋予的经验意义与之相融合，进而生成的运用于教学实践中的知识，和对教育教学的认识，它在教师的教学行为中起主导作用"。[③]总的来说"实践性知识"概念的界定都包含了教师已有的知识和经验、教师的反思和教学实践这三个要素。教师在具体的教育教学情境中，通过体验、沉思、感悟等方式来发现和洞察自身教学中的意蕴，并融合自身的生活经验和教育信念，逐渐积累而成，且不断发展着的指导和运用于教育教学实践中的知识。教师的实践性知识是一种做出来的"认识"，暗含一种动态生成、不断丰富的过程。[④]

① 陈向明. 实践性知识：教师专业发展的知识基础[J]. 北京大学教育评论, 2003, (1): 104.
② 曹正善. 论教师的实践知识[J]. 江西教育科研, 2004, (9): 3～6.
③ 吴义昌. 国内教师实践性知识研究综述[J]. 上海教育科研, 2017(11): 14～19.
④ 李艳红, 闫文军. 小学教师实践性知识发展研究[M]. 北京：科学出版社, 2014.

2）关于教师实践性知识特征的研究

仅仅了解了教师实践性知识的定义，在教师专业发展和教育教学中是远远不够的，还需要了解它的特点，以便更加清楚地认识这种知识。陈向明认为教师的实践性知识具有可反思性、行动性和实践感等特点。曹正善在此基础上补充提出教师实践性知识需要具备道德性、总体性和模糊性。

3）关于教师实践性知识构成要素的研究

陈向明在《对教师实践性知识构成要素的探讨》中认为教师实践性知识主要由教师的教育信念、教师的自我知识、教师的情境知识和在行动中反思知识这四个要素构成。[①]李艳红经过整合发现小学教师实践性知识的构成要素主要有以下四个方面：①教师主体；②问题情境；③教师行动；④教学信念。教师是实践的主体，教师实践性知识来自教师自己的实践，指导着教师的惯常行动；教师实践性知识的形成必须依赖某种特定的情境；当教师面临有一定困惑、有待于解决的问题时，教师的判断力、教育机制、行动力才能体现出来，教师实践性知识的形成机制才开始启动；教学信念是教师建立在已有生活、教学经验的基础上形成的对教学活动独特的一种认识，它是教师教育理念的直接体现。[②]

4）关于语文教师实践性知识的研究

（1）对于语文教师实践性知识定义的研究。

至 20 世纪 90 年代中后期，研究者对教师实践性知识的研究逐渐拓展到了具体学科，国内近些年来开始关注语文教师的实践性知识。马笑霞在《现代语文教师的知识结构》中谈到了实践性知识对语文教

① 陈向明. 对教师实践性知识构成要素的探讨[J]. 教育研究. 2009, 10(1): 67.
② 李艳红, 闫文军. 小学教师实践性知识发展研究[M]. 北京: 科学出版社, 2014.

师的重要价值。林琼在其硕士学位论文中提出小学语文教师实践性知识是"实践性知识在具体学科中的运用，它是一种统整性知识，表现为语文教师在教学活动中对本学科领域主题或问题的理解与运用，蕴含着教师高度个人化的经验"。

（2）对于语文教师实践性知识特征的研究。

对教师实践性知识具体学科化的研究常见于近几年的硕士学位论文中。阳利平在《新课程背景下语文教师专业知识探析》中提出教师实践性知识是"教师在课堂教学中发生的突然的教学内容，教师的教学经验、教学风格和教学智慧是语文教师实践性知识的主要表现形式"。[①]

（3）对于语文教师实践性知识构成要素的研究。

基于语文学科的特殊性，在语文教师实践性知识构成要素的研究中大都将语文学科的特征与教师实践性知识的构成要素结合起来，通过质性研究归纳得出。李山林、皮静萍在《于漪实践性知识的内容和特征》一文中，对语文特级教师于漪的实践性知识进行了分析，在实践性知识构成方面分为以下几部分内容：第一，于漪教师关于语文理念的知识；第二，于漪教师关于语文教学的知识；第三，于漪教师关于自我的知识；第四，于漪教师关于学生的知识。[②]谢琼在其硕士论文中将语文教师实践性知识的内容划分为以下五个维度：第一，语文教师的教育信念；第二，语文教师关于自我的知识；第三，语文教师关于科目的知识；第四，语文教师对学生的看法；第五，语文教师的情境知识。[③]

（4）对于语文教师实践性知识研究方法的研究。

对语文教师实践性知识的研究方法分为质性研究和量化研究两大

---

① 阳利平. 新课程背景下语文教师专业知识探析[J]. 教育学术月刊，2008(6): 28～31.
② 卢秀琼、郭吉芳. 渝东南地区小学语文教师知识发展研究[J]. 西南民族大学学报(人文社科版), 2008(9): 268～270.
③ 谢琼. 农村小学语文教师教育实践性知识研究[D]. 桂林：广西师范大学，2015.

类。根据大量搜集和整理文献，我发现大多数对于语文教师实践性知识研究的方法以质性研究为主，访谈法、观察法及叙事研究也有所涉及。如张丽在其硕士论文中采取了文献法和质性研究方法对小学语文教师的实践性知识进行了研究；李艳红在《小学教师实践性知识发展研究》一书中采用深度访谈法、观察法及叙事研究对两名一线小学教师和一名准教师的实践性知识发展进行了研究；姜美玲在其博士论文中采用叙事研究法对一名高中语文教师的实践性知识进行了研究。但并不是所有研究者都会选用质性研究的方法，近几年来越来越多的研究者采用数字化的量化研究对语文教师实践性知识进行探究，主要采用问卷调查法的形式，如林琼（2016）在其硕士论文中采用问卷调查的方法，以山西省太原市迎泽区八所小学及 160 名小学语文教师为研究样本，分析小学语文教师实践性知识的发展。

三、已有文献的研究述评

目前，学术界对教师实践性知识的研究主要集中在实践性知识的内涵、结构、影响因素、来源与发展路径等几个方面，并取得了相对丰硕的成果。在实践性知识的构成方面，学者们的研究视角从最初的静态分析转向主体与情境互动中的动态分析。[①]在研究内容方面，笔者发现近年来研究者更偏向进入中小学教学现场进行研究，而这些研究成果都或多或少地对笔者探究农村小学语文教师实践性知识发展奠定了良好的理论基础。

与此同时，笔者也发现农村小学语文教师对自己的实践性知识关注甚少，想要农村小学语文教师们认识到自己的实践性知识发展过程，寻求到适合自己的教师专业发展方向，还需要教育各界对农村小学语文教师这一群体做更加深入的调查研究，给予农村小学语文教师更多的重视和关心。

---

① 谢琼. 农村小学语文教师教育实践性知识研究[D]. 桂林：广西师范大学，2015.

第三节　农村小学语文教师实践性知识发展研究初探

　　随着教师专业化的发展，近几年来关于教师实践性知识的研究，更多学者将关注重点放在了教师个人的教学生活上。教师作为实践性知识发展的本体，有着太多的独特性与建构性。在大山深处的 L 镇中心小学，有这样一类人，他们来自各个村落，日复一日地过着半读半农的平淡生活。在看似相同的一间间方正狭小的教室里，他们有着不同的教学经验、文化背景、生活矛盾、疑惑……他们在这座大山所特有的风俗环境中不断生长，不断构建出属于自己的实践性知识，他们就是那平凡却散发着魅力的教师群体——农村小学语文教师。

　　本章节内容的划分借鉴了陈向明《搭建实践与理论之桥——教师实践性知识研究》一书。书中将教师实践性知识整合为关于教师自我的知识、关于科目的知识、关于学生的知识和关于情境的知识四个部分。而它们都受到教师更上位的、有关教育本质的信念的影响。[①]结合本研究视角，笔者本部分包含以下几个方面的内容：关于教师自我的知识，具体包括个人受教育背景、关键人物关键事件的影响、教师对自我的认同等；关于科目的知识，具体指小学语文科目的知识，包括基础教学知识、学科知识和教学风格等；关于学生的知识，具体包括教师对农村留守儿童的关注和家长对学生学习的关注；关于情境的知识，具体包括学习情境和班级管理等，而教师的教育信念贯穿本章内容的每个部分。

一、与大山的对话——农村小学语文教师的心声

　　农村小学语文教师的实践性知识并不是与生俱来的，而是在教学

---

　　① 陈向明. 搭建实践与理论之桥——教师实践性知识研究[M]. 北京：教育科学出版社，2011.

中，与学生、家长、同事的交往中，课余生活的不断学习中，课后反思中慢慢积累生成的，它蕴含在每个农村小学语文教师的生命中。由于实践性知识是随个体的实践经验积累而形成发展的，所以每一位教师其实践性知识是不相同的，其实践性知识的发展情况也是不相同的。本研究主要选取三名 L 镇中心小学的语文教师，下面对三名教师入职前的情况做简要说明。

Z 教师入职二十三年，教授语文学科十八年，近十年来一直从事一、二年级的语文教学工作。Z 教师在大专时期学习小学教育专业，具备系统的小学教育理论性知识，在校期间并未体验过站上讲台的感觉，也没有实践于课堂的教学经验，所以 Z 教师在入职前对教师职业的看法和对教学课堂的管理都是属于理想形式。入职后通过真实的课堂教学，其教师实践性知识开始不断发展。

W 教师在大学期间学习的是小学教育专业，入职十年以来一直从事语文教学的工作。W 教师谈到在校期间一直在做家教，辅导小学生语数外等学科的功课，能了解到学生对语文的哪一块知识点是难以掌握的，需要在教学中反复练习。W 教师会将这些难点、易错点总结起来，再加上 W 教师在校期间系统地学习了教育相关知识，由此看出 W 教师的教师实践性知识在入职前就已经有所发展。

B 教师入职十年一直从事三至六年级语文教学工作，在本科时期学习计算机专业，B 教师谈到自己从未想过有一天会走上教师岗位，那时候学校是分配工作的，他们整个专业都被分配到了教育领域，她也成了一名小学语文教师。由此可以看出，B 教师没有接受过系统的教育理论知识，在校时期也从未有过实践教学的经验。B 教师的教学方法、课堂管理办法都是在入职之后才慢慢开始摸索的，教师实践性知识也是从入职时才慢慢形成的。

1. "镜中的我"：农村小学语文教师关于自我的知识

教师的自我知识是指教师对自己、对教育行业的认识。教师的自我知识与教师个人经验有关。农村小学语文教师从小所受的学校教育、家庭教育、社会影响等都对其如何认识自我，如何认识教师职业产生很大的影响。农村小学语文教师在教师实践性知识中处于"主体"地位，了解这一"主体"的个人生活，对于研究农村小学语文教师实践性知识是如何发展的有重要作用。

1）静默生长：儿时的回忆

家庭教育是一切教育的基础，一个人从出生到成人，都离不开家庭的教育和影响。在谈到家庭教育这一话题的时候，笔者观察到 B 教师变得非常兴奋。

"从小我就最敬佩我的父亲，我觉得父亲对我的影响很大。小时候我爸教育我，要尊重别人、要与人为善，而且在上学的时候反复地教育我要和同学、老师处好关系，多去帮助别人。我觉得这对我的职业也是非常有帮助的，比如说我现在是年级主任，平时还要处理行政方面的工作，我发现我都能与我的领导、同事保持良好的关系，我很喜欢帮助同事，因此，我在同事中很受欢迎。我在与学生相处的过程中，我觉得学生也应该得到尊重，所以我尽量做到一视同仁，学生都觉得我挺公平的。"（与 B 教师的第一次访谈，2017 年 5 月 17 日于三年级组办公室）

从 B 教师的描述可以看出，家庭教育对 B 教师在人际交往方面是有一定影响的，教师在实践中与以往经验相结合，提炼出一些自己的人际交往法则生成教师实践性知识。这些实践性知识让 B 教师在处理与领导、同事、学生的关系时更加顺利。

W 教师同样认为自己的父亲在教育方面给了自己非常深刻的影响：

"在我的印象中，我爸非常严厉，对我的学习要求比较高，但不会因为学习成绩不好而责打我，但是在平时生活中的文明礼貌方面要求很严，我觉得也正因为我父亲教育得好，我现在才能走上教师岗位，以身作则，我觉得学生学习成绩有高低之分，但是都必须学会做人，要有正确的价值观。"（与 W 教师的第一次访谈，2017 年 6 月 30 日于六年级组办公室）W 教师现在严肃的教学风格与他从小接受父亲严厉的教育息息相关。

2）含苞待放：学习阶段的影响

博库和帕特南的研究表明，教师最开始是从他们的学习经验中学习如何教学的。教师的信念、知识和技能早已在早期学校学习和生活经验中形成。[1]罗蒂指出，所有教师都有过做学生的经历，而且这种经历常常使他们形成教学印象，特别是对那些专业训练不足，却从事教师工作的人来说，他们当年做学生的经历强烈地影响着他们实践性知识的形成，即使这些经历并不愉快，因为除此之外他无所凭借。罗蒂称之为"学徒式观察"。[2]

B 教师回忆起上学的那段时光，认为对她影响至深的教师是她小学时的数学教师。

"小的时候最怕的就是数学教师，他很凶，当时我的数学成绩不是很好，每次考试成绩出来都会被他打手心，但是不得不说，打是真的有用，打我我就记住了。有的错误是粗心导致的，以后我就会更加细心；有的错误是因为没有学会，以后我就会多练习几遍。因为老师比较严厉，我们上课都不敢有小动作，都坐得端端正正，认真听讲，我的数学成绩也慢慢变好。我刚入职就在山上的一个教学点上小学五年级的语文课。当时，我一点教学经验都没有，不知道该怎么面对学生。于是我就模仿我的小学数学教师，在上课的时候非常严厉，而且选择'满堂灌'的上课形式，偶尔会请学生发言，学生也都很怕我，当时我的想法就是把课堂纪律维持好，让学生都能安静听讲，但是，慢慢地我就发现一个问题，学生因为害怕教师，所以不懂也不敢问，我也不能及时地得到学生的反馈，一测验才发现，很多知识他们其实都不会，有的五年级的学生甚至连最基础的生字都不会写。当时我就觉得我只是凭着记忆模仿着我的小学数学教师上课时严肃的样子，在面对学生问题的时候，一味严厉其实也存在很大的问题。现在我就调整了自己的上课风格，刚柔并济，有严厉的时候，也有轻松幽默的时候，课堂气氛活跃了，学生也敢于表达。但是我觉得学生还是应该对教师保持

① GROSSMAN. The Making of A Teacher[M]. New York: Teachers College Press, 1990.
② LORTIE. School Teacher[M]. Chicago: University of Chicago Press, 1975.

一颗敬畏之心。"（与 B 教师的第一次访谈，2017 年 5 月 17 日于三年级组办公室）

和 B 教师的聊天不难看出，B 教师刚入职时会模仿对自己影响很大的小学数学教师，她认为严厉的态度才能管住学生，在严肃的氛围中学习会让学生在课堂上约束自己。但是在往后的教学实践中，B 教师发现，一味地严厉不但达不到教学目标而且让学生不敢表达自己的想法。通过反思，B 教师调整了自己的上课风格，课堂气氛也活跃了，教师与学生的沟通变得频繁了，B 教师开始更加了解学生，针对学生的问题进行强化辅导。

3）花开盛夏：从新手教师到熟手教师

（1）一份来自教育的执着。

Z 教师认为，之所以坚定地在教师这个岗位任教二十三年，就是一种来自教育的深深的使命感。Z 教师表示农村学校条件有限，缺乏教育资源，山上的教学点非常缺教师，经常一个教师同时带好几个年级的学生。既然选择了教师这个职业，就要尽心尽力地把它做好，不断反思，不断发展，让学生能够接受良好的教育。B 教师本科时学的是计算机专业，虽说毫无准备就被"分配"到了教育行业，成为一名教师，但是 B 教师还是选择坚持这份工作。"之前虽然没有当教师的想法，但是认为教师这个职业是一个女性的理想职业，所以还是愿意坚持下去。"（与 B 教师的第一次访谈，2017 年 5 月 17 日于三年级组办公室）在 B 教师看来，她坚持任教十一年是因为教师工作既安逸又稳定，压力小、竞争少、个人空余时间比较多，可以在闲暇时间做自己喜欢的事情。

W 教师与 B 教师同一年入职，他的坚持源于对教师这份职业的热爱和一种责任："首先，我认为是一种责任，一方面是对学生的责任。他们是祖国的未来，我既然做了教师，就有责任、有义务好好教育他们。另一方面，是来自家庭的责任。我身为一家之主，是整个家庭的经济支柱，这就促使我坚持教师岗位，不断进步，这样才能让我的家人生活得越来越好。其次，我本身就比较喜欢教师这个职业。"（与

W教师的第二次访谈，2017年10月30日于六年级组办公室）

（2）百尺竿头，提升自我。

教师提升教学水平的途径有很多种，教师在成长的同时，实践性知识也不断丰富。W教师表示，在入职初期总是会遇到各种各样的困难，存在各种各样的疑惑。但他在面对实际问题时，会模仿其他教龄长的教师，找到对应的方法，解决问题。在平时课余生活中会通过看名家名课的视频或是听优质课提升自己的教学能力。

"优秀教师上的公开课对我影响很大，在他们上课的时候我会默默地思考几个问题，比如某一个知识点我会如何教学，而这位教师的设计中又有哪些亮点，有时会恍然大悟。我觉得有用的就会把它记下来，然后尝试，在尝试的过程中，有时候会发现某些设计并不适合我，那我肯定会将它设计整改成适合我个人的教学方法。"（与W教师的第二次访谈，2017年10月30日于六年级组办公室）

（3）同事眼中的他。

要客观地衡量一个人，不只要与这个人接触，而且要听其他人对他的评价。最能见证一个教师成长的就是同他接触过的同事，从同事的评价中可以分析出其教师实践性知识的影响因素。Z教师是在岗二十三年的老教师，与Z教师搭档两年的C教师是这样评价她的："首先，Z教师是一个特别有亲和力的教师，平时非常喜欢与人交流，很热情，很容易带动学生，让课堂一下子就变得活跃起来。其次，Z教师对待教学非常认真，她是我们学校带低年级小朋友的'专家'，从我进校起，Z教师带的班的学生每次语文考试成绩几乎都是第一，学校里很多新教师都愿意向她取经。"

4）硕果累累：走在平凡的教师之路上

（1）农村小学语文教师的课余生活。

其一，半耕半读的农村生活。

W教师身为家里的顶梁柱，在工作之余都会帮助家人下地干活，以此来减轻家庭负担："我们是单职工家庭，家里农活比较多，平时一有时间我基本上都是在忙家里的事情，很少会看书或者是做与自己专业相关的事情，而且农村竞争小，学习的氛围没那么浓厚，大家也没有意识去自觉地看书或学习。"（与 W 教师的第三次访谈，2017年 12 月 13 日于六年级组办公室）

其二，相夫教子的闲暇时光。

B 教师的孩子刚上小学一年级，在课余生活中，B 教师更多的是忙家里的事，照看孩子写作业等，在闲暇的时候经常会玩手机、看小说，很少看教育方面的书。

其三，与书为伴。

Z 教师特别喜欢看《读者》杂志，近几年网络变得发达，在手机上阅读的频率渐渐多了，会时常关注一些教育类的微信公众号推送的文章。Z 教师以前特别喜欢唱歌跳舞，但是 Z 教师的老公不赞成 Z 教师进行这些活动，所以 Z 教师现在不会唱歌跳舞了，主要就是看书和处理家务事。课余生活中，Z 教师要给家人做饭，帮小女儿照顾孩子等。说起读书，Z 教师还是赞成阅读纸质书，认为面对"快时尚"的网络阅读，纸质书更容易保存，遇到特别喜欢的文章可以随时翻阅。

（2）从小苗到大树的成熟。

笔者所研究的三名访谈对象入职都在十年以上，在教学成绩方面都取得了很大的进步，在丰富阅历的同时，也获得了很多荣誉。Z 教师入职以来共获得五次"优秀教师"、两次"优秀少先队员辅导员"称号；B 教师获得过期中考试"优秀教师"和"优秀班主任"称号；W 教师上的课先后被评为县级优质课、乡镇优质课，他两次获得"乡镇优秀教师"荣誉称号。这些荣誉是靠三名教师在教学岗位上不断努力、奋斗得来的，反映了三位教师的教师实践性知识是处在不断发展之中的。与刚入职相比较，现在的他们变得更加自信，对课堂的掌控也更加游刃有余。W 教师评价自己在入职六至八年间在教师专业方面的成长最快，实践性知识发展最快，也变得平和了许多，遇到事情不像以前那么急躁了。

"刚开始上班时，对学生的关注比较少，上课一般采用'满堂灌'的形式，通过听课、评课、上公开课以及各位同事的评价，我开始意识到这个问题并慢慢改变，课堂提问多了，与学生的互动也增加了。

我会尽量让学生自己解决问题，我主要是引导学生回答，学生慢慢变成了课堂的主体。在教学之初，当我拿到一篇长课文时不知道如何下手，那时候网络还不发达，我就去听一听有经验的老教师是如何上这堂课的，跟同事多交流，听听他们的想法。我从中知道了讲授长课文要'长文短教'，要抓住重点，让学生去解决重点问题就可以了，不需要逐段分析，从此当我再拿到长课文时我就觉得自己有了一个'小窍门'，能够更合理地去设计教学目标和课堂环节了。"（与 W 教师的第三次访谈，2017 年 12 月 13 日于六年级组办公室）

Z 教师谈到同刚入职时相比，现在的成熟表现在对课堂掌控娴熟、教学基本功扎实、对学生态度的转变等几个方面。以下是 Z 教师的回顾：

"我刚入职上课时教学语言经常不连贯，有时还会出错，现在特别娴熟，也很自然的能将教学环节过度。比如跟同学交流时总是会不由自主地把方言带入课堂，现在很少带方言，而且没有再出现过尴尬的场面。教学方法方面，刚开始我觉得教拼音特别吃力，学生也学得吃力，经过几年的教学我想出了一个方法就是编故事，把拼音知识编成一个故事给他们讲解，他们就更能理解了，以前是死教知识，现在能结合学生实际进行教学。以前上课，有同学做小动作我就会批评他们，现在是问大家，看看那个同学在干什么，他这么做对不对，为什么不对，让学生自己去想，去讨论。我认为打骂对小孩子是不起作用的，只有让学生自己认识到问题，才能真正改正。刚走上教师岗位时上课难免会有些紧张，觉得有那么多双眼睛在看着你，一定要表现得多好多好，反而上课有些拘束。现在上课放得很开，能够充分地展现个人魅力，在上课的时候能很自然地和孩子们交流，我现在认为上课是一个自然而然的过程，不需要刻意去给这节课加'调料'，每一个教学环节就按照你自己心里的想法去走，反而更能打动学生，达到这节课的教学目标。"（与 Z 教师的第二次访谈，2017 年 7 月 2 日于一年级组办公室）

B 教师认为自己成熟的变化主要是在对待学生成绩的态度、大量的教学反思以及教学方式的改变等方面。以下是 B 教师回顾：

"刚上班时，因为缺少专业的训练，都是凭着感觉教的，那时候培训也特别少，教师也很缺乏，没有教师给我指导过，所以很少反思自己，就一直按照自己的方式教学，反而还觉得教师这个职业很轻松。现在经过几次培训、听课之后，思考得多了，反而觉得教学是一个很难的环节。现在想得多了，反而变得迷茫了起来，觉得自己越教越不会教了。现在会有意识地去想，去思考，但是以前不会。以前我只会重视成绩好的学生，成绩差的学生慢慢就放弃了，现在我更重视班里有提升空间、有进步余地的学生，从成绩方面说就是考四五十分的这些学生，在平时上课时我会多叫他们起来回答问题，上黑板听写词语之类的，利用几周的时间多督促一下他们，他们的成绩就会有所提高。这些学生其实一直在努力，只是以前教师对他们的重视不够。我发现，这些学生成绩上去了，班级的整体成绩也就上去了。我其实就是在实际的教学中慢慢地发现一些问题，然后去解决这些问题，再一点一点慢慢地进步。"（与 B 教师的第二次访谈，2017 年 6 月 29 日于三年级组办公室）

从上述材料可以看出，在入职初期，教师的实践性知识呈现一个快速发展的阶段，主要表现在教师对课堂的组织方式更加灵活、与学生的交流沟通增加、对教学观念的改变等方面，这些都是通过教师自身大量的教学反思，学校组织的教师教研活动、学习优质课等一系列的教师活动实现的。通过分析，笔者发现 W 教师和 Z 教师在教学八年左右的教师实践性知识发展开始变得缓慢，其中 W 教师近三年来依然是在不断地进步学习；Z 教师由于临近退休近三年来实践性知识趋平，而 B 教师在教学六年左右的教师实践性知识发展缓慢，近四年来实践性知识发展趋平。

5）初识实践性知识

Z 教师认为实践性知识在实际教学中的作用非常明显，对于 L 镇在农村环境下长大的 Z 教师和学生们，他们受方言及风俗习惯的影响比较大，由于书面语和方言之间有一定的差距，Z 教师在上课时有时很难用普通话向学生解释清楚某个词语的含义，Z 教师就会运用本地的方言解说，学生们恍然大悟。Z 教师运用方言向学生解释词意，既活跃了课堂氛围，又令学生明白了这个词语的含义。由此看来，L 镇的农村教师在教学中会生成适合本地区学生学习的教学方式，使教师能够结合当地的实际情况进行教学，而这类教师实践性知识也只能适用于 L 镇地区的语文教师。

W 教师学的是小学教育专业，受过三年专业系统教育的他认为，通过实践积累的知识运用得最多："对一个教师来说，这些经验是非常重要的，也是非常宝贵的。实践性知识比书本上学到的知识更加有用，更符合实际的教学现状。每个人当教师的感受不同，遇到的学生、事件都不一样，所以我认为实践性知识是一个比较私人化的东西。适用于我的知识并不见得适用于别人。这些知识跟性格、所带的年级等都息息相关。"（与 W 教师的第二次访谈，2017 年 10 月 30 日于六年级组办公室）

上述资料表明，Z 教师和 W 教师都认为实践性知识在农村小学语文教师的教学中有很大的帮助，Z 教师认为教师实践性知识与当地方言、风俗密不可分，具有适用性。教师实践性知识是在实践中建构、关于实践且指向实践的知识。[①]W 教师对于实践性知识的看法更偏重教师个人的经验积累，认为不同教师所生成的实践性知识是迥然不同的。教师实践性知识富有浓厚的个人生活史色彩，教师自身的生活经验及个人的教育信念都深深地影响着农村小学语文教师实践性知识的发展。[②]

2. "语众不同"：农村小学语文教师关于科目的知识

农村小学语文教师最主要的活动是传授语文知识。语文的课堂教学对于农村小学语文教师来说是他们职业活动的重中之重。观察农村小学语文教师对生字词、阅读、写作等的真实课堂教学，一方面能够

① 陈振华. 解读教师个人教育知识[J]. 教育理论与实践, 2003(21): 6 ~ 11.
② 李艳红, 闫文军. 小学教师实践性知识发展研究[M]. 北京: 科学出版社, 2014.

呈现出教师实践性知识的发展轨迹，另一方面能够突显出实践性知识在农村小学语文教师日常教学中的重要性。

1）教学日常

（1）教学困境。

在语文教学中总是会遇到各种各样的问题，学生会给教师抛出难题，而教师有时也会在上课的过程中遇到很多困惑。Z 教师认为自己是大专学历，知识储备不足，偶尔会被学生的提问给难住："在学习《曹冲称象》的时候，讲到了曹冲，免不了要给学生讲讲曹操、曹植、曹丕之间的关系，这时候就有一个学生问我：'老师，曹冲这么小就这么聪明，那他两个哥哥聪明吗？他们做过什么聪明的事吗？'这可把我给难住了，只好告诉学生：'这个问题老师也不知道答案，下课以后同学们可以自己去查一下，查到的同学可以讲给大家听。'就这样化解了尴尬。"（与 Z 教师的第三次访谈，2017 年 11 月 1 日于二年级组办公室）

通过这件事，Z 教师发现了自己知识储备不足的情况，为了在以后的教学中避免再出现这样的事，Z 教师在以后备课的过程中会着重注意丰富课外知识，在对学生进行授课的过程中也变得越来越自信了。

W 教师发现自己长期存在一个问题，即在上课的过程中很少会请学生发言，他表示这也许就是自己的一种教学风格："我发现我有时候上课不能很好地融入学生，一般都是我讲得太多，而让学生自己去悟的太少，没有把学生的主体地位体现出来。"（与 W 教师的第三次访谈，2017 年 12 月 13 日于六年级组办公室）而 B 教师谈到，当她遇到教学困难的时候，通常会和同事一起交流讨论，听听大家的意见和建议。

（2）教学风格。

其一，幽默轻松的 Z 教师。

对于小学语文教师来说，最能展现自己专业魅力来吸引学生的就是教师的教学风格，教师的教学风格与其性格息息相关，也与教师对"教师"这一职业的解读息息相关，有十年以上教学经历的老教师都会形成自己的独特风格。

　　谈到此话题时，Z 教师依然眼带笑意地说："在我的课堂，活泼幽默、自由是最明显的风格，下午第一节课学生一般都感觉比较疲倦，以前我采用提高音量或者点名的方法让学生集中注意力，但是我发现这么做了之后学生不超过五分钟又开始犯困了。现在我会组织他们唱一首学过的歌曲或者是全体起立做一做操之类的，活动活动筋骨，放松之后我发现学生的精神好了很多，上课的时候也集中注意力了。"（与 Z 教师的第二次访谈，2017 年 7 月 2 日于一年级组办公室）

　　从 Z 教师讲的这一个课堂管理小片段可以看出，对于学生，Z 教师一直采用一个比较温柔、轻松的态度来相处的。Z 教师近年来一直从事低年级语文的教学工作，她认为对待低龄的学生，培养其兴趣是最重要的，如果教师上课的风格是活泼幽默的，学生会觉得这节课非常有趣，在听的时候也会自然地集中注意力。所以，通过多年工作经验的积累，Z 教师总结出了自己在面对低年级学生时自由轻松的教学风格。

　　其二，认真严格的 W 教师。

　　由于 W 教师近几年从事高年级小学语文的教学，对待同样的问题，W 教师处理的方法就不一样。"上课本就是一件严肃的事情。我的教学方式可能陈旧一点，但是我认为这样才能体现对一个教师的尊重。我觉得教师对学生严厉一点也是对学生负责。"（与 W 教师的第二次访谈，2017 年 10 月 30 日于六年级组办公室）

　　（3）教学反思。

　　当谈到教学反思时，笔者观察到 W 教师略显尴尬，他表示自己很少会进行教学反思，最常进行教学反思是出现在刚入职期间。W 教师刚入职期间总是发现自己备的课和实际上的情况有很大偏差，不能很好地完成教学目标，而且不能很好地向学生解释说明某个知识点，感觉说了很多但学生都听不懂："当我发现这个问题后，我会在空闲的时间思考一下，想一想到底是哪一个环节出了问题让我这节课没有按时完成教学目标，某一个成语我该怎样解释学生才能容易听懂。通过反思我发现，一节课设计的内容太丰富了，每一个知识点的安排都太过紧凑，导致我稍有拖沓就会拖堂或者无法完成教学目标。还有对词语的解释，我认为是平时的知识储备不够，而且没有结合小学生的实际，导致他们听不懂。"

在反思之后，W教师在以后备课的过程中就会适当地删减一些知识点，或者是把一部分环节放到下一堂课去讲解，这样上课时间就变得宽裕了，也能达到教学目标了。在备课的时候遇到某个很难解释的词语，W教师会查阅相关资料，或观察其他教师是怎样讲解的。"我觉得单纯地依靠教师去解释词意学生是不能懂透彻的，还需要教师带领学生对这个词语所在的句子进行赏析，这样才能让学生深入理解。"（与W教师的第二次访谈，2017年10月30日于六年级组办公室）

W教师在入职初期能够在教学中发现自己存在的问题，通过课余时间的思考、查阅资料等，结合实际及时改正，以便提升自己的教学能力，进而促使自己实践性知识的快速发展。现在他很少会进行反思，一般是在睡觉前想一想如何进一步提高学生的成绩，然后在网上找几套题对学生进行训练，对其教学方式、课堂管理问题思考大幅度减少，而更加重视学生对知识的掌握。

2）小学语文课程知识

（1）对"语文"的理解。

关于"语文"，网络上有这样一些解释：中国语言和中国文字是构成语文的两大部分。语言和文章、语言知识和文化知识的简约式统称等都离不开它，它是听、说、读、写、译、编等语言文字能力和文化知识的统称。对于语文的认识，不同年级的农村小学语文教师会有不同的看法。

Z教师是这样表达自己观点的："首先，我认为语文包含的知识面特别广，包括地理、历史、生物、科学等，所以学好语文是有难度的。其次，语文是实用的。语文是与人沟通的桥梁，学习语文能够更容易地表达自己的观点，而且更注重语言的艺术性。"（与Z教师的第一次访谈，2017年5月16日于一年级组办公室）而在三年级教学的 B 教师认为语文就是认识中国汉字，对中国文化有些了解。对于小学三年级的学生来说，能够认识字、词，会写句子，对简单的句子能理解，对生活中的事情自己能做一个概述是他们需要达到的目标。B 教师认为，语文的学习是一个循序渐进、层层渗透的过程。

与前两位教师不同，从事六年级语文教学的 W 教师站在更加感性的角度表达了对"语文"二字的理解：W 教师认为语文不仅仅具有工具性，它更多的是人文性，也就是情感方面。学生不仅仅要学会语文，还要通过语文的学习能够表达自己的情感，掌握与人交流沟通或者解决问题的能力，这才是最重要的。

"学生学习语文的过程就是不断学习做人，了解中国文化、华夏文明的过程，通过语文的学习，树立正确的'三观'，继承和发扬中华传统文化，增强爱国意识和民族自豪感。"（与 W 教师的第一次访谈，2017 年 6 月 30 日于六年级组办公室）

由于三位教师观念不同，对于"语文"的理解也是略有差异的，这也就间接地影响了他们对于课文的理解和教学目标的设立。

（2）对"语文学科"的理解。

与小学语文教师密不可分的就是语文学科，教师对于语文学科的理解可以从侧面反映出这名教师的教育信念以及他所秉持的教学观。

在采访 W 教师时，他说了这样一段话：语文学科其实是一个培养学生情感和交际能力的渠道，我觉得应该在平时鼓励学生多阅读、多积累。语文课本知识是学生学习语文的一个引子，是学生学习其他学科的基础。（与 W 教师的第一次访谈，2017 年 6 月 30 日于六年级组办公室）

首先，W 教师认为语文学科是偏重工具性的学科。在 W 教师看来，语文学习是面向全体学生的："对一个班集体来说，提高学生的成绩是很有必要的。我一般通过网络找一些题让学生进行专项训练，比如给生字词注音、组词造句之类的。学生练了之后就能明显地看到成效，这学期第四单元的字词我都已经考过三遍了，大多数学生都已经牢固地掌握了。"（与 W 教师的第一次访谈，2017 年 6 月 30 日于六年级组办公室）

其次，W 教师认为语文学科是要面向全体学生的。综合上述资料可以看出，W 教师秉承着语文学科的工具性原则进行教学，在教学中注重对学生阅读能力的培养，在课堂上尽量做到面向全体学生授课，不偏重优生或后进生，设置问题的难度适中。

Z 教师对语文学科的理解则偏重语文学科的人文性，认为语文学习是非常有难度的，因为要掌握语文知识首先要能够将语文的书面知识内化为自己的情感知识，只有这样才能运用。语文知识的学习是一个聚沙成塔的过程，它不仅限于课堂的学习，更多的来源于生活中点点滴滴的渗透：

"语文是学好其他学科的基础。学生普遍认为语文学习要难一些，因为很多东西是需要去理解的，有一个积累的过程，与个人的阅历、生活、心理成熟程度以及课外学习有很大的关系。比如数学有很多应用题，只有把语文学好了才能读懂题意，才能理解这道题到底问的是什么。"（与 Z 教师的第一次访谈，2017 年 5 月 16 日于六年级组办公室）

3）小学语文教学内容

（1）基础知识的学习。

其一，生字词学习。

Z 教师这几年一直教授一年级到三年级的语文，现在所带年级是一年级。Z 教师说一年级重点学习的是拼音，这一板块也是最难教的知识点，Z 教师是这样来给学生讲授的："首先，我会逐音地教学，比如 Y 这个音，我会出示到黑板上让学生看，这个 Y 像不像平时挂衣服的衣架呀？学生说像，我说所以这个 Y 念 yi，跟着我念 Y、Y、衣架的 yi。这样学生以后看到 Y 就能联想到衣架，也就能读出来 yi 这个音了。之后的拼音教学，我发现学生有时拼不出来，或者说拼不准确，我就告诉他们，拼音就是要拼，你把声母和韵母猛地一碰撞就能拼出来了。"（与 Z 教师的第三次访谈，2017 年 11 月 1 日于二年级组办公室）

通过 Z 教师的讲解，我发现 Z 教师在拼音教学中喜欢用情境教学法来进行教学，一年级学生喜欢听故事，善于想象。Z 教师从学生的这一特点入手，创设情境，让学生联想记忆，便于学生掌握知识，记忆拼音。

其二，阅读学习。

W 教师认为六年级学生现在需要着重掌握的是阅读理解方面的知识。现在的阅读学习主要是通过套卷的训练来提升的，大部分学生的阅读水平不高，十分的题一般只能得到三四分，稍微有点难度的题他们就不愿意去思考了，比如在文中找近义词、反义词或者是变换句式他们一般都不做，等到我批评之后才去试着找一找、写一写。平时都是边讲边做，这样学生才能全部做完。在阅读教学中，我主要是教学生方法，比如要"根据问题找答案"这个方法，先从问题入手看这篇文章问的是什么，然后带着问题去寻找答案。这个方法基本在每一次的阅读教学中都会强调，然后反复练习。（与 W 教师的第二次访谈，2017 年 10 月 30 日于六年级组办公室）

W 教师考虑到学生基础较差、学习能力较弱，采用了"根据问题找答案"的阅读方法。学生的语文测验成绩表明，这个方法对于基础较弱的学生来说比较容易掌握和运用，也能帮助学生在完成作业或考试中节省时间，提高效率。

其三，口语交际与写作学习。

杜甫有诗云："读书破万卷，下笔如有神。"作文没有速成班，只有不停地积累才能达到真正的内化。B 教师认为，三年级的学生作文学习还处在一个摸索期，需要大量积累素材。她在培养学生写作能力时，会要求学生先去学习优秀作文，然后慢慢从"别人的"内化为"自己的"。

"在作文教学的过程中我发现，他们会原原本本地把在课堂上我举的例子套写进去，都不会自己去创作。每次我让学生写自己身边真实的事情时就发现他们完全不会写。我认为还是因为他们所见所闻太少，有的孩子甚至都没去过县城，有些需要发挥想象的作文他们就写不出来，所以平时遇到好词好句我就让学生记住，所谓'书读百遍其义自见'，练得多了自然而然地也就会用在作文中了。"

（与 B 教师的第三次访谈，2017 年 10 月 30 日于三年级组办公室）

B 教师认为要写好作文，平时生活中的积累还是很重要的。

"我们学校每一层都设有一个读书角，但是真正去看的学生很少，而且现在学生的压力都特别大，除了语文，还有数学、英语等，根本没有多余的时间去读课外书，家长也是觉得能把今天的作业完成就已经很不错了，也从来没有要求过让学生去多读书，所以学生的写作积累全靠教师平时上课教的内容或者通过作业去记、去背的。"（与 B 教师的第二次访谈，2017 年 10 月 30 日于三年级组办公室）

W 教师认为，对六年级学生来说，写作与阅读理解同样重要，学生能够赏析作者的写作方法，描写方式是必须的。在平时的作文教学中，W 教师主要是根据单元主题进行写作训练的。

"根据每个单元的语文园地口语交际的要求进行教学，我一般引导学生进行交流。比如这节课要以"我的妈妈"为主题写作文，那我会在上课开始时讲一讲这类作文应该包括哪几个部分，应该怎样写，然后再让学生交流自己的妈妈都有哪些特征，哪些事能体现出妈妈对自己的爱。最后就让学生写作。对于特别出彩的作文，我会在全班朗读，起到一个示范作用，让大家都好好学习。"（与 W 教师的第二次访谈，2017 年 10 月 30 日于六年级组办公室）

但是 W 教师在作文教学中还是遇到了一个困难，那就是学生基础太差，教师又来不及从头抓起，导致很多学生写不出来。

"有的学生读过点书，家长也比较重视，写出来的作文还可以。但有的学生完全写不出来，就在作文书上抄一篇交上来，我也很无奈。"（与 W 教师的第二次访谈，2017 年 10 月 30 日于六年级组办公室）

W 教师在培养学生写作能力时注重让学生自己思考，联系到自己的生活实际进行写作，但是由于 L 镇的小学生基础薄弱，教师只能从稳固基础入手，将"学生能写出一篇完整流利的作文"作为目标来进行教学，L 镇的教师和学生都需要不断地提高。

（2）创设高效课堂。

在与 Z 教师的聊天中，笔者发现，在 Z 教师眼中，高效的课堂就等同于融洽的师生关系，如果一堂课既让学生感到轻松愉快又能达到本节课的教学目标，那这样的一堂课就是非常完美的。当然 Z 教师也一直在朝这方面努力。

Z 教师认为最重要的就是师生互动，能够调动起学生的积极性，让学生跟着教师的思路走。

"平时上课会有学生打瞌睡或者思想开小差，我会让一个学生站起来绕着教室走一圈或者跑两圈，其他打瞌睡的或是不专心的学生看到之后就会笑一笑提起精神，瞌睡打消了再组织大家继续听课。在我的课上学生可以畅所欲言，我觉得师生交往没必要一定是"学生怕教师"这个模式，学生敢发言证明他们一直在思考，我觉得这样的课堂才是高效的。"（与 Z 教师的第三次访谈，2017 年 11 月 1 日于二年级组办公室）

与 Z 教师不同，W 教师近几年一直是在高年级教学，相对来说更加重视学生对语文基础知识的掌握情况，W 教师描述他理想中的课堂可以用两个词来形容：实用性、拓展性。

"无论一堂课上得有多精彩，教师的教学方式有多新颖，如果学生学不会知识，那这堂课就是白费的。精彩的一堂课，应该是大部分学生都能掌握这节课的知识点，听写都没问题，回答的问题都对，而且教师对本节课的知识点有一定的拓展，这才是一堂好课。学生是来学校学知识的，又不是来表演的，教师课教得好不好最终还是要落实到成绩上去的。"（与 W 教师的第二次访谈，2017 年 10 月 30 日于六年级组办公室）

与 B 教师聊天中，当谈到高效语文课堂时，笔者观察到 B 教师不禁皱起了眉头。B 教师认为，从 L 镇中心小学学生本身的实际素质来看，改变教学方式达到的教学效果还不够明显。

"用新方式上课，学生一节课看似挺积极的，回答问题也积极主动，教师感觉学生都掌握了，但听写时才发现学生什么都不会。我觉得学生兴奋时短时记忆确实有效，但是想要让学生真正牢牢地掌握知识，还是少不了死记硬背这些传统的方法。"（与 B 教师的第三次访谈，2017 年 10 月 30 日于三年级组办公室）

B 教师认为高效语文课堂要以"新课改"为主，做到以教师为主导，以学生为主体，营造轻松活泼的学习气氛，但是从 L 镇教育发展的现状来看，一些"五花八门"的教学方式并不适用于 L 镇中心小学的语文课堂。当教师面对着一个班里学习能力参差不齐的学生时，新颖的教学方法无法达到有效教学的目的，所以 B 教师认为，以传统的教学方式为主，适当地加入一些游戏互动才能实现有效教学。

3. "润物无声"：教师关于学习者的知识

留守儿童在我国农村是一个普遍存在的群体，一般是指父母常年外出工作，自己留在农村生活的孩子。他们一般与隔辈亲人或者亲戚一起生活。在 L 镇中心小学里，留守儿童在低年级的班级里占大多数，他们是中心小学不可分割的一部分。他们没有至亲的守候和关怀，势必会出现许多问题，而留守儿童教育责任的重担就落在了农村小学教师的身上。

1）需要阳光的花蕾：教师对留守儿童的关注

"三年级的留守儿童要少一点，因为孩子也都八九岁了，有能力的家长都把孩子接到县城或者他们务工的地方去上学了。"B 教师谈道，班里的留守儿童绝大多数成绩都不好，而且有一些不好的行为习惯，也不喜欢完成作业。针对这些情况，B 教师以前采用不停催促的办法让学生去补作业，但是由于这些孩子作业欠得太多，还有其他学科的作业压力，实在无法做到补全所有作业，B 教师觉得需要从问题的根本来解决，于是对待不按时完成作业的留守儿童主要采用说教劝导的方法。

"以前我的脾气很差，学生不完成作业就要'挨打挨骂'，但是我发现打骂之后这些学生还是无法按时完成作业。现在我就会跟他们好好说，三年级的学生也都懂事了，能听得进去话了，我会跟他们说一些道理，让他们知道这样做是对自己的不负责。说了之后不完成作业的情况稍微好一点了，但是并没有得到根治，我觉得只有教师努力是不够的，还是要家长配合抓才行。"（与 B 教师的第四次访谈，2017年 12 月 14 日于三年级组办公室）

和 B 教师的谈话中可以看出，B 教师对留守儿童的一些问题关注过，也做出过自己的努力，但是得到的反馈不太理想，所以 B 教师现在只会对学困生进行一般的管理，B 教师认为想要解决留守儿童自身存在的问题还需要得到学校和家长的支持和配合。

W 教师对留守儿童的观点与 B 教师大致相同：

"留守儿童比较常出现的问题就是不按时完成作业，他们比起父母在身边的学生来说学习差距很大，六年级了连字词都还不会，需要我反复地训练、听写才能勉强掌握。尤其是寄宿生，平时没有人监督他们，导致他们现在学习习惯相当不好，写作业的效率特别低。但是并不是说留守儿童都是学困生，也有成绩不错的学生，他们的爷爷奶奶对学习方面是比较重视的，家长也常常打电话来监督，这些孩子学习就要自觉很多。"（与 W 教师的第三次访谈，2017 年 12 月 13 日于六年级组办公室）

2）家长对留守儿童学习的关注

L 镇很多留守学生的父母文化程度都不高，而且都在外务工，很多家长认为学习没有那么重要。

"很多家长看到孩子学习好很高兴，但认为学习不好也不影响，将来一样可以外出务工挣钱养家，而且留守儿童在家都是爷爷奶奶照顾，爷爷奶奶的文化程度不高，力不从心，每天把孩子送过来安安稳稳地上学就行了，也没想太多。"（与 B 教师的第四次访谈，2017 年 12 月 14 日于三年级组办公室）

W 教师也有同样的感受，认为很多家长把孩子送到学校就不管了，孩子的一切都全权交给了教师。

当学生在学习中出现问题时，我给家长打电话沟通，家长通常会说自己说话孩子听不进去，还是老师说的有用。于是又把这种教育的责任推卸到我们身上来。很多家长都是只看成绩，学生成绩好，就觉得教师的水平高，也不会在意孩子德育等其他方面的教育。（与 W 教师的第三次访谈，2017 年 12 月 13 日于六年级组办公室）

笔者通过访谈了解到，很多家长对孩子的教育不够重视。家长将教育的全部责任都推给了教师，只是单纯地以学生的成绩来评价某教师的教学能力，这就导致一些农村小学语文教师只重视学生的成绩，而忽略了学生德智体美劳全面发展。一些农村小学教师通过简单机械的反复训练让学生掌握知识，提高学生的考试成绩就等于完成了教学任务。很多农村小学教师对教学方式、管理方式等方面并不是很重视。

4．"课堂素描"：教师关于教育情境的知识

1）创设有趣的学习情境

（1）多媒体教具的使用。

B 教师表示在上班之初较少用到多媒体，但是现在学校在每个教室都安装了投影仪和触屏电视。B 教师表示，有了多媒体教具确实节省了很多时间。之前还要自己动手去做教具，去网上找视频、音频，现在每位教师都配有多媒体课件，形象生动的课件让学生学习兴趣有所增强。

"多媒体对我最大的帮助是示范朗读课文，我的普通话不是特别标准，依靠多媒体上的示范朗读，学生能够听到用标准的普通话朗读课文，对于学生普通话的学习具有一定的帮助。多媒体的使用拓宽了学生的知识面，让学生直观地看到图片、视频，学习的文章也会更形象生动一点。比如学习《香港，璀璨的明珠》这一课，农村的小孩子大多没去过香港，我就可以用 PPT 向他们展示一些关于我国香港地区的图片、视频，让他们更直观地看到香港的景色。"（与 B 教师的第二次访谈，2017 年 6 月 29 日于三年级组办公室）

多媒体的使用可以帮助教师扬长避短，掩盖自己的不足。教师学习使用多媒体工具创设情境的过程也是一名教师实践性知识发展的过程。农村小学语文教师借助多媒体能够更便捷地创设学习情境，激发学生的兴趣，给枯燥乏味的一堂课增添更多色彩。

（2）梦想与激情的折射：教室布置。

在 W 教师所带的六年级（3）班听课期间，笔者观察到，这个班的教室布置非常别致，首先是教室左面的墙上画着一颗大大的淡绿色果树，上面贴着班上每一个学生的学习目标小卡片，有"下次考试语

文能上 90 分""希望下次考试可以得全班第一"等，每一个学生的目标像一颗颗小苹果似的挂在教室里，整个班级充满希望。教师右边的墙上是这个班级的"光荣榜"，大大小小全是依靠学生的努力换来的奖状，象征着这个班的凝聚力，也象征着一个班级的荣誉感。教室后边的墙上挂着一个大黑板，上面是这个周的主题黑板报；教室正面的黑板上方，端端正正地显示着"互助友爱，慎思博学"。教室整体温馨又不显烦琐，既沉稳又能体现班级特色，一进入六年级（3）班的教室就能让人不由得想静下心来学习。

（3）拼音王国。

拼音教学是儿童入学的启蒙教学，也是低年段最难的一个板块。一年级学生在学习中常常会出现注意力不集中、多动等现象。因此，Z 教师为学生创建了一个可爱有趣的拼音王国："今天我们来认识一个拼音大家庭，在拼音王国有四个兄弟，他们是单韵母、复韵母、前鼻韵母和后鼻韵母，这四兄弟特别喜欢交朋友，而且只和这 23 个声母交朋友。他们每交一个朋友就能发出一个新的声音。这样便于学生背诵，而且不容易混淆。在拼读的部分，我会这么讲'拼音就是要拼，怎么拼？声母和韵母猛地一碰撞发出的音就是我们的拼音'。通过大量练习，慢慢地学生就会读了。"（与 Z 教师的第二次访谈，2017 年7 月 2 日于一年级组办公室）

Z 教师创设的"拼音王国"情境（见图 3-1），激发了学生的学习兴趣，用一个简单的"家谱"关系就引导学生认清楚了拼音这个大家庭。

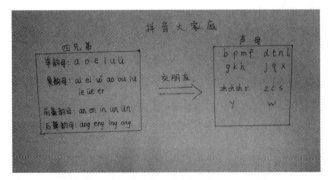

图 3-1　Z 教师的拼音王国学习情境

2）教师文化

教师文化是学校文化的具体文化之一，也是学校文化的核心文化，是教师在教育教学见习中逐渐形成的对职业、学生、教育教学等一系列问题的价值观念和行为方式。[①]学校对农村语文教师文化的培养，是推动农村小学语文教师专业成长的原动力；农村小学语文教师对自身专业的文化学习，是其教师专业发展的内驱力。

（1）教师培训。

"语文教师参加教师培训一般以听讲座、听报告会为主，围绕教师怎样通过有效的教学手段，采用怎样的教授方式进行作文教学、阅读教学等，达到提升语文教师教学水平，丰富语文教师教学方式的目的。语文教师参加培训有利于保持教师的职业敏感度和教学责任感。每个学期学校都会组织语文教师进行培训，我培训的次数不多，而且我家就在这个村子里，平时还要帮着家里干干农活，学校也非常理解我们男教师，所以一般不会给我们安排培训。"这段话表明，W 教师已经很久没有外出培训过了。在谈话中，笔者观察到一些农村小学语文教师把参加培训当作差事来应付，培训结束之后也不会检查到底从中学到了多少知识，能运用在实际生活中的知识有多少等。

"去参加培训的教师一般都在县城有房子，这样方便回家，要说参加培训的教师一次真正能学到多少，我认为应该是很少的。我看他们每年去参加培训，回来上课的时候也没有多大提升。"（与 W 教师的第二次访谈，2017 年 10 月 30 日于六年级组办公室）

从上一段材料可以看出，W 教师对于学校组织的教师培训持"完成任务"的态度，他认为教师培训对农村小学语文教师的帮助不大，并没有在实际教学中看到明显的成效，也反映出 W 教师只注重学生成绩而忽略了教师自我知识的更新与提升。

B 教师对于教师培训有不同的看法。对农村小学语文教师来说，教师培训一方面可以促进其教育理念及时更新；另一方面，教师培训

---

① 李艳红，闫文军. 小学教师实践性知识发展研究[M]. 北京：科学出版社，2014.

的内容与农村小学的实际情况偶尔存在偏差。

"我们学校经常会组织教师去西安市、兰州市等地听一些名师讲座，我听的时候就会思考他这节课是怎么设计的，学生掌握的效果如何等。我觉得我们就应该多听一听名师授课，可以了解一些新的事物，及时更新我们的教育理念。有一次，一位北京的名师给我们开讲座，他当堂授课，利用思维导图讲授知识，把知识点用图的形式表现出来，而且让学生学习过课文后，回家自己用思维导图把知识点归纳出来。我觉得这个方法特别好，我也想尝试着用到我自己的课堂中，但是我觉得这对学生来说有一定的难度。"（与 B 教师的第三次访谈，2017年 10 月 30 日于三年级组办公室）

（2）教研活动。

L 镇中心小学为了培养教师专业发展，会时常组织园区教师进行集体备课、同课异构、听课评课等。学校组织的各种教师教学活动可能对农村教师产生了积极的推动作用，对农村小学语文教师来说，同课异构可以让语文教师思想相互碰撞、交融，可以为语文教师提供新的上课思路和教学灵感；集体备课可以帮助农村小学语文教师讨论、解决备课过程中遇到的疑难困惑。W 教师表示，学校会经常组织同级的语文教师来进行同课异构，或者是去县城和市里听外地来的名师讲座进行学习。

"我觉得这一点对我的帮助是非常大的。多听听名师的讲座，有时候豁然开朗。像我们语文年级组在进行同课异构的时候，几位教师的陈述让我豁然开朗，偶尔改变一下教学方式可以让学生感觉到非常新鲜，如果课堂反馈好的话，我就会在以后上课时多使用这种教学方式。学校对语文教师专业成长的支持还体现在语文教研活动中，学校要求语文教师每周必须听三至四节公开课，在大课间进行点评。"（与 W教师的第二次访谈，2017 年 10 月 30 日于六年级组办公室）

Z 教师也同样认为学校组织的语文教师教研活动是非常有必要的，这对提升农村小学语文教师自身专业发展具有很大的帮助，可以让自己的教学风格变得灵活起来，学生也不会觉得乏味。

（3）集体备课。

备课是教师工作的一个部分，L 镇中心小学采用集体备课的方式。集体备课是以年级为单位进行讨论，将语文组同年级的教师聚集在一起，组织教师开展集体研读大纲和教材、分析学情、制订学科教学计划、分解备课任务、审定教学设计、反馈教学实践信息等系列活动。通过讨论集思广益，让教师在学习中发现自己的优缺点，发掘一节课更多的可能性。

B 教师首先讲解了集体备课的流程，然后提出了自己的看法：

"之前我在山上教学时是自己手写教案，写的过程中会找一些名师的参考教案，看看他们是怎么设计这堂课的，但是我发现有些环节的设计并不适合我们农村的学生，我就会结合当地的学情进行修改。现在 L 镇教育园区采用集体备课的形式，整个三年级的语文教师分工备课，然后每个人进行备课讲解，再由其他教师提出意见，直到把这节课完整地备好，最后将所有教师的教案收集起来装订成册。在上这节课前我还会结合本班的实际情况进行二次备课，我觉得这么做更加符合农村学生的学情。"（与 B 教师的第三次访谈，2017 年 10 月 30 日于三年级组办公室）

可以看出，B 教师对集体备课的活动是持肯定态度的，不谋而合，W 教师也这么认为："我认为集体备课其实就是教师间互相交流，每周二、周四七点半园区所有教师都会参加，教师们按照各自所教学科进入不同的研讨室，同年级的教师坐在一起相互交流教学经验，讨论教学中遇到的问题等，我认为这对教师提升帮助特别大。"不仅如此，W 教师还提出了集体备课存在的问题："集体备课的缺点就是晚上备课人的精神状态不是很好，很多教师没有自己的私人时间，对教师来说是一种负担，很多教师都是'被迫'来参加的。"（与 W 教师的第二次访谈，2017 年 10 月 30 日于六年级组办公室）

综合 B、W 两位教师的谈话可以看出，在不耽误教师休息时间的情况下，教师们认真集体备课对教师的专业发展是有积极影响的。教师在一个群体认真讨论、相互学习的氛围中，往往会不由自主地参与其中，潜移默化地提升自我的实践性知识。

3）班级管理

（1）"师生互换"的管理策略。

Z 教师表示，低年级的学生自我约束能力不强，在上课时难免会有说话、捣乱的情况，Z 教师发现批评、提醒并不能引起这些学生的注意，于是采用了"师生互换身份"的管理模式，让学生站在教师的角度思考问题，以达到引起学生思考与自我反省的目的："当我遇到上课中有调皮捣乱的学生，我会和他换位思考，假如现在我是学生，你是教师，我故意和身边的同学打打闹闹，你作为教师是什么心情？你会怎么样？这个学生就会反思，而且全班同学也会想，会认识到这个问题。"（与 Z 教师的第三次访谈，2017 年 11 月 1 日于二年级组办公室）如果遇到集体吵闹的现象，Z 教师会找一个带头的同学，先和他交谈，约法三章，达成一个师生间的"小秘密"，带头的学生改正了，其他学生也就会慢慢变好。"师生互换"的班级管理模式是 Z 教师实践性知识的结晶，可以促进师生之间相互了解，引起教师的反思，推动农村小学教师实践性知识的发展。

（2）掌握契机，引导学生树立正确的价值观。

素质教育要求学生德智体美劳全面发展，德育的工作重担也就交到了语文教师和班主任的手上。Z 教师既是二（2）班的班主任又是语文教师，德育会贯彻到课堂的点点滴滴中。

《称赞》教学片段

师：有一只小獾在学木工，刚开始他做的板凳很粗糙，一点都不好，但是可以看出它非常认真。小刺猬来到小獾的身旁对他说了什么？

生：你做的板凳是一个比一个好！

师：小獾问真的吗？小刺猬说真的呀！小獾就变得很有自信，觉得别人称赞他了。小獾想，我做得这么好，那我就送你一个吧，小刺猬说我什么都没做怎么能要你的椅子呢，小獾说因为你是第一个称赞我的人，我一定要把它送给你，后来他们成了好朋友，还互相赠送了礼品。

师：从这个故事中你读懂了什么？

生1：称赞别人可以让对方变得自信。

生2：赞美别人自己能得到奖励。

生3：我们要学会多夸奖别人，才会有很多好朋友。

师：在我们班也有很多"小獾"，他们也特别需要你们像小刺猬一样帮助他们，你们愿意帮助他们吗？

生：愿意！

师：那么就拿陈××同学来说，大家想想应该怎么帮助他，让他好好学习？

生1：他学习遇到困难时我可以帮助他。

生2：他上课能回答对教师的问题我愿意称赞他。

生3：他做对题的时候我愿意称赞他。

师：我发现咱们班的同学都跟小刺猬一样喜欢帮助同学，称赞同学。我们是一个班集体，互相帮助是应该的，我们要多去赞美身边的同学，尤其是学习有困难的同学，我们更应该帮助他！（摘自Z教师的语文课堂片段，2017年7月2日）

Z教师在《称赞》这篇课文中，在一堂课的尾声对课文进行了升华，通过文中小刺猬和小獾的故事，联系到实际生活中，让学生自己去领悟同学之间应该互相帮助的道理，由此达到德育的目的。之后，Z教师将"称赞"运用到了班里。通过三个月的"称赞"，班里的学困生陈××的成绩真的有了惊人的进步。

"刚开始，陈××同学表现特别差，从来不交作业、不背课文，但是我一直跟我们班的学生说，同学之间要互相帮助，上课时我会多叫他起来回答问题，第一次他答不上来我可以提示他，第二次答不上来我也可以帮助他。慢慢地，他就能回答上一点点了，比如识读拼音'zeng'，他认识字母'z'，不认识'eng'，我就会引导他，跟他一起发音，慢慢地他也能拼出来了。这时候我就会问学生：'这个同学怎么样？'学生说：'特别棒！陈××你真棒，你真厉害！'这么一说，这个孩子明显就有自信了，现在都能考及格了！刚开始只考十几分、二十分，现在进步特别大，所以我就告诉同学们对别人的称赞是真的很了不起的。今天有一点小小的进步，对于别人来说可能没什么，但是对于他自己来说就是很大的进步。大家看到被帮助过的陈××取得了这么大的进步，心里也特别有成就感，就特别乐意去帮助别人。"（与 Z 教师的第四次访谈，2017 年 12 月 13 日于二年级组办公室）

4）班集体的催化剂：班主任的管理措施

班主任是班集体的组织者、教育者和指导者；班主任是学生成长的重要影响源，在学生健康成长过程中起着导师的作用；班主任是学校领导者实施教育、教学工作计划的得力助手和骨干力量；班主任在各方面教育力量的联系协调中起着纽带作用。对于不同的年级有不同的管理方法，Z、B、W 教师分别从事低、中、高年级的班主任工作，他们有着各自的管理办法。

Z 教师经常开班会告诉学生："咱们是一个集体，要互相帮助。"Z 教师通常会选几个班干部协助自己督促学生："平时只需要把这些班干部抓紧，让他们去督促其他成员。比如背课文，我会先把几个组长盯着背会了之后，再让组长盯着组员背，当我抽查，发现有同学不会背时，组长就会被批评。"（与 Z 教师的第四次访谈，2017 年 12 月 13 日于二年级组办公室）

B 教师表示，学生之间发生矛盾时，会先让学生自己去解决问题，其次弄清楚事情的原委，对学生进行说教。因为班上学习两极分化严重，B 教师让学习好的学生去帮助学习有困难的学生学习。在回答问题时或是在面向班级讲故事之类的小活动时，B 教师会及时鼓励学生参与，给学生发一点小奖品之类的，让学生更有动力和自信。

W 教师认为，管理好一个班集体，首先必须要有几个得力的小帮手，班干部在一个班显得尤为重要。其次是班主任的陪伴。"没课时我一般都会待在教室里，大课间时一般都会在教室里给前来问问题的学生讲题。"最后，班级必须要有自己的文化和班规。"班规在教室后面贴着，班会活动时组织大家一起学习。"（与 W 教师的第三次访谈，2017 年 12 月 13 日于六年级组办公室）

W 教师认为运动会最能体现班集体的凝聚力，W 教师带领大家一起为班里的运动员加油呐喊，学生也会自发地去帮助参赛选手。运动会能充分体现班主任的领导力，增强学生的班级荣誉感，让大家拧成一股绳。

二、影响农村小学语文教师实践性知识发展的因素分析

教育是一个复杂、变化的动态过程。对于农村小学语文教师来说，教师实践性知识的发展与其生活的大环境、小环境息息相关。笔者深入 L 镇农村中心小学课堂现场，对 L 镇农村小学语文教师的日常教育教学实践进行细致入微的观察与访谈，大量的事实材料揭示了教师实践性知识的生成与发展。从以上 Z、B、W 三名农村小学语文教师的教学生活分析可以得知，在入职初期，三名教师的实践性知识是快速形成和发展的，但在大概工作八年以后，教师的实践性知识形成了一个缓慢发展甚至停滞不前的状态。影响这三位农村小学语文教师实践性知识发展的因素有很多，总体上有教师自身和外部环境两大类，下面分别加以阐述。

1. 农村小学语文教师实践性知识发展的内部审视

1）个人成长背景

克兰蒂宁和康奈利等人认为，教师的实践性知识是以个人生活史为基础的，是以教师叙事的形式表达出来的。个人的实践性知识是渗透了人的所有经历的知识，它的意义来自个人经验史（personal experiential history），并以此得以理解，个人经验史既是专业的（professional）也是个人的（personal）。[①]一个人的成长环境、生活习惯、教育背景是塑造其价值观、人生观及其性格的重要因素。正所谓世上没有相同的一片树叶，每一位农村小学语文教师的性格、思想

---

① CLANDININ D J. Personal practice knowledge: A study of teachers'classroom images[J]. Curriculum Inquiry, 1985, 15 (4): 361～385.

观念都是有区别的，在成长的过程中遇到的某一个人或某一件事都会对其实践性知识产生影响。

父亲对 B 教师的处世教育使得 B 教师能够很快地适应教师职业，B 教师在平时与学生、同事交往中能够很好地处理人际关系，作为语文组的组长也能很好地起到带头作用。当谈到印象最深的小学数学教师时，B 教师表示教师严格对待学生的态度和"一板一眼"的课堂教学方式对自己而言很受用，所以刚入职时会不自觉地模仿，认为严厉才能管得住学生，重复抄写、打手心才能让学生真正记住某个知识点。这就表明，在个人成长过程中，所经历的人物、事物会深深地刻在心中，或多或少地影响着教师的教学实践。

"我的性格比较内向，所以我的课堂有一种比较拘谨严肃的氛围，而且我觉得上课就应该有上课的样子，嬉皮笑脸会显得这节课很松散。课堂应该像部队一样严肃。但是近几年来我一直在改变，努力地多给学生展现自己的机会，与学生互动也多了起来。我从小就对我的老师特别尊敬，我认为师生关系应该是互相尊重。学生要先尊重教师，才能尊重他所学的知识。"（与 W 教师的第三次访谈，2017 年 12 月 13 日于六年级组办公室）

从上面这段话可以看出，W 教师的性格影响着他的教学风格和观念。W 教师入职多年来形成严肃认真的教学风格与他自身的性格有着明显的关系，与 W 教师从小所形成的教师观也有很大的联系。他将自身腼腆内向的性格转化为面对学生时的严肃，和学生保持着一个相互尊重的关系，学生在面对自己时产生敬畏心，这种严肃而又相互尊敬的相处模式在教学中为教师管理课堂纪律提供了很大的便利。

教师在入职前是否接受过系统的教育教学知识也是影响农村小学语文教师实践性知识发展的重要因素。教师在校期间学习教育学相关专业，接受系统的教育教学相关知识，能够在入职前对教师职业有更清晰的认识。理论的积累是为了能够更好地指导实践，在实际教学的过程中对待课堂和学生会更专业。根据三名农村小学语文教师的陈述，W、Z 教师在校期间读的是小学教育专业，经过几年教学实践都形成了鲜明的教学风格，对学生有自己的办法。而 B 教师在校期间学习计算机专业，在刚入职时因为不会教而感到很吃力，后来又因不经常进行教学反思陷入"自以为没有问题"的幻境中，直到今年以来中心校组织教师听课，评课，写教学反思时，他才发现了自己有很多的不足，很迷茫。用 B 教师的话来说："我现在想得多了，反而变得迷茫了，觉得自己越教越不会教了。"

综上所述，对农村小学语文教师个人生活背景的分析可以帮助教师对自己的教育成长经历进行梳理，从而加深理解个人自身教育特点的来龙去脉，为农村小学语文教师的教师实践性知识的发展开启了一扇窗户。[①]

2）自我反思的意识

舍恩认为反思行动的教师实践性知识是教师专业实践的知识基础。[②] 舍恩所指的反思是教师对自己的教学实践进行回顾和思忖，是教师对自己亲力亲为的教学事件或教学决策的回溯和反复地思考，也就是我们常说的"反躬自省"。[③]具有反思意识的教师通过选择、确定、审视和检讨自己的教学行为，实现自己与自己的对话。因此，有无反思意识也是经验型教师与专家型教师的重要分水岭。[④]Z 教师始终秉承着"要给学生一碗水，教师必须有一桶水"的教育观念，不断学习更新知识，在《曹冲称象》这节课后进行了深刻的课后反思，通过学生提问曹操、曹丕、曹植、曹冲谁更聪明，认识到自己知识储备不足，并在以后的课余生活中丰富自己的历史、地理知识，争取让"学生难倒教师"的情况不再发生。

"刚上班时，因为我缺少专业的训练，人也年轻，所以没想太多，都是凭着感觉教的，那时候培训也特别少，教师也很缺乏，也没有教

---

① 姜美玲. 教师实践性知识研究[D]. 上海：华东师范大学，2006.

② 康晓伟. 论舍恩反思行动的教师实践性知识思想[J]. 外国教育研究，2014(4): 15.

③ 李建年. 舍恩"反思性教学"理论述略[J]. 贵州教育学院学报（社会科学），2006, 22(5): 9.

④ 李艳红，闫文军. 小学教师实践性知识发展研究[M]. 北京：科学出版社，2014.

师给我指导，所以很少反思自己，就一直按照自己的方式教学，反而还觉得教师这个职业很轻松。现在对教师越来越重视了，经过几次培训、听课之后，思考得多了，反而觉得教学是一件很难的事情，我现在想得多了，反而变得迷茫了，觉得自己越教越不会教了。"（与 B 教师的第三次访谈，2017 年 10 月 30 日于三年级组办公室）

就 B 教师而言，教师的自我反思可以帮助教师重新定位，从刚入职"教得轻松"到现在"教得迷茫"的状态都是因为现阶段"想得多了"，充分反映出 B 教师的教学经验和反思影响着 B 教师不断去认识、去重新定位教师这个职业。经过十一年的教学实践，B 教师对于教学慢慢有了自己的想法，对教学的重视程度让她开始感到自己教学水平上的不足，因而产生了越教越不会教、迷茫等感觉。

3）教学工作情境

教育情境融入每个年级的课堂之中，依据每个年级、每个班级情况的不同而"量身"设定。Z 教师在进行一年级汉语拼音教学时，会经常创设不同的教育情境，如拼音王国、拼音家谱、将 Y 联想成衣架等，这些情境不但调动起学生学习的积极性，也让学生信任教师，主动掌握知识，也促使教师增加教学的自信心，使教师实践性知识得以发展。

教师与学生处于相同情境中，是去开启和创造存在意义的人，这种情境对教师来说就是一个自我探索和了解的历程。教育不仅是技术，也是艺术。成功的教育应立足于教师对教育理想的实现，这是一个充满冲突、挑战、不确定的过程。

"之前我们班的孩子都不爱回答问题，不举手发言，后来我就鼓励他们，只要你举手说，就是好的，错了也没关系。以前我也会给学生买一点小奖品，鼓励他们，可是学校对于这方面没有经济上的支持，渐渐地我就奖励得少了。现在班上的学生都特别积极，但又出现了一个新的问题，就是班级秩序混乱。"（与 Z 教师的第三次访谈，2017年 11 月 1 日于二年级组办公室）

Z 教师针对班上学生回答问题不积极的现象实施了正强化鼓励策

略，通过这一方法成功地调动起了学生回答问题的积极性，而这一问题的解决又带来了新的问题——纪律混乱。

除此之外，教师处在与领导、同事、家长和学生的互动之中。在平常工作中，领导同事的评价可以从侧面反映出教师的教学态度，反之又影响着教师的工作态度。"B教师特别负责，她是我们语文组的组长，组织能力较强，平时的会议和年级组的教研活动都由她负责组织。"B教师的同事对于B教师的评价较多侧重于管理层面，从同事的反应可以看出B教师善于交际和管理，而B教师也表示在交际方面有所长。

在教学过程中，教师的知识、信念影响学生的同时，学生的个性和行为也影响着教师的教学实践，促使教师实践性知识的生成和专业发展。W教师的学生是这样评价他的：W教师虽然平时很严肃也从不开玩笑，但是他是一个正直善良的人，我特别佩服他。在他的眼中学生都是平等的，他对每一个学生都是公平的。

Z教师说很多学生都特别喜欢她，每次上语文课之前学生就会兴奋地欢呼雀跃。"在学生面前，我会把自己塑造成一个说话算数、课堂自由、以身作则、活泼的形象。之前承诺要奖励某个学生我一定会做到，教师一定要起到榜样的作用。在学生面前，我会严格控制自己的一言一行，学生看在眼里，多多少少也会受到影响。其次，我在上课时比较能放得开，有时候会学各种小动物说话，逗得学生哈哈大笑。我班上的学生都比较活泼开朗，这一点受我的影响比较大，我认为对于一二年级的学生来说，给他们一个愉快的童年比什么都重要。（与Z教师的第三次访谈，2017年11月1日于二年级组办公室）

Z教师"将快乐还给儿童"的教育情境在Z教师的课堂教学中完全被凸显了出来。面对低年级的学生，Z教师一来以身作则，严格要求自己，成功地塑造了榜样的形象；二来模仿小鸟、狐狸、大灰狼等小动物的言行，通过表演使学生加深印象，符合低年级学生的心理接受水平。在轻松愉快的氛围中，教师的教与学生的学相统一，构成了一种和谐、自由的教学气氛。

4）信念的支撑

教师的教育信念可以从侧面反映教师对教育教学的态度。曹正善在《论教师的实践知识》中谈到教育信念不但是教师教育知识不可分割的一部分，而且是教育知识得以建立的重要基础。教师的信念作为教师实践知识的教育信念，是教师个人的世界观、人生观和价值观在教育观念中的表现。[①]农村小学语文教师的教育信念受其生活的人文环境的影响，也受其教学中所想所感的影响。它可能会使农村小学语文教师在教师岗位上体会到成功感，增强自信心，成为推动农村小学语文教师专业发展的动力，但也可能会让农村小学语文教师在教学生活中体验到挫败感、空虚感、踌躇感等，成为农村小学语文教师继续从事教学活动的绊脚石。

教师对教育的看法在一定程度上表现出了教师的教育信念。"给孩子一副好心肠，别给好脸色。"这句话最能表现 B 教师教育观。B教师认为让学生害怕教师，才能管得住孩子。在教学中师生愉快互动只是一节课的调味品，而要让学生真正学到知识、掌握知识还是要在严肃的课堂环境中教学。

得到他人的肯定评价可以提升教师的教学自信和职业自信，在一定程度上可以促使教师实践性知识的发展。"从事教师这个职业最大的收获是什么"这个问题一抛出就引起了三位教师的感慨。Z 教师认为，教师这个职业能让她体验到被人尊重的感觉，从教二十三年来最有成就感的事情就是教过的学生能够记得自己，懂得感恩。Z 教师近些年来带的班考试成绩几乎次次第一，这让她得到了领导、同事和家长的肯定，促使其时刻约束自己，以身作则成为学生的榜样。在生活中，Z 教师时刻提醒自己要为人师表，塑造正确的价值观。

"我认为我收获的是快乐，每天和小学生相处，看着一张张纯真的笑脸，身心轻松。我工作已经有十一年了，最有成就感的事情就是我的学生有出息，能记得我，知道感恩。在我早年教过的学生里，有两

---

① 曹正善. 论教师的实践知识[J]. 江西教育科研, 2004(9): 3～6.

个学生在教师节时送了我一个他们精心制作的小礼物,还写了一封信,当时我看了之后觉得特别的感动。我既得到了学生的肯定,增强了做教师的自信心;又获得了家长的认可,我教得好,家长都愿意把孩子送到我的班上来,我认为教育这个行业就是要用心去做,只要你付出了真心和努力,就能看到明显的成绩,这让我很有成就感。"(与W教师的第三次访谈,2017年12月13日于六年级组办公室)

信念是教师的态度、情感、意志的内在统一体,能够让教师感受到快乐、充实、愉悦从而坚定信心继续前行。农村小学语文教师的教育信念是在教师步入工作岗位后不断发展的。无论是教师的言语、行为,还是他们关于科目、关于学生和关于自我的知识,都受到他们有关教育本质的信念的支配性影响。[①]从Z教师和W教师身上可以看出,一个对职业充满热情,与学生相处轻松的农村小学语文教师,容易得到学生或同事的肯定,获得积极的教育信念,进而推动教师在教学中汲取知识,促进实践性知识的发展。

2. 农村小学语文教师实践性知识发展的外部环境

1)大环境:农村文化环境

(1)农村文化环境对教师实践性知识发展的影响。

L镇的经济支柱主要是农业,许多教师不但有正式的教学工作,在闲暇之余还要帮助家里做农活以减轻家庭经济负担。这就促使许多语文教师,尤其是男教师无法在课余生活合理地安排自己的学习时间,甚至根本挤不出时间促进其专业成长,无法及时更新自己的知识、思想观念、教育观念等。教师凭着自己程序化的教学模式进行教学,完成教学工作,这样一来农村小学语文教师的实践性知识发展也就愈发缓慢。

通过观察,笔者发现,L镇中心小学为教师提供食宿,大部分语文教师吃饭和住宿都在学校里。工作日期间,部分教师只有有课时才

---

① 陈向明.搭建实践与理论之桥——教师实践性知识研究[M].北京:教育科学出版社,2011.

会待在学校，其余时间都分配给了家庭。就如研究对象 W 教师来说，笔者预约访谈时间段只能在 W 教师有课的上午或者下午，若是下午学校没有安排 W 教师的课，W 教师下午就不会再来学校上班，或者不会在学校逗留太长时间就回地里做农活了。由以上描述可知，语文教师日复一日地处在一个单调而又封闭的空间中，再加上农村生活的节奏慢、职业竞争压力小，很多农村小学语文教师慢慢地习惯了这样一种自由、散漫的工作方式，忽略了自我专业水平的提升，继而影响农村小学语文教师实践性知识的发展。

（2）L 镇当地村民对教师的重视程度。

人具有社会性，社会环境影响着教师教育实践性知识的形成。社会对知识、教育和教师的重视程度影响着教师的教育教学实践。良好的社会氛围能为教师教育实践性知识提供发展的外部推动力，社会要重视知识、重视教育、提高教师的地位才能增强教师教育实践性知识发展的能动性。[①]

"网上最近曝出了一些教师的负面消息，我觉得教师这个职业不像以前那样受人爱戴了，社会地位在不断下降，社会风气影响教师观，这就要求教师在平时要更加严格地要求自己。其次，农村学生的家长对教育的看法也会影响教师观，很多农村家长对孩子学习没那么重视，对教师也没那么尊重，甚至偶有家长对教师大打出手的情况，这就从侧面反映教师地位在农村是不高的。社会风气、当地风俗影响教师观。"（与 B 教师的第四次访谈，2017 年 12 月 14 日于三年级组办公室）

这是一段来自 B 教师的访谈，通过访谈可以看出，由于接连被曝光的一些教师的负面消息，B 教师认为教师地位不似从前那般高了，她感到现在教师再也不是"园丁"和"蜡烛"的形象，教师只是一个平凡普通的职业。L 镇地处西北，闭塞贫困，在 B 教师看来，家长对学习的不重视导致了对教师的不尊重。家长与教师争吵甚至动手都是发生过的事情。这些都让 B 教师对于教师这份工作变得十分淡然，这

---

① 谢琼. 农村小学语文教师教育实践性知识研究[D]. 桂林：广西师范大学，2015.

就导致 B 教师专业发展相对缓慢，教师实践性知识在一定时间内变得停滞不前。

2）小环境：学校对语文学科的重视程度

学校对语文学科的重视不仅体现在对学生语文成绩的重视，而且还体现在校园人文活动的建设方面。由 Z、B、W 教师的叙述可以看出，L 镇中心小学对学生成绩非常重视，但极少能组织丰富的校园文化活动，只从成绩判断一个语文教师教学能力的高低，而忽略了课堂上师生关系的互动与教学方式的多样性，甚至是否认了灵活多样的教学方式。这样一来，不但丧失了语文课堂本该灵活自由的生命力，而且打击了语文教师想要进行课堂创新的积极性，使教师的实践性知识不能得到良好的发展。

L 镇中心小学施行集体备课、同课异构的教研活动，通过教师间高频率的交流，让农村小学语文教师在相互建议中汲取知识，发展教师的实践性知识。集体备课其实就是教师间互相交流的平台，每周二、周四的晚上七点半，园区所有教师都会来参加，教师们按照各自所教学科进入不同的研讨室，同年级的语文教师坐在一起相互交流教学经验，讨论教学中遇到的问题等。经验是教师在长期实践中形成的实践性知识，是做好教育教学工作的重要基础和条件，更是校本研究的重要资源。W、B 两位教师通过听课评课、集体备课、主题研讨等多种形式，从实践反思中总结经验，探索规律。通过总结、交流、倾听、沟通、实践，从而实现教师经验的丰富、优化、再造和分析，促进教师实践性知识的拓展和提高。

L 镇中心小学对语文学科的重视还表现在语文教师培训方面。农村小学语文教师定期外出培训，不仅能及时更新自己的教育教学知识，跟上现代教育的步伐，而且能从中汲取名师的经验方法，将习得的这些他人的知识运用于自己的实战课堂中，通过课堂反馈将其转化为自己的实践性知识。B 教师自述通过外出参加教师培训，学习了"思维导图"的教学方式，并将它运用到实际教学中，但结果令人感到惋惜，

B 教师认为这种方法在农村小学开展是有难度的，农村儿童基础知识薄弱，画思维导图对他们来说有一定的难度，再者 L 镇留守儿童多，家长无法辅导他们梳理课文知识，画出思维导图。B 教师在教师培训中习得了新的教学方法，但是培训的内容与农村小学的实际情况有出入，无法落实。由此看出，围绕新课程展开的教师培训大多数还是偏重教育理论的灌输，强调的是教师对课程理念的"科学性"与"一致性"理解，农村小学语文教师在专家知识面前得了"失语症"——无法发声、没有主体、没有自我；农村教师培训还热衷于向教师提供一些先进的典型教学范例，提倡教师去模仿和重现，忽略或排斥教师的教学实践以及教师关于实践的默会知识。[①]有效的教师培训和教师活动可以促进教师专业成长，但如果教师培训内容没有结合农村当地的实际情况，那么对农村小学语文教师来说就没有任何促进其实践性知识的作用。

第四节　农村小学语文教师实践性知识发展的思考

一、"水滴石穿"：教学生活生成教师实践性知识

1. 对个人生活史做全貌式分析

由上述可知，个人生活史对于教师实践性知识的发展具有很大影响，分析和解读教师的个人生活史，可以帮助农村小学语文教师更好地认识自己、了解自己的教育经历、重视教学生活等。帮助教师梳理个人生活经历，对教师成长经历中的关键人物、关键事件做分析解读，是农村小学语文教师正确认识自我的镜子，折射出农村小学语文教师对于教育信念、教师素养的新思考，促进教师实践性知识发展。

---

① 姜美玲. 教师实践性知识研究[D]. 上海：华东师范大学，2006.

2. 及时补给，与时俱进

如果说教师的实践性知识是一棵树，那么教师的日常教学生活就是它生长的沃土。在日常教学实践活动中，农村小学语文教师通过备课、上课、处理课堂事故、批改作业、课后辅导学生等活动，从中积累经验，获取属于其个人的实践性知识。林崇德认为，教师实践性知识来自个人的教学实践，具有明显的经验性；其表达包含着丰富的细节，并以个体化的语言而存在。①在每一间看似相同的教室里，教师却面对着不同的学生、处理不同的事件，这些全然不同的日常教学经验促使农村小学语文教师的实践性知识在悄无声息中不断生成和发展。对于实践性知识，W 教师也表达了自己的看法。

"我认为实践性知识并不存在对与错，好与坏，因为人都是在不断进步、不断摸索的，就比如我刚入职时在班上会组织互助小组，让学习好的同学去帮助学习差的同学，我认为这是一个特别好的方法，还是有点效果的，可是久而久之我发现，只有当我在教室看着时，互助小组才能真实展开，当我不在的时候这几个小同学看着是在辅导其他同学功课，其实是偷着在玩，一些学习好的缺乏自控力的同学也被带着不认真起来。后来我换了一种方法，实行"小组连坐制"，每个组都会有几个学习成绩中差的孩子，如果一个小组中有一个学生没有交作业，那么全组的人都会受到惩罚。不爱交作业的学生既怕被教师惩罚，又怕被同组的同学埋怨，就可以按时完成作业了。虽然'小组连坐制'取得了一定的成效，但并不能说我之前采用的'互助制'是错的，是不好的，因为这个想法对我来说确实是一种进步，这个想法的施行在那段时间确实可以看到成效。随着我阅历的增加以及教学经验的丰富，我改用了'小组连坐制'，我并不能说这个方法一定就特别好，它也有缺陷。这些都是我的实践性知识，我只能说实践性知识是在发展的，但并不能评判对错。"（与 W 教师的第三次访谈，2017年 12 月 13 日于六年级组办公室）

可见，在 W 教师眼中，教师实践性知识是个体性的，需要教师自

---

① 林崇德，申继亮，辛涛. 教师素质的构成及其培养途径[J]. 中国教育学刊，1996, 6(2): 6.

身在日常教学活动中，对已有知识的重新组装与调整，进而孕育出新的教育智慧。农村小学语文教师想要促进实践性知识的发展，需要在平时的生活中做到及时补给知识，在教学中多学习多思考，让自己的教育观与时俱进。

二、"三省吾身"：提升农村小学语文教师的反思质量

教师的专业成长离不开反思。陈向明在《对教师实践性知识构成要素的探讨》一文中将"行动中反思"列为构成教师实践性知识的四大要素之一。教师的反思是指教师以自身的教育教学活动为思考对象，对自己的决策、行为以及由此产生的结果进行审视和分析的过程。①教学反思是对已经发生或正在发生的教育教学活动所蕴含的理论进行的一种主动积极的认知加工过程，是教师实现有效教学的应然选择。②教师的反思是多种多样的，常见的有写教学反思报告、记录教学日记、脑海中回忆等。教学反思可以帮助农村小学语文教师在细微平凡的日常教学活动中发现自己的缄默性知识，并将它们显性化；也可以让教师发现自己缺失的部分，通过学习将它们填充；还可以帮助教师更新和优化实践性知识。

从以上三位农村小学语文教师的叙述中可以看出，教师的反思会使自己教学活动更加成熟化、理性化。看重成绩的 B 教师在课堂中较多关注学习成绩好的学生，但是班里学生成绩两极分化太严重，导致年级排名一直上不去。通过反思，B 教师开始将关注点放在成绩较差的学生身上，这部分学生的成绩提高了，班级的排名也靠前了很多。Z 教师也表示，拼音教学方面的反思让她的课堂增添了几分趣味。从一开始的死板教学到现在的拼音王国，Z 教师在反思中逐渐发现了自己的缄默知识，舍弃以前死记硬背的拼音教学，将一个活灵活现的拼

---

① 张爱红. 关于反思型教师的几点思考[J]. 课程·教材·教法，2006(9)：80~82.
② 李艳红，闫文军. 小学教师实践性知识发展研究[M]. 北京：科学出版社. 2014.

音王国展现在学生面前，这种讲故事般的教学方式既结合了 Z 教师自身活泼的性格特点，让 Z 教师教得轻松，又符合低年级学龄儿童的心理发展，让学生学得愉快。由此可见农村小学语文教师的反思对于其实践性知识发展起到了重要的推进作用。

但是笔者发现，所研究的这三位农村小学语文教师的反思较多采用脑海中回忆、思考、提出策略的方法，反映出农村小学语文教师不注重教学反思这一特点，单纯地在脑海中回忆反思不但容易忘记所反思的成果，而且思路不能清晰地展现出来，教学反思不全面。农村小学语文教师想要促进专业成长，促使教师实践性知识不断发展，就需要重视反思这一环节。培养写教学反思笔记的习惯，及时反思教学中出现的问题。书面形式的教学反思，不仅可以将当下的教学情况总结出来，而且可以将内心的思考和创新记录下来以防遗忘。记录在册的教学反思，可以凸显农村小学语文教师的专业成长过程，还能与其他教育工作者分享，对其他教师提供帮助。

三、"同舟共济"：构建师生、教师共同体的彩虹桥

1）让爱的种子温暖留守儿童

一直以来教师与学生都是不可分割的共同体，学生的学习、生活都与教师休戚相关。在 L 镇中心小学，一些留守儿童比较顽皮，没有形成良好的学习习惯。这一问题不但使 L 镇小学教师头疼不已，而且一再阻碍着农村教师实践性知识的发展。留守儿童因其父母不在身边，有的是爷爷奶奶代养，有的则小小年纪就开始住校，他们中的一些人因为缺乏关心和管束而导致没有养成良好的行为习惯。L 镇的小学语文教师可以在课堂中、生活中多对其进行关注，在课余时间多与其谈话，鼓励其培养自信心。师生关系变得融洽，教师的课堂进程也变得流畅，进而促进教师实践性知识的发展。

2）构建教师共同体

教师的专业发展离不开教师共同体，教师的学习是基于情境的学习。在工作情境中，教师通过同事间的学习、专家教师的引领以及个人的反思性实践慢慢成长起来。教师群体的不断发展，衍生出了教师学习共同体。教师群体通过专业经验、教学实践的交流和对话，碰撞出新的教师的实践性知识，继而使教师的专业文化不断建构起来。[①]

B 教师在说到提升自己的主要途径时，着重强调了同事间的交流对自己的专业提升的重要性："自己班上的学生情况是怎样的，遇到什么样的问题，课堂的环节怎么设置，我们通过教师间的交流就基本上可以解决。"在 B 教师看来，同事间的交流最大的作用就是经验的传递，以解决教育困难。

对于 L 镇中心小学来说，教师是一个集体的象征，构建教师共同体需要学校的支持和重视，也需要加强农村小学语文教师的教研意识，让农村小学语文教师认识到学校教研活动的重要性，在相互倾听、合作、理解、支持、分享、鼓励中共同成长与进步。

3）学校应加强对农村小学语文教师的关注

学校对语文教师的重视应体现在两个方面：第一，学校对校园文化的重视；第二，对语文教师培训的重视。通过访谈，笔者了解到 L 镇中心小学平时很少组织学生举办文体活动，诗歌朗诵、书香校园阅读活动、学生大合唱等活动都没有举办过。学校没有创造一个积极的学习情境，只是一味地强调学生成绩，这既对学生的成长不利，也无法促进教师的实践性知识发展。

笔者认为，农村小学语文教师想要促进实践性知识的发展，离不开学校的重视。学校通过开展一系列文体活动，调动学生学习语文的积极性，营造一个语文学习情境，语文教师的魅力才能真正发挥出来。农村小学语文教师才能主动地更新知识，有效地促进实践性知识的发展。

[①] 姜美玲. 教师实践性知识研究[D]. 上海：华东师范大学，2006.

教师实践性知识的发展不能单靠农村小学语文教师自身的教学实践积累，学校组织教师进行教研活动、在职培训等外在条件的支持对教师实践性知识的发展同样具有提升作用。

　　校本教研是一种将教学研究的重心下移到学校，以学校教育教学中所遇到和亟待解决的实际问题为研究对象，以教师为主体，通过一定研究程序得出研究成果直接应用于解决教学实际问题的研究活动。参与校本教研，有利于教师重新审视自己以往的教育信念，自觉构建新的教育理念并用其指导自己的行为；有利于教师加深对自我的理解和认识，增强反思精神，实现理论和实践的结合、思想和行动的结合；有利于教师实践性知识结构的优化，改变传统上偏重以理论知识讲授为主的培训所导致的偏颇。[①]L 镇中心小学有固定的教师教学活动，如集体备课、同课异构、听课评课等。通过每周二、周四晚上的集体备课，教师可以各抒己见，产生思想的碰撞，有利于其专业发展。每周至少四节公开课，在大课间进行评课，这一教研活动，一方面教师可以从同事那里更加客观地了解自己和教学存在的问题，另一方面教师可以多方面地了解教学智慧。从 W 教师和 Z 教师的叙述可以看出，L 镇中心小学最具特色的集体备课存在形式化的现象，个别农村小学语文教师对集体备课的意义和作用认识不到位，态度不认真，对其教师的专业提升也可想而知了。

　　首先，确保教师培训课程的有用性。L 镇中心小学在设计语文教师培训时，应该考虑其课程是否适合农村教师，能否被农村小学语文教师所接受，能否与农村小学语文教师产生共鸣。只有培训的课程贴合农村教师的现状，才能让农村小学语文教师愿意倾听，使教师培训产生价值。其次，提高教研活动的时效性。教师参加教研活动是提升教师实践性知识的重要步骤，学校组织开展教学观摩活动时要注意充分利用教师资源，做到示范课认真观摩、教学专题研究课人人参与、青年教师汇报课精心点评等，让教师真正地投入学校的教研氛围中，

---

①　张登山. 教师实践性知识的价值和生成途径[J]. 当代教育论坛, 2010(9): 43~44.

帮助教师快速地弥补自己的不足，提升专业成长。最后，发扬集体备课特色性。集体备课一直是 L 镇中心小学的特色所在，学校应该组织教师积极参与集体备课，要求语文教师人人备课、人人发表意见，集思广益；或者邀请县教研室语文教研员等专家参与和指导农村小学语文教师集体备课，这样才能真正达到集体备课的目的，语文教师在思想的碰撞中才能促进其实践性知识的发展。

第4章　农村小学数学教师学科教学知识研究

本章摘要：

学科教学知识是教师知识的一个重要组成部分，也是教师专业知识的核心部分，它不仅告诉教师要"教什么"，还告诉教师要如何通过学生可以接受的方式将学科知识传递给学生，并且可以使课程的教学内容和教师的教学过程对学生具有意义和价值。

本章研究的目的，通过探讨一位农村小学数学教师——J教师的教学实践的过程，其中包括J教师运用了哪些学科教学知识，他的学科教学知识的生成和发展是怎样的，以及J教师的学科教学知识发展受到哪些因素的影响，在此基础上，试图提出促进农村小学数学教师学科教学知识发展的有效策略。

第一节　绪　论

一、问题提出

1. 基础教育改革背景下教师实施教学的需要

自舒尔曼在美国数学教育改革的背景下提出了学科教学知识这一个概念以来，国内外的众多研究者由此展开相关研究：诸如作为优秀教师具备的知识储量、知识储量对于教师教学效果的影响以及对于知识储量的横向拓展等。长久以来，社会上对于优秀教师的定义仅限于具备充足的学科知识。事实上，在教学实践中经常会出现这样的现象：那些经过系统性学习并拥有丰富学科知识和教育教学知识的师范生，站在三尺讲台上很难将学到的知识合理地应用于教学实践中。因此，学科教学知识对于教师专业化发展具有重要意义，也成为教育事业发展的一个新的聚焦点。

伴随基础教育的改革，数学课程的改革主要体现在以下两个方面：一是着重强调了数学与生活之间的联系，要求教师不仅要注重数学学科内部知识之间的联系，还要注重数学学科与外部世界之间的联系，这就对教师的数学学科知识提出了更全面的要求；二是强调了数学学习的多样化，要求教师更加了解自己的学生，并能够结合学科课程中的具体内容和学生的学情妥善地选择适宜的教学方法和教学策略，让教学内容以便于学生理解和接受的方式呈现，在教学过程中不断提升学生的综合能力，这就要求教师所具有的一般教学法知识和学生的知识能够更合理地融合。因此，数学教师学科教学知识的研究也就显得尤为重要。

2. 农村小学教师专业发展的需求

许多的基层教师都会认为数学学习只需要学生多练习多做题就可以，不需要教师过多的教学方法。长此以往，数学学科教学知识的发展无论是在职前数学教师的培养中，还是在职后数学教师的教学培训中都容易被忽视。

农村小学教师是我国教师队伍中人数众多亦是极其重要的组成部分，随着教育改革的不断深化，农村小学教师的职前培养教育与师资队伍的建设也取得了显著的成绩。但不可否认的是，农村小学的师资队伍建设依然存在着很多问题，尤其是小学教师专业化发展。新课程基础教育改革的实施对于农村小学教育团队来说是一个巨大的挑战。因此，关注和研究农村小学教师学科教学知识的发展，是促进农村教师走向专业化的必然需求。

3. 个人的经历所获和发展的需要

《小学教师专业标准（试行）》的基本理念要求："小学教师以能力为重，把学科知识、教育理论与教育实践有机结合，突出教书育人实践能力"；"研究小学生，遵循小学生的成长规律，提升教育教学专业化水平"；"坚持实践、反思、再实践、再反思，不断提高专业能力。"这个专业标准是小学教师实施教育和教学的基本行为准则，是小学教师专业发展的最基本指导思想，亦是国家对一名合格小学教师专业素质的最基本要求。

作为一名还未真正踏入教师职业生涯的小学教育专业在校生，更应该严格按照《小学教师专业标准（试行）》来要求自己，切实提高自身的专业素养，认真地完成学习任务，积极参与教学实践，为了成为一名合格的小学教师，最重要的是加强学科知识，提高自己教育教学水平。只有具有优秀专业素质和丰富知识的教师才能真正担任起教书育人的重任。因有机会来到 Q 县 L 镇 N 小学（该校是一所完全小学）走访，笔者接触到了大量的农村小学教师并结识了 J 教师。J 教师是一名有 39 年教龄的老教师，退休在即，依然坚守在教学一线，并担任着该小学二年级数学教学的任务，兢兢业业，一丝不苟。笔者对 J 教师甚是钦佩，他不仅拥有一套成熟的农村小学数学教育体系，还创造了独具特色的课堂氛围。J 教师说："我这半辈子都在与小学生打交道，各种类型的小学生都见过，不能说我作为一名教师有多成功，至少现在他们出现的任何状况我都能很好地应对和处理。"这让笔者在对 J 教师的敬佩之余多了一分好奇与思考，本章将以 J 教师作为个案进行农村小学数学教师学科教学知识的研究，并归纳出以下问题：一位农村小学数学教师应具备怎样的学科教学知识？影响他们的学科教学知识发展的因素是什么？该如何促进农村小学数学教师学科教学知识的发展以及提升他们的专业发展水平？笔者对这些问题加以思考并整理为本章的研究方向。

二、研究意义

1. 理论意义

教师的专业发展离不开教师的知识发展，而教师的学科教学知识又是教师知识的重要组成部分。学科教学知识是教师从事教学工作的重要基础，在教师的教育实践和专业发展中发挥着重要作用。研究农村小学数学教师学科教学知识的生成和发展，不仅可以加深教师对学科教学知识的理解，拓宽教师学科教学知识研究的主体，丰富数学教师学科教学知识的理论研究；还可以为农村小学数学教师的专业发展提供一个新的研究视角，从而推动农村小学数学教师学科教学知识的增长和教师专业化的不断发展。

2. 实践意义

就目前的教育趋势来看，部分农村地区的教育现状有待改善。为推动农村教育的良性发展，首先需要立足于农村现行教育中教师的专业知识的储备状态，以农村小学数学教师学科教学知识为重点，总结影响农村小学数学教师成长与发展的因素，探索农村小学数学教师学科教学知识的发展策略，这将有助于农村小学数学教师的专业发展，并为农村小学数学教师的培训提供重要的参考依据。

三、研究设计

1. 研究对象

根据本研究的需要，要求研究对象需具备以下两个条件：一是研究对象一定要有合作的意愿，对本研究抱有极高的热情，允许研究者多次进行访谈和进入其教学现场，同意研究者进行多方面的资料收集和信息分析；二是由于教师的学科教学知识生成和发展是一个动态的变化的过程，若要获得全面的教师的学科教学知识的生成途径，要求研究对象必须具有非常丰富的教学经验和较长的教龄，并善于与他人沟通，乐于分享自己成功的教学经验。J教师完全符合两方面的条件，从而选取其来作为本研究的调查研究对象。

2．研究方法

1）文献法

文献法也被称为"历史文献法"，这是研究人员从各种现有文献资料中收集有用信息以实现调查研究目的的一种方法。教育具有很强的实践性，作为一位具有独特生命意蕴的教师，其教育活动是一个没有逻辑起点和逻辑终点的连续体。为了能够全面准确地理解和掌握需要研究的问题，在研究的前期，笔者采用了文献法对国内外学者关于数学学科教学知识的文献进行搜集整理和分析，有条理地归纳出前人的研究结果，其中包括数学学科教学知识是什么、构成的要素又是什么、表现的特点和来源有哪些以及前人主要采用了什么样的实证研究方法来探究数学学科教学知识的生成和发展，整理出严谨的逻辑体系，从中汲取有效合理的成分，为本研究提供有依据的理论支点。

2）访谈法

为了能够获取更加详细的信息，在研究中，笔者作为一名倾听者，让J教师来做故事的诠释者，讲述他的教学经历，了解教师学科教学知识的生成过程。本研究采用半结构化访谈，在正式访谈之前，依照自制的访谈提纲初稿，与教师进行预访谈。预访谈结束之后，对访谈提纲进行修改与完善，删除重复、错误、无关的内容，减少访谈强度，从而达到更好的访谈效果。接着通过课堂观察的方式，正式采用半开放式的形式，课后及时对教师进行单独访谈，以了解教师在课堂教学背后的深度思考内容。另外，在课余的时间还分别对教师进行多次访谈，使得笔者能够更全面、更具体地了解农村小学数学教师的学科教学知识究竟是如何生成和发展的，分析影响他们学科教学知识生成和发展的因素。访谈过程中，认真倾听并且做好笔录，访谈结束后对所访谈的内容进行归纳和总结，可以说贯穿于全文的主要研究方法就是访谈法。

3）观察法

课堂是教师进行教学的重要场所，也是教师专业成长的主要阵地，教师学科教学知识的表现主要基于课堂教学。经过 J 教师的同意，笔者亲自走进教学现场，通过聚焦于微观层面的课堂教学、观察教师课堂教学活动、学生课堂的表现、教师在课堂教学中的实际行动以及课后教师与学生的互动来了解教师日常的教学工作。从实际情况中发现教师的学科教学知识各成分间的相互作用，并做好听课记录和录像以便于后期材料的分析和研究。

四、概念界定

1. 学科教学知识

学科教学知识最早是由美国斯坦福大学的教授舒尔曼（Shulman）提出的。他针对教师培养范式和美国教师资格认证制度的缺失提出了这样一个概念并将其定义为"将特定的学科内容与教育学知识融合为这样一种理解：如何将特定的主题或问题进行组织和重新表征，以适应学习者的能力与不同的兴趣需要"[①]。按照舒尔曼的说法，教师的学科教学知识就是将学科内容知识与教学法知识进行整合，从而把学科内容知识转化为有利于教学形式的知识，是能够高效教学所需要的重要部分。受建构主义的影响，科克伦（Cochran）认为学科教学知识的认识是动态的，学科教学知识是教师对学科内容知识、一般教学法知识、学生的知识和教学情境知识四要素的全面认识，这也是教师知识的主要内容。它们在实际教育教学过程中不断地向外拓展并且深化，

---

① SHULMAN, L.S.. Those Who Understand: Knowledge Growth In Teaching. Educational Researcher, (1986), 15(2): 4~14.

最终来推动教师学科教学知识的进步，从而使得教师懂得如何有效地选择教学策略、组织教学内容，从而进行一堂优质的课堂教学活动。

1）学科内容知识

小学数学学科理论体系有自身的学科特点，它不同于许多高深的数学专业基础知识，尤其一些算法知识，大学所讲的并不能覆盖到小学知识中，很多的内容在大学全日制学习中是学不到的，包括小学数学教学内容知识之间的前后联系，小学数学教材的编排意图等，如何将教学内容融入教学中渗透数学史的知识，这都是学科教学知识中的学科内容知识。

2）一般教学法知识

在教学过程中，将一般教学法的知识在理论条块掌握的基础上，更要有效地转化为具体的实践操作性知识，也就是所谓"理论与实践相结合"，孔子曾曰："不愤不启，不悱不发，举一隅不以三隅反，则不复也。"教师的主导作用要与学生的主体地位有效结合起来，要将探究式学习、合作学习等教学方法真正运用到教学当中，不能只停留在静态的理论条块状态。

3）学生的知识

奥苏贝尔曾经说过："假如让我把全部的教育心理学仅仅归因为一条原理的话，那么我将以一言以蔽之曰：影响学习的唯一重要因素，就是学习者已经知道了什么，要探明这一点，并应据此进行教学。"[1]在正式上课之前，教师一定是做了充分的准备，在准备教案的同时，已经完全了解了课本的教学内容，还足够了解了学生本身，了解学生在此阶段已经掌握的所学内容知识，根据平时对不同层次的学习程度的学生做出分析，学生在学习过程中可能存在的困惑和问题，就此可以选择合适的教学策略和方法，从而达到教学的预期目的。

---

[1] 奥苏贝尔. 教育心理学——认知观点[M]. 宋钧，译. 北京：人民教育出版社，1994: 46.

4）教学情境知识

新课改为小学数学改革带来了生机与活力，全新的教育理念给教师的活动注入了新的动力，生活化的情境创设改变了原有单调而枯燥的教学模式。[1]在教学中，教师不仅要关注学生的课堂表现、学生的学习兴趣和学生理解的知识，还要关注民族文化环境、自然环境、课堂学习环境等有关教学情境，因此良好的教学情境也能充分调动起学生的主动性和积极性，启发学生的思维，也是提高教师课堂教学水平的一种有效策略和重要途径。

2. 数学学科教学知识

由于各门学科特点和性质不同，各科教师的学科教学知识也存在一定差别。根据预先确定的教学目标和了解了学生已有的知识储备，数学教师的学科教学知识必须严格符合逻辑的教学情境，基于对数学知识的内涵、特点、结构以及对课程内容知识的充分理解，采用不同的表现形式，例如示范、举例和图解来帮助学生理解和掌握数学教师在有意识表达下构建和形成的知识类型，即从一个生涩的逻辑概念中提炼出数学知识并将其转化成学生可以接受和掌握的特定形式。一般认为数学教师需要进行教学的知识有三种类型：①数学学科知识，指教师的数学观念、对数学史的了解和掌握的学科内容知识；②一般教学法知识，指教师的教育观念、教育理论和教学知识；③有关数学学习的知识，其中包括学生发展的知识、学生理解的和难于理解的知识、学生的学习环境等。

3. 农村小学

国家统计局首次提出城乡区别，并以此作为人口普查的基础。本规定是以国务院下达的关于市镇建制的规定和我们国家的行政区来划分，将我国人民的生活区域划分为城镇和农村。城镇包括城区和镇区，而农村是指本规定中划定的城镇以外的区域。本章中所指的农村就是

---

[1] 阿衣提拉·买买提，张海军. 小学低年级数学问题情境创设原则及对策[J].
中国校外教育，2013(8): 109~110.

采用国家对城乡的划分方法，即城镇以外的区域。而"小学"最初也并不是专门指学校，现在的小学通常就是指初等教育的一个教育学习阶段，在当代教育中通常被定义为义务教育的前六年，农村小学中能开设六年一贯制的完全小学并不多，而本章研究中涉及的 Q 县 L 镇 N 小学是一所六年制完全小学。

五、理论基础

1. 建构主义理论

建构主义认为，学习是学习者自我建构的过程和表达自己内心思想的过程。我们每个人对同一件事物都会有不同的看法，所以对事物的认识程度和价值判断都是不一样的，经过独立地分析和思考，在内心建构出一种独特的观点。在数学的教学中，教师的学科教学知识是教师学习能力的有机结合，而这种学习能力划分为学科内容知识、一般教学法知识、学生的知识以及教学情境的知识四个部分。教师对于其中每一部分知识的掌握程度都会最终反映成教师学科教学知识的成绩。面对不同的学生、不同的环境和其他类型的差异，每位数学教师都有独特的学科教学知识和鲜明的个人特点，并且无法成体系复制，亦无法被彻底标准化。知识构建的途径共有两种：一种是基于自身经验的认知建构，另一种则是基于旧知的重组和认知建构。

2. 知识整合理论

知识的整合是一个不断变化的动态过程，是对自身所学习和了解到的知识进行重新归纳和梳理，摒弃掉一些无用的知识，知识的整合在多数情况下被用于教师在教学过程中分析学生获得知识的一个过程，同样，它也适用于分析教师的学科教学知识。数学教师的学科知识转化成数学学科教学知识的过程中，他是基于数学知识的基础，将学科内容知识、一般教学法知识、学生的知识和教学情境的知识进行整合而生成的。所以，这样一个转化的过程就是一个知识整合的过程。

六、文献综述

1.国外有关学科教学知识的研究综述

早在 20 世纪之初美国教育家杜威（Dewey）就指出，教师因为"他自己拥有的学科知识如何能帮助他理解儿童的需要和行为，并决定该以哪种媒介给予学生以恰当的指导"[①]，因此，教师职业与其他职业有着根本的区别。美国斯坦福大学舒尔曼（Shulman）教授在 20 世纪 80 年代中期，主持了由斯宾塞基金会资助的研究项目以提高教师的教学专业知识，以斯坦福大学科学、数学、社会学科和英语专业的一组职前教师作为研究对象，该研究项目的主题是教师学科知识与教学方法发展之间的联系，并将研究的结果发表在美国教育研究协会《教育研究者》上。舒尔曼认为，教师的学科知识和教学知识并不能完全支撑教师的具体教学，在教学过程中教师也需要新的知识—学科教学知识，学科教学知识也是区分学科教师与学科专家的知识核心。

1）学科教学知识内涵的研究

舒尔曼教授认为，学科教学知识体现了学科知识是与教学密切相关的，并且表示这种学科知识十分具有可教性，是"教师个人独一无二的教学经验，教师独特学科内容领域和教育学的特殊整合，是教师对自己专业理解的特定形式"。[②]具体而言，所谓的学科教学知识实际上是学科内容知识（content knowledge）、一般教学法知识（general pedagogical knowledge）、课程知识（curriculam knowledge）、学科教学知识（pedagogical content knowledge）、关于学生的知识（knowledge of learners）、教育情境知识（knowledge of educational contexts）和教育目标与价值的知识（knowledge of educational ends ,purposes and values）这七类知识的组合，而学科教学知识是这七类知识的核心，也是教师专业化的重要手段。

---

① DEWEY, J. (1902). The Middle Works, 1899-1924, Vol. 2: 1902-1903. Carbondale: South Illinois University Press, 286.

② SHULMAN, L.S..Those Who Understand: Knowledge Growth In Teaching. *Educational Researcher*, (1986). 15(2): 4~14.

在 20 世纪 90 年代初，舒尔曼的学科教学知识理论被格罗斯曼（Grossman）继承和发展。格罗斯曼认为，学科教学知识是由关于主题或教学目标的性质、了解学生对某个知识的理解和误解、有关课程内容和教材的知识和了解特定主题的教学策略这四个部分组成的。根据格罗斯曼的研究成果，她对学科教学知识的概念更加详细和丰富，并系统地展开了舒尔曼对学科教学知识的定义。

从这之后，科克伦（Cochran）、德鲁特（Dertuiter）和金（King）在建构主义动态发展的观点基础上补充并修改了舒尔曼的学科教学知识，他认为学科教学知识是具有不断变化的动态特征，而不是静态的认知结果。因此，科克伦从动态性的角度更正了学科教学知识，他认为学科教学知识的生成和发展主要是四种知识的有机结合，而这四种知识分别为学科内容知识、一般教学法知识、学生的知识和教学情境知识。

2）学科教学知识来源的研究

格罗斯曼通过半结构式和结构性访谈的方法以三位接受过师范教育和六位并没有接受过师范教育的英语新手教师作为研究对象，将他们的教学目标、教学内容和教学方法之间的差异进行对比分析并指出，师范教育对于新手教师的学科教学知识有着非常重要的影响，而作为学生时对教师教学的观察、对某一学科的兴趣、教师教育和课堂教学经验这四个方面是教师学科教学知识的主要来源。康茨（Counts）通过运用观察法和访谈法将中小学教师的一位物理培训教授作为研究对象，探寻他的学科教学知识并发现，学科知识以及作为学生时期对教师教学的观察和课堂经历是这位物理教授学科教学知识主要来源。在具体的教学实践中，教师对教学过程和教学结果的反思都有利于教师教学知识的发展是帕克（Park）和奥利弗（Oliver）基于舍恩（Schoen）反思性实践者的研究框架进行的研究发现。

3）学科教学知识形成的研究

哈斯韦赫（Hashweh）认为，教师学科教学知识的发展主要有三个阶段：第一阶段是模仿和学习的阶段，由于新手教师在教学活动中缺乏教学经验，他们习惯性地模仿自己学生时期教师的教学方法，对自己学科知识的准确性非常关注；第二阶段是主动生成阶段，当教师进入真正的教学时会发现，他们掌握的学科知识和教育知识不能完全支撑自己的教学，更不能达到理想的教学效果，因此，他们渴望获得更多的知识来帮助学生更好地获得知识的同时也能提高教师的教学水平，如学生知识和教学情境知识；第三阶段则是专家阶段，通过自身积极的学习建构和较长的教学经验，教师不断发展自己的学科教学知识。在这个阶段的教师已经不需要使用教科书或其他教材，因为此时的他更加了解自己的学科教学知识，与此同时，教师运用建构主义的理念和对知识的整合来帮助学生学习，掌握了如何巧妙地将对学生来说理解起来可能会存在困难的知识转化为学生易于接受和掌握的知识。①

2. 国内有关学科教学知识的研究综述

1）学科教学知识内涵和特征的研究

在我国，学科教学知识的研究基本上都在舒尔曼教授学科教学知识的教学理论上展开的。白益民先生自从在他的论著中首次引入"学科教学知识"概念以来，虽然国内在这方面的研究还存在一定的考量，但也取得了很大的进展。白益民先生认为，学科教学知识是教师知识体系的独立组成部分，虽然学科教学知识与专业学科知识以及一般教学方法知识密切相关，但它们之间也是有差异的。学科教学知识是知识的一种形式，它是多种知识的融合，是教师利用特定的媒介和策略将特定信息传递给特定学生，根据教育教学实践中教学的需要，不断筛选和重组自己各方面的知识，结果显然是具有实践性、个体性、情境性、整合性等特征。②这一理论的提出，对教师教育的理论与实践产生了重大影响。

---

① HASHWEH, M. Z. Teacher Pedagogical Constryctions: a Reconfiguration of Pedagogical Content Knowledge. Teachers and Tezching: Theory and Pratice, 2005, (11)3: 273～292.

② 白益民. 学科教学知识初探[J]. 现代教育论丛, 2000(4): 27～30.

2）学科教学知识来源的研究

范良火在《教师教学知识发展研究》中对教师学科教学知识的研究在国内学科教学知识来源的研究中具有重要意义。范良火通过研究发现，教师教学实践的反思和与其他教师的沟通是教师学科教学知识中有关课程知识和内容知识的主要来源，教师的教学方法的知识主要来自教师的反思与老教师的经验分享。[①]除此此外，还有学者如李欣、韩继伟、岳晓婷等从具体学科的角度出发探索了不同学科教师的学科教学知识的来源。

3）学科教学知识构成要素的研究

国内的研究者在学科教学知识要素的构成研究主要集中在两个方面：一方面是从教育学角度出发，探讨普通的学科教学知识构成要素内容，另一方面是从不同学科的角度探讨学科教学知识构成要素。然而，从不同学科角度探讨学科教学知识构成要素的角度出发，数学学科教学知识的构成有较为丰富的研究结果。有两种代表性的观点，第一种观点认为教师的数学教学知识构成有两大核心：①数学学科内容和教学知识；②数学学科内容和学生的知识。其中第二种观点认为学科内容主要由数学学科知识、一般教学方法知识和数学学习的知识三部分组成。

4）学科教学知识影响因素的研究

蒋德慧曾以上海某所师范大学的两名职前教师和两名职初教师作为研究对象，对影响他们学科教学知识发展的因素进行研究，发现其学科教学知识发展的影响因素主要是中学学习的经验、自己的教师和实习教师。另外，陈莹对中学历史教师学科教学知识的发展因素进行研究并发现，影响教师学科教学知识发展的因素主要是学生接受高等教育的学习和教育教学的实践。校本培训更是对新手教师学科教学知识的发展发挥着重要作用。

[①] 范良火. 教师教学知识发展研究[M]. 上海：华东师范大学出版社，2003：13~22.

5）学科教学知识发展的研究

教师学科教学知识的生成是一个动态的发展过程，因此，在教师培训课程的设置中，应该分析学科教学知识的结构要素，关注社会和教师各种需要的发展，并以适当和有效的方式开展进行。还有国内的学者研究了教师学科教学知识的发展历程和构成要素，希望对我国教师教育发展提出合理的意见和建议。

综上所述，国内外学者在研究学科教学知识时从最初的研究重点只停留在理论层面的学术讨论上，逐步向具体的教学情境转移，而这些都是根据教师的具体教育实践和教学实践进行的研究。这是因为学科教学知识它是具有独特性的，一般情况下研究者系统教学并研究的只能是体系与方法，具体内容的建构需要以当下的教学环境与当前学生作为样本。国内研究者对学科教学知识的研究活动目前还处于初级阶段，主要以借鉴国外的研究成果为主，缺乏对学科教学知识本土化的建构和转化；除此之外，我国的学科教学知识的研究缺少更明确的系统划分，具体的学科、内容、学段教学的研究还不够，而关于农村小学数学教师学科教学的研究仍有空间。

根据本次研究的目的，结合这项研究的相关性和可行性，在国内外不同研究者对学科教学知识的内涵和构成要素的研究基础上，笔者最终以科克伦的研究作为依据，从学科内容知识、一般教学法知识、学生的知识和教学情境知识出发对农村小学数学教师学科教学知识的生成与发展进行探讨和研究。

第二节　J教师学科教学知识发展过程的研究

教学知识的发展都是一种连续的过程，教师从进入师资培育机构之前，再到接受师资教育，最后到正式任教以后，其中每一个阶段都有发展的可能。首先，初任教师的职前培训是教师职业生涯中最重要的一个环节；其次，教师入职教育是连接职前教育与在职进修的一个重要的纽带；最后，教师的实践成长可以促进教师的专业发展。因此，经过综合相关研究，笔者决定根据科克伦从建构主义视角将学科教学知识划分为学科内容知识、一般教学法知识、学生的知识和教学情境知识四个方面的内容对 J 教师学科教学知识可能发展的各个阶段（职前培养、入职教育、实践成长）进行研究分析。

一、J 教师教学缩影

J 教师，农村小学数学教师，现年 59 岁，教龄 39 年，在 1996 年被评为一级教师。现任 Q 县 L 镇一所完全小学二年级数学教师。

J 教师于 1979 年毕业于 T 市 W 师范学校(师范类中专学历)，1979 年 8 月分配到 S 县 S 乡中学任教，1990 年 8 月调入 Q 县 L 乡 N 小学任教，1994 年调入乡中心小学任教，1996 年 8 月又被调入 F 小学，2004 年 8 月调入 N 小学任教至今，工作期间一直承担数学教学任务。他曾发表过多篇关于数学教学的学术文章，如《小黑板的时效性与艺术性》《数学课如何创设情境》《教学常规"八字法"》等。对小学数学的教学以及学生发展方面有独特见解，曾多次被评为"学校优秀教师""优秀班主任"。J 教师现在所在的 N 小学位于 Q 县 L 镇，是一所完全小学，L 镇处于 Q 县边境，外出务工人口较多，因此学校的留守儿童也很多，学生的家庭组成十分复杂，园区实行大学区管理的模式，教师都是统一调配、统一食宿，并且配备了音体美走教教师，为保证教育教学质量，学校开齐了各类课程，最大化地缩小了城乡差距，促进了教育公平，目前全校共有 92 名学生以及 12 位教师。

二、J 教师的职前培养

1. 教师信念初养成

我国一直有尊师重教的传统。21 世纪来临之际，我国的教育面临着前所未有的需求和多样性，人们也越发认识到教育在当下社会文化和经济发展中所起的作用，越来越多的人投身于教育行业。教师是人类文明的传承者，是人类灵魂的工程师，是科学文化知识的传授者，也是社会主义现代化的合格建设者和可靠接班人的培养者，教师的日常工作虽然是平凡的，但教育工作的意义却是不平凡的。[①]

笔者初次与 J 教师相对而坐询问的问题是："您是怎样走上教师这条职业之路的？"J 教师乐呵呵地摸着下巴，略显神秘地对笔者说："这来源于两位在自己学生时代给我留下深刻印象的教师的引领。一位是在我上初中的时候我的语文教师，她的粉笔字写得简直一绝，点、横、撇、捺，力道把握得特别好，好像机器印在黑板上的一样。那个时候她一直叮嘱我们，无论以后做什么行业，一手好字是十分重要的，尤其如果将来成为一名教师。同时，她的教态也特别好，字如其人，举手投足十分大方、美观，给人的感觉很舒服。记得当时我们特别喜欢在课堂上问她各种问题，她知识面很广，经常在回答这个问题的时候讲到其他方方面面的东西，让我十分羡慕，同学们也特别喜欢她。另一位教师是后来读师范院校遇到的陶老师，当时学校里面的其他教师都喜欢称他为'土秀才'，大家都觉得他像一个'知识库'，上知天文下知地理。印象中他经常早上和同学们一起在操场晨读锻炼，与学生相处得特别好，我们也喜欢跟他交流，那时候我每次碰到他时总会问些稀奇古怪的问题，他都一一回应我，因此我也更喜欢他的课，在这样的环境下被熏陶，慢慢地我也就爱上了教师这个职业，那个时候我觉得教师真了不起，我立志长大也要成为一名教师。"（2017 年 6 月 29 日 N 小学 J 教师办公室）

通过访谈发现，J 教师在学生时代出于对两位教师的崇拜，从而对教师职业有了向往，更加坚定了想要成为一名教师的信念，J 教师认为，因为有向往，所以才会格外地努力学习。

2. 走近数学学科知识

教师信念一旦形成则很难发生改变，即使遇到再大的困难与挫折，

---

① 谭道玉. 论当代人民教师的奉献精神[D]. 重庆：西南大学，2009.

也能够坚定信念，矢志不渝地做好自己的工作。[①]因为从小坚定着教育理想的 J 教师通过自己的努力考入师范院校，随之他的生活也发生了巨大的变化。

"1977 年，也就是恢复高考那一年，我们是当年恢复高考后的第一届学生，那时的社会影响力度很大，当我拿到高考录取通知书的时候，情绪特别地激动，那种心情真的是形容不来的。当时的学制是一年半，由于国家急需人才，把冬季毕业改成了夏季毕业，当时我就思考，在这短短一年半的时间里，如何去面对以后我的学生，如何去充实我的教学生活，因此我就发誓：在这个时段一定要好好学习。早饭时间好多同学都是边吃饭边背书，中午排队打饭时，我还会用筷子在饭盒里写一些新学的计算公式之类的，晚饭后我们经常在铁道后的树林里一起相互学习解题，虽然只有一年半的时间，但是真的吃了好多苦。"（2017 年 6 月 29 日 N 小学 J 教师办公室）

当时，在很多师范院校，教育学科多被简单地定位为"公开课"（而不是专业课），在学科体系中被边缘化，学科教学法在各学科专业课程结构中也处于从属地位，教育实习也得不到重视。[②]J 教师读书时，学校几乎没有实习实践的活动，所学的全是书本上的教育理论知识，强调教育观念的重要性，简单的课程知识教学生以后成为教师要做好哪些准备，如何根据教材备课等。学校教育课程的开设虽然较为注重美术教育，教学生学习简单的手工制作和简笔画等，但是类似教育学、心理学这样教育基本理论类课程几乎没有涉及，学科知识类课程的开设也不是很全面，更不明白所谓"学生是教学主体"。J 教师说："最早教的初中，我教的科目是物理和数学，后来，我就越发地喜欢数学，不仅因为它的逻辑性十分强，它还和我们的生活时刻关联着，慢慢地我也有了数学的观念。"（2017 年 6 月 29 日 N 小学 J 教师办公室）

工作以后的 J 教师之所以选择教了数学这门学科，最主要的原因是他觉得数学在我们的日常生活中时刻都发生着，它与我们的生活息

155

---

① 张西方. 教师职业理想及其教育[J]. 山东师范大学学报（人文社会科学版），2013(6): 105～108.
② 刘旭东. 论师范大学教师教育课程体系的构建[J]. 高教探索，2009(4).

息相关，数学知识本身也是源自我们的生活。J 教师说："我们上街购物时价格的计算，还有农户家里盖房子土方量的计算等，这些统统都跟数学脱不开关系。"

数学与生活的关系的确是密不可分的，《数学课程标准》中尤其强调了数学与生活之间的联系，更是要求教师要做到"以生活为基础，回归生活"的教学。

通过 J 教师追忆自己的学习成长历程，笔者发现他本人选择教师职业的动机一方面是源于他学生时期受到教师的影响，从而形成坚定的教师信念，另一方面是他真切感受到数学在生活中的实际价值，因此选择了数学这门学科。处于职前培养时期的 J 教师对数学学科的爱好自然而然地促使他开始逐渐接近与了解学科教学知识。

三、J 教师的入职教育

福勒和布朗根据教师不同时期有关教学的需要提出了教师专业发展的三阶段理论，而这三个阶段就是从新手教师到专家型教师一个长期的、发展的转变过程。从师范院校毕业步入工作岗位的 J 教师正处于教师发展的第一个阶段，即新手阶段。而 J 教师当时所想的是："我终于可以站在讲台上，为眼下一群幼小的孩子解答各种疑惑，他们或许也会对我投来崇拜的眼光，像我小时候崇拜我的教师一样。"因此 J 教师对教师这个职业充满着期待，一个人在讲台上能把自己的知识教授给班上那么多的学生，教他们书本知识，教他们生活常识，教他们如何做人等，J 教师觉得三尺讲台的魅力甚大。与此同时，初任教师在职初能否成功地实现从师范院校的学生到教师这一个角色的转变，这不仅影响了他们的职业认同感和职业持久性，而且深刻地影响着他们整个职业生涯过程中的专业发展状况，从而决定着他们未来的职业形象。[①]

1. "牛刀小试"——关注自身和学科内容知识

正所谓"万事开头难"。J 教师由一名师范生正式走向教师岗位

---

① 谭菲. 美国中小学初任教师入职教育研究[D]. 重庆：西南大学，2012.

时，不仅面临着从学生角色向教师角色的转换，而且面临着所学理论知识与实践教学之间的"碰撞"。1979年任教之时，他就好像是在摸着石头过河，那时候的教学工作真是状况百出。J教师说："在大学期间我的学习成绩一直很不错，一开始参加工作的时候我也是信心满满，还怀揣着对教育事业的理想和抱负。初次登上讲台之前，我整整备了两周的课，就课本内容来说，我觉得我已经基本掌握了教材中每个知识点，自认为教案上的内容涉及很全面，写得满满当当，包括每个环节的时间安排等，我当时还戴着手表，卡着预设好的时间开展每个教学环节，整节课下来好像在打仗一样，总算把备课的教案讲完了。"（2017年6月30日N小学J教师办公室）

其实职业初期，所有的新手教师都一样，急切地想把知识传递给学生，会很用心花很多的时间去准备好每一堂课，特别依赖教材，生怕脱离教材就会遗漏给学生教授某个知识点，甚至细致到某个环节需要提问几个学生回答问题等这些都会明确写在教案中。但是，新手教师缺乏教学经验，整堂课节奏十分紧凑，也很死板，过多地关注自己所备教案上的内容是否能够按次序完成，给学生讲解教材某个知识点的时候，又想把预设的每一个拓展练习教给他们，从而忽视了观察学生的表现。一堂课结束整理教案，才发现重难点可能根本没有触及，这样的困惑也影响过J教师。

1）知识掌握不全面

从学生转变成一名教师的时候，J教师一开始甚至有点不习惯，学生突然地问好有时也会让他手足无措，虽然这些他适应得很快，但站在讲台上时，J教师偶尔也会感觉到尴尬："我上讲台以后，有时也很困惑，以前对教师这个职业很羡慕，觉得教师在讲台上讲课是信手拈来的事，后来自己上讲台感觉好艰难，因为发现自己学到的东西真的是太少了。有一次上课的时候，书本上课后拓展出现的数学小知识，如数学家祖冲之等名人小故事，当时有学生问我：'老师，祖冲之是谁啊？他为什么这么了不起？'我那时有些脸红，随口应着学生说他是伟大的数学家，究竟为什么了不起，我确实说不上来，那个时候我发现我学到的知识真的太少了。教数学的教师不仅要会课本上的知识，还应该了解数学学科的发展史、数学的思想及具有代表性的数学人物等。在课堂上我很希望学生可以畅所欲言，大胆提问，但是我又十分害怕再次遇到这样的场景，我明白我掌握的知识还远远不够，无法满足学生的需求。"（2017年6月30日N小学J教师办公室）

本以为当了教师就可以成为学生心目中"百科全书"的J教师发现，其实自己掌握的知识还远远不够。小学生好奇、敏感，对任何事物都感兴趣，对所有未知的东西都会想知道为什么，J教师这才明白"要给学生一滴水，自己必须拥有一桶水"的道理。职初的J教师迫切地寻找各种学习的机会，他积极参与学校的教研活动，经常找数学老教师"取经"，还会去书店买数学相关的书籍来丰富自己的专业知识，给自己"充电"。J教师说这个是在他成为一名教师后最早发现的问题，同时也是一直影响他至今还在不断学习的原因和动力。

2）不能因材施教

教师在解决了"教什么"之后，"如何教"就变成了教师的另一大问题。课堂上教师尽可能地把数学问题不断拆分，把课本知识清晰地呈现给学生，为的是能让学生跟得上教师的教学进展，希望学生掌握相关知识，能够达到教师期望的教学效果。但是在J教师的实际教学中，因为城乡学生生活和学习环境不同，对知识掌握的程度难免存在差异，当J教师将教材中的内容教给学生时，他发现学生有时并不能及时理解和完全吸收，亦无法达到教师预期的教学效果。J教师发现当时他的教学方法可能还存在问题。访谈中J教师说："二年级人教版数学'认识钟面'这一课，如8点这个时间，当分针接近数字12的时候，时针是到钟面上的数字8还是没有到8，同学们就对这个具体是几时很难辨认出。再比如人教版数学'体积和面积单位'这一部分，尽管教师反复地讲，但是学生还是不能准确地分辨面积单位和体积单位的区别，体积到底是什么他们并不明白，实际上体积就是指物体占据的一定空间，面积是丈量一个平面或者一个物体的平面或者某

一个面的大小，体积是占据空间大小的。"（2017 年 6 月 30 日 N 小学 J 教师办公室）

J 教师认为教材内容的设置是合理的，但也有很多内容是不适合当下学生的，毕竟城乡学生的基础不同，比如去超市购物。农村很多学生并没有去过超市，他们没有超市购物的体验，不论教师怎么诠释，学生都不一定能真正掌握。

3）了解学生不全面

一直以来，教师和家长大多将注意力集中在学生的学习成绩、品德等发展上，忽略了学生的身心健康。[①]初上讲台的教师更多地关注教学任务是否能够按时完成、教学重难点是否突出以及教学环节是否完备。J 教师说："1995 年我在中心小学五年级教课，一次上课的时候，班上有个同学突然晕倒了，我和其他同学一起将这位学生搀扶到我的房间的床上平躺下来，当时那个学生口鼻里面流着白沫，那个场景真的很吓人。我赶紧联系这位学生的家长，后来才了解到这位学生本身就有遗传的癫痫病。那个时候我发现，这些学生虽然与我朝夕相处，但除了他们的学习情况，我对他们的家庭和身体状况竟然一无所知。有了这次教训，从那以后，每次带新班级时，我一定会对全班每一位学生的身体状况和家庭情况做全面的了解，会格外关注身体素质不好的学生。"（2017 年 6 月 30 日 N 小学 J 教师办公室）

2. "初步转型"——关注学生和教学情境

随着教学经验的不断丰富，J 教师也有了较为清晰的操作程序和经验，对数学教学内容也有了充分理解，并将相关的教学内容进行建构整合组块，不再是单纯地依据教材上的知识内容进行教学，教育的认知结构趋于结构化。这也是教师发展的第二个阶段——发展和提高阶段。教师的教学能力逐渐形成，在熟悉、掌握了教学内容之后，能够较为灵活地使用不同的教学方法，从而逐渐对教学有了更高的要求和期望，当下教师已经不满足于教学内容的准确传授，而是希望通过

[①] 于如江. 培养中小学生全面发展[J]. 中国科教创新导刊，2013(33): 6.

更多样性的教学模式和教学策略来提高自身教学水平。因此，教师开始将对内容知识的关注转移到学生以及教学情境方面。学生学习习惯的养成以及兴趣爱好的培养，学生情绪状态的变化以及个性心理的形成，甚至在课堂上感受到的学生更喜爱的教学氛围和情境，这些都开始慢慢渗入教师备课的内容中。

"教育，首先是关怀备至地、深思熟虑地、小心翼翼地触及年轻的心灵，在这里谁有细致和耐心，谁就能够获得成功。"[①]随着 J 教师数学内容知识的不断丰富，学生的信息反馈会逐渐进入教师的视野，得到教师的关注。能够更快地了解学生，是教师想要达到良好教学效果的重要条件。访谈中 J 教师说："农村单亲家庭的学生很多，以前在中心小学的时候，有个学生的父亲去世了，那个学生当时很执着，自尊心也很强，不爱说话也不开玩笑，以前很听话的他后来上课的时候居然睡觉。我从别的学生那里了解情况，前前后后跟他沟通了三次，帮助他分析他的情况和问题，给他讲道理，教他如何正确地面对当下的生活状况和环境，告诉他唯有好好学习，和同学们友好相处，该玩的时候放开去玩，上课的时候就好好听讲，提高自己的成绩，以后靠自己的能力还能为妈妈、为家庭出一点力等。同时，在课余时间我会主动带他和班上其他同学一起做游戏，时间久了，班上的学生感情都特别好，他也逐渐融入这个集体中，课堂上表现也很积极，学习成绩逐渐上去了，后来他考上了研究生，现在也在 Q 县一所学校教书，我一直记得他，也为他感到骄傲。"（2017 年 6 月 30 日 N 小学 J 教师办公室）

新手教师在备课过程中更多关注的是自身和一般的教学方法是否能够准确地将教学内容教给学生，从而忽视了学生在学习过程中的具体困难，随着教学经验的不断丰富，J 教师开始在教学中关注和预测学生可能出现的问题并适时指导，教学之余也有意识地阅读一些有关学生身心发展特点的书籍，专业化的程度也越来越高。

① 苏霍姆林斯基. 给教师的 100 条建议[M]. 杜殿坤,译. 北京:教育科学出版社,2000:98.

四、J 教师的实践成长

经过很长一段时间的探索、反思和实践，从初任教师到逐渐形成自己的教学特色，教师的专业发展已经成功地转向"专家型"阶段，这也是教师专业发展的最高阶段。教师不仅需要完全地掌握学科内容的基础知识和一般的教学方法，还要凭借多年的教学经验，在教学中能够准确地分析出哪些知识是学生容易掌握的，哪些是学生难于理解的，在不同的教学过程中根据不同学生的情况轻而易举地创设出不同的教学情境，从而达到更好的教学效果。教师的学科内容知识、一般教学法知识、有关学生的知识和教学情境知识在教学中得到完美的结合，这时，教师的学科教学知识也就逐渐生成了。

教室是教师进行教学的场所，教学具有灵活性和多样性，学生的表现也具有多样化和不可预见性。笔者和 J 教师交谈过几次，J 教师也十分乐意笔者进入他的课堂，从而笔者可以观摩这位教龄 39 年的老教师的教学现场，感知他如何将学科教学知识融入教学，J 教师的这堂课传授的内容是人教版数学二年级上册"有趣的搭配"，是小学数学中排列和组合的内容。

J：老师还要再出一道题目考考大家，现在有（板书）5、6、7 这三个数字，假如要组成不同的两位数，你们知道有几种方法吗？

S：我……我……

J：同学们认真思考，谁能给我们说一说？好，（指一位同学）你来讲台上给我们写一写。个位数和十位数一定要写清楚。其他同学也可以写在你们的草稿纸上。

（J 教师一边在教室里走动，一边查看学生练习情况，并提醒学生既不要遗漏也不要重复）

J：写完的同学请举手，我们等一下没写完的同学。好，我们来看一下黑板上这位同学写的内容，能不能尝试在你写的数字上面画一画，用划线的方式表述，这一种方法大家一定要学会，不用着急，要学会用图来解题。大家画完了吗？

S：画完了。

J：好，大家一定要记得，写的时候千万不能遗漏也不能重复，我们来看黑板上她写的两位数：56。这是一种有序的搭配，如果将两个数字互换位置，就变成了什么？

S：65。

J：对，就又变成了一个新的数字，65。大家想一下 56 和 65 一样吗？

S：不一样。

J：56 元和 65 元一样吗？

S：不一样。

J：你们喜欢多少钱啊？56 元还是 65 元？

S：65 元。

J：（微笑）为什么呢？

S：65 元比 56 元多……

（时间：2017 年 12 月 13 日　地点：N 小学二年级教室）

通过访谈，笔者了解了 J 教师的教学历程并亲自走进其真实地教学现场，可以看出 J 教师学科教学知识的四个方面的生成过程是十分清晰的，以下逐一分析说明。

1. 学科内容知识要融会贯通

教师在备课的时候不只是备教材，了解学生知识的掌握程度也是十分重要的。J 教师在教学的实施过程中不断地叮嘱学生要注意搭配的顺序，既不能遗漏也不能重复，从开始的回忆导入让学生独自陈述搭配的定义，之后用数字举例让学生自行搭配和判断，通过具体的实例让学生能够清晰明了地掌握所学内容。访谈时 J 教师说："教师一定要吃透教材上的内容知识，完全掌握课程内容。该复习什么，该学习什么，该拓展哪些内容，教学目标如何更好地完成等，教师都要及时小结，研究好新旧教材教学内容的联系和特点，这就不仅要了解课本上的字面知识还要联系教学实际综合到一起后的全面知识。（2017年 12 月 13 日 N 小学 J 教师办公室）

数学知识实际上是被教师压缩和完善后的生活经验，而生活经验必须通过压缩和细化来保存和传递。低一级的学科内容知识的发展是高一级学科内容知识发展的前提，而高一级学科内容知识的建构依赖于低一级学科内容知识的整合和重组。在数学课上学到的内容知识已经被教师压缩和提炼，它和学生的生活经验之间存在差距，教师需要做的第一件事情就是把数学知识还原，并将其与学生的实际生活环境巧妙地结合起来，用生活化的语言为学生解读数学内容。课堂中 J 教师正是做到了这一点，在学生自己动手操作完成数字搭配的过程中，教师只是在旁边提醒和叮嘱学生一定要注意的地方，最后还用学生常见的人民币给学生举例，让学生更好地理解所学的知识。这也就是学科教学知识中的学科内容知识，教师不仅仅是要做到字面意义的"吃透"教材，更是需要教师多年的教学经验，能够把学科内容中新旧知识融会贯通、重新整合，建构成便于学生理解和接受知识。

2. 教学教法要直观形象

有了多年的教学经验，J 教师能够很好地管理课堂教学各环节，教学也有了灵活性，不是按部就班、生搬硬套，而是根据教学实际，适时做出调整，能够较好地完成教学目标。

J：我们来看课本，大家一起先来读题。

S：两名同学坐成一排合影，有多少种坐法？三名呢？

J：有几个问号？

S：两个。

J：那么是要解决几个问题？

S：两个。

J：再看看，从题目中同学们还获得了什么信息？

S：两名学生。

J：还有呢？坐一排？对，有多少种坐法，思考一下，先根据我们之前学习的内容想一想这是有序搭配还是无序搭配？能分辨出来吗？

S：有序搭配。

J：既然是有序搭配，那就有讲究，我们来坐一坐，试一试？

S：好好好。

J：找两位同学来演示一下，再找一位同学来给他们拍照，其他同学来看。你们依次坐好，好，开始拍照。

S：咔嚓。

J：好，一张拍好了，然后要怎么办呢？

S：让他们换个位置。

J：位置互换，对不对？好，你们俩换一下位置（两学生换位），拍照。还有别的吗？

S：没有了。

J：对，没有了，总不能一前一后，那就看不见了。好，谢谢你们，回座位去吧，这第一个问题就解决了。我们再来看，难的在后面，我们想一想，如果是三位同学拍照呢？同学们尝试在你们的本子上画一画，三位同学该怎么画？

（2017年12月13日N小学二年级教室）

164

从此段教学片段中可以观察到J教师一直让学生多读题，在自主读题的过程中一步一步引导学生发现数学问题，这样一来解题方式和答案都会一目了然。如J教师所说："做题之前，一定要认真读题，我会引导学生养成认真读题的习惯。在数学课上，我首先会让他们认真读题，逐步获取数学信息，小学生课本出现最多的就是这种图文应用题，有时候书本上图片内容还需要教师去教，有的是文字，有的是大写，有的是小写等，有时候题目顺序一打乱，要让学生自己将这个题目看完看懂，然后整理成完整的一道题，这就是要培养学生学会读题的习惯，相关数学信息一定要找准，还要明确题目中需要解决的问题是什么。"（2017年12月13日N小学J教师办公室）

J教师还一直强调学生要学会图解。具体的形象思维是小学生惯用的思维方式，因此对于一些比较抽象的问题，学生感觉理解起来很困难，如果教师纯粹地用文字方式去解释，学生是很难理解的，也不容易培养学生的抽象逻辑思维能力。[①]授之以鱼，不如授之以渔。笔

---

① 范雷. 小学数学"图解法"教学的探究[J]. 学生之友(小学版)(下)，2013(11)：27.

者通过多次的课堂观察了解到，J教师善于引导学生运用"图解"的方法，用直观的方式表示出已知和所求。小学数学课本上有插图，教材设计也遵从小学生的认知规律，学生可以边看图边读题，在遇到没有插图的数学问题时，J教师引导学生用画图的方式来"解"题，这样就把复杂的文字信息变得简单了，学生在画图过程中或许就已经将问题解决了。

小学课堂需要采用较为直观的教学方法。著名心理学家皮亚杰认为小学阶段儿童的思维处于具体运算阶段。这一阶段的儿童从概括水平来看，直观形象水平、形象抽象水平比较突出，本质抽象水平还不太高。[①]直观教学具有生动、形象、直接等很多特点，它符合小学生认知发展规律。在小学数学教学过程中，教师若利用直观教学，不仅能激发小学生数学学科思维，还能培养小学生主动探索精神。[②]小学课堂很重视对学生兴趣的培养，但小学生理解能力有限，因此教具显得非常重要。J教师在教学时常用三角板画图来给学生展示，另外，卡片、纸条这些教具都需要教师提前准备好，现有的自制的教具都是小学生最爱看的最直观的东西，学生容易记住，也能从中获得规律性的东西。

运用直观教学的同时，教师还应培养学生自主学习的方法。课堂上J教师让三个同学表演照相这个环节，两位同学一起照相时，学生很快算出有两种坐法，教师追问有三名同学要照相，可每次只能照进去两个人该怎么办？有学生说两种，有学生说三种，J教师明白，这时的学生或许在理解方面出现了问题，这样的拓展可能会有难度，因此，J教师一边引导学生画图来解，防止学生不要出现遗漏，一边不断地提醒学生要有规律地、层层递进地探索和解决问题。教学过程中，J教师没有直接告诉学生必须要按顺序依次排序，而是在学生自主思考和练习时叮嘱他们，学生解出答案的同时自然明白顺序的重要性。

---

① 李幽然，李燕. 小学数学教学与学生生活相联系之思考[J]. 新课程研究（上旬刊），2011(9): 75～77.
② 邵前亮. 直观教学，为小学数学课堂添彩[J]. 小学生（教学实践），2014(12): 34.

这是学科教学知识里面的一般教学法知识，教师不能一味地生搬硬套，要贴合学生学习的实际，对于不同的学生，教师的教学方法自然也是不一样的。

3. 学情才是教学的起点

在教师教学过程中，学情是教学的逻辑起点，备课时需要备学情。在上课前，教师必须对学生进行全面的分析。通过访谈发现，J 教师对学情的分析主要有以下几个途径。

1）从学生兴趣出发

《国家中长期教育改革和发展规划纲要（2010—2020 年）》中所提出的六大改革任务之一就是"要重视培养学生的兴趣，没有兴趣就没有学习""逐渐培养他们对学习的兴趣，形成自己的专门志向"。[①]可见，《国家中长期教育改革和发展规划纲要（2010—2020 年）》已经把对孩子的兴趣培养提升到了一个前所未有的高度，其中小学数学就是一门与培养学生兴趣紧密相关的学科。小学生是最单纯的，喜怒哀乐都会表现在脸上，不会隐藏，教师在日常的教学过程中，会捕捉到很多学生的兴趣爱好，比如发现很多学生喜欢画画，J 教师会跟学生说："如果你们今天上课表现好，下课我会教你们画小动物。"学生很兴奋；还有些学生喜欢看童话故事，J 教师有时还会用讲故事的形式导入教学，在课堂上有些可以用活动的形式表现出来，学生们是非常喜欢的。把一堂生硬的数学课变成有趣的小课堂，教学效果肯定是很好的。

2）从学生作业着手

多元智能理论认为：每个学生都有自己的优势智能，在学校里没有所谓的"差生"，有的只是"差异"。[②]因此，学生对知识的掌握程度和成绩都存在差异性。J 教师在给学生布置作业的时候比较有弹

[①] 施楠. 激发兴趣对小学生数学探究能力影响的研究[D]. 天津：天津师范大学，2014.

[②] 林宪生. 多元智能理论在教学中的运用[M]. 北京：开明出版社，2003.

性，同样的作业题目如果有学生不会做，可以少做一题，并不要求必须全部写完，从学生的作业反馈中，教师可以一目了然地了解哪些知识易于学生理解和掌握，哪些知识难以让学生理解，之后教师可以对这些学生难以掌握的知识反复进行讲解直到学生真正掌握这些知识，之后的教学中，对此方面的知识教师会当作重点对学生进行讲解。J教师说："若今晚我布置5道题，有个别的同学不会做，我也不会逼他们去做，题目对他们来说有难度的可以少做一道题，都是让他们根据自己情况来完成，但也不能做太少，作业的任务不能完成，那也是对自己不负责，但是在第二天或者课余的时候我就会重新讲一次，然后让这些同学补回来。"（2017年10月31日J教师办公室）

如J教师所说，这的确是一个不错的方法。教师不仅完成了教学任务，同时还真正地掌握了关于学生理解的知识，更有效地提高了教学质量。

3）从学生状态分析

教学中要求教师要以学生为本，以学生的终身发展为本，教师重在引导。J教师提倡让学生们"说数学"，他认为学生首先要敢于张口，面对数学问题能够说出心中的想法与解决问题的思路，说错了也没关系，课堂上尽可能给每个学生机会，每个人的想法不同，得到的答案有时自然也会不一样，学生的解题思路也是不一样的，一个同学能说对一道题，另一个同学也能说对一道题，三四个同学可能就把问题解决了。在学生说的过程中，教师会发现学生对知识的把握情况，很多同学在面对题目的时候可能无从下手，该从哪里算起，慌慌张张或许就算错了，教师要引导学生进行实际操作和验证，给学生机会说出解题思路，说的同时就会更加清晰其中的数学问题，从而有正确的解题思路和方法，算题也会更快一些。尤其高年级的同学，J教师认为"说数学"是非常有必要的，如果学生能准确地说下来他基本就能解出这一道题来。

"这是我多年来的一种教学习惯。像刚刚在课堂上，我尽量给每个学生机会，大部分的学生都能踊跃发言，说出内心的想法，我也能根据学生的状态发现学生的问题。学生之间也是相互学习、共同进步的。

这同时也能够让我更进一步地了解他们的学习进度，由此可以更好地进行下一步的教学。（2017年12月13日N小学J教师办公室）

4. 教学情境需"二次创造"

在小学数学教学中，许多教师并没有注意结合小学生的特点，他们经常使用规范化的方法进行教学，课堂的灵活性不高，学生不易真正掌握数学知识。[①]在当下小学数学的教学中，教学情境已经是一种特别常见的教学手段。在小学课堂上，教师能够结合学生的实际情况和自身特点，能够在课堂中创设合适的教学情境激发学生的学习兴趣。J教师认为：任何一堂课都是有"再创造"的可能性的，条件和环境是靠大家创建的，反过来我们却同样也是被深深影响的。

1）情境创设

亚里士多德曾经说过：思维是从惊讶和问题中开始的。有教学经验的教师总是会先激发学生自主提出问题，然后才逐步引导学生从各种不同的角度加以分析和思考，探求问题的解答方法，这是一种置问题于情境下的教学活动。小学生天性爱玩，因此教师可以抓住小学生爱玩的天性，创设小学生喜欢的游戏活动教学情境，激发小学生学习兴趣。如当学生学习了长方形的周长和面积之后，为了使学生进一步明确两者之间的区别，J教师曾经带全班学生去室外做数学实验，邀请18位学生依次站成长为7（个）宽为2（个）的长方形，然后让其他学生记录，再让这18位学生站成长为6（个）宽为3（个）的长方形，依旧让其他学生记录，J教师会反问学生：刚才同样的18位同学分别站成不同的两个长方形，这两个长方形面积相等吗？在学生争议的基础上，他引导学生实际计算这两个周长相等、形状不同的长方形的面积，然后得出结论：周长相等的两个长方形，面积不一定相等。整堂课学生乐于参与其中并积极配合教师教学，氛围轻松，学生也领悟得极快。在教学中，J教师有时还会有意设置辨误情境，让学生分

---

① 朱国锋. 在生活中寻找数学——小学数学生活化教学策略实践[J]. 数学教学通讯，2013(22): 42~43.

辨、分析，从而暴露其思维差错，可达到"吃一堑，长一智"的教学效果。

2）言传身教

我们常言，父母是孩子最好的教师。在学校这个氛围中，教师便是学生最权威的学习榜样，教师的一言一行都深深地影响着身边的学生。因此，教师一定要做到以身作则、为人师表，真正做到言传身教，给学生创建一个课堂之外的学习环境，要真正以榜样的姿态出现在学生面前。教师如果自身言而无信，空口说白话，不深入了解学生实际情况，最终既影响自己也耽误学生。J教师平时一直很注意培养学生的卫生习惯，发现教室里有垃圾时，他会随手捡起来，学生看到了也会学着他的样子捡起自己身边的垃圾；还有些小学生作业本的边角总是卷着，J教师在讲台上批作业的时候会用手或者胳膊把它们抹平，这些都被学生看在眼里，也会学着老师的样子去做，于是慢慢养成了好的习惯。访谈中J教师这样说："这些细小的东西其实就是通过教师不经意的行为或举动无意间地传递给学生的，同时，在与他们日常的相处中，学生们也教会了我许多，比如要乐观地面对生活、保持初心等。教师这个职业其实也不容易，我很热爱这个职业，在我的家乡能教出一代又一代优秀的学生我也很满足。"（2017年10月31日N小学J教师办公室）

师生互动是一种有效的教学行为。[①]而师生的互动不仅是体现在教师教学过程中与学生的互动，还表现在教师举手投足间，学生的观察与模仿，这也是一种间接的师生互动行为。学生受到教师影响养成某种习惯，同时教师亦会通过学生获得某些学习的心得。教学相长，教师"教"与学生"学"之间相互促进。教师教得越多，学得越多，就越会认识到师生之间和"教""学"之间有多么复杂的关系。当J教师认知结构不断系统化、条理化时，教师由之前关于学科内容知识、一般教学法知识、学生的知识以及教学情境的单一化的关注逐步转移

---

① 张紫屏. 师生互动教学的困境与出路[J]. 教育发展研究，2015(6): 44～52.

到对整个教学知识的关注。由此可见，J 教师学科教学知识的生成是一个由具体到抽象、由单一到综合的螺旋上升的动态过程。

第三节　影响农村小学数学教师学科教学知识发展的因素

教师学科教学知识的生成是一个动态的、不断变化的过程。通过访谈发现，J 教师的专业成长主要分为三个阶段。第一个阶段是教师在学生时代有关学习的经历——"职前培养"，教师就读师范院校时学习到的有关教育类课程的知识；第二个阶段是初任教师时有关教学的经历——"入职教育"，从一开始只关注教师本身和所教授的小学数学学科内容知识以及一般教学法，以为教师只要"吃透"教材就可以教好学生，到后期发现学生才是教学的主体，因材施教才是教学的关键；第三个阶段是教师在任教 10 年以后不断提高和突破教学的经历——"实践成长"阶段，结合自身多年教学实践的经验，随着自身对学科教学认识的深入，可以依据自己的理解创造不同的教学方法，帮助学生在不同的教学情境下建构最有效的理解，这个阶段的教师逐渐生成了自己的学科教学知识。笔者将从下面几个方面对 J 教师学科教学知识的生成进行分析。

一、教师的自觉行动

1. 从"模仿"到"个性"——教学必经之路

很多师范院校小学教育专业的毕业生进入工作岗位的初期，其小学学科内容知识严重缺乏，尤其很多农村地区教师受到环境和文化差异的影响，很多教育理念无法真正落实。J 教师参加工作后，才感觉到之前在学校学习到的知识并不是都能用上。读书期间学校大多重视理论知识的传授，教育实践机会不多。当教师真正走上讲台面对学生的时候，怎么能让学生听懂这堂课、怎样能调动起学生的积极性等便成了教师面对课堂最棘手的问题。教师才发现对学生的了解还远远不够，在课堂上教师问学生最多的问题是：我讲的这个内容你们听懂了吗？学生没有回答也没有任何的表情，似懂非懂地点头，教师就会以为或许学生听懂了，只是学生不敢表达，但是在后来测试考试的时候，教师才会发现，其实很多的知识学生根本没有掌握，教师才会意识到是不是自己的讲课方式出了问题，学生根本没有融入教学。J 教师那时候以为："是不是我的课堂内容对学生来说没有意思，不能够调动起他们的兴趣？是不是我说得太快了太多了，学生理解不了想不通？是不是我举的例子太抽象了？"

小学生活泼好动，课堂上学生的注意力也很容易分散。有时教师教学才进入教学的重点部分，学生便开始懈怠，东张西望，与同桌窃窃私语等，教师不知道如何在不影响正常教学秩序的同时，让学生重新集中注意力听课。遇到类似的小问题太多了，J 教师曾经会寻求老教师帮助，想要他们传授经验，有时甚至会突然跳跃到自己的学生时代，模仿自己曾经的教师，在课堂上关注学生表情发生的变化，适当点名注意力不集中的学生跟教师互动；讲课时候的声调不能一直四平八稳，要有起伏，偶尔的大小声转变也会让学生觉得好奇；突如其来的数学小实验等，效果显著。J 教师有时也会经常观摩其他教师的课堂，时间久了慢慢发现，这些看似不经意的举动真的在课堂上起到了很大的作用。通过多年的教学尝试，J 教师不断丰富数学课堂教学的多样性，根据不同的内容创造不同的教学方法和教学情境；注重学生的意识，能准确掌握学生在学习中的困难；对学科内容知识的掌握也日趋准确化，越来越符合课标要求和学生的实际，教学质量也不断提高，J 教师的学科教学知识也得到迅速的发展和完善，同时这也促成了J 教师一套独有的"个性化"的教学体系。

2. 不断学习才是良好教学的源头

随着信息化时代的到来，知识的更新速度逐渐加快，若不想被社会和教师这个行业所淘汰，教师要不断地更新自己的专业知识，优化自身的知识结构。师范院校开设的学科虽然多，但学科的具体内容知识，如数学思想、数学史等课程并不全面也不在教学范围内。因此，从师范院校毕业刚步入工作岗位的数学教师教学初期根本无法真正完全掌握数学知识，如 J 教师在教学中发现自己并不了解祖冲之这样的数学家，自身存在不足后，开始利用课余时间及时给自己"充电"，并借鉴其他数学教师成功的教学方法，与书为友，积极阅读教育学、儿童心理学、数学教学等相关的书籍，并将所学知识能够真正运用到实际教学中，弥补自己的学科专业知识的不足，提高自身教师专业的素养和技能。在 J 教师看来，不断给自己"充电"是迅速提高教学水平的重要途径。

二、反思"重识"自己

1. 大胆尝试教学

教师通过总结自身教学经验，能够更快更好地提高教学水平，从而在之后的教学中汲取成功的经验。J 教师说："有一次学校测评，很多教师来听我的课，那是我从事教师职业的第二年，当我讲小学五年级小数的乘法第二课时，我让学生们做简单的乘法练习并举手回答，当时很多同学都做完了但是没有人敢举手，我很尴尬，班上只有一位学生举手，但是那个学生平时上课纪律很差，总是睡觉，要么就是影响其他同学听课，作业也总是做得一塌糊涂，我十分犹豫到底该不该叫他，但是时间过了好久还是没有人举手，我最终决定叫他，他站起来一口气回答了四个乘法的答案，声音特别响亮而且全部答对了。我有点吃惊，也有点激动。后来我格外关注那个学生，其实他很聪明，学知识特别快，只是有点好动，很多老师认为他是后进生，于是他自己也开始自暴自弃了。我很感谢当时我做的那个决定，我逐渐认识到即使在同一个环境下学习和教学，每个学生的学习方法和理解程度也是不一样的。"（2017 年 10 月 31 日 N 小学 J 教师办公室）

实践证明：由于首次经验的成功，学生不可避免地要求学习活动被延续或重复，而失败的经验则可能结束。①J教师在课堂上一个小小举动，对他来说却是一次大胆地尝试，同样，也是促使他进步的一个大的跨越。一次成功的实践经验一定对教师以后的教学生活有着重要的指导意义。J教师认为，在教学上，一定要敢于尝试，只有不断地突破，才会有成功的可能。

2．勤于反思总结

美国教育家波斯纳指出："没有反思的经验是狭隘的经验，最多只能成为肤浅的知识。如果教师只对获得经验感到满意而没有对经验进行深入的思考，他的教学水平的发展将受到极大的限制，甚至可能会下降。"②访谈中J教师说："刚开始教书的时候，每天上完课我都会特别累，感觉时间也特别紧，但是晚上不论多晚我都会抽出一点时间，随手写一些东西，如当天课堂上发生的事、学生的表现、当天教学中完成了和没有完成的教学任务。时间久了我发现，我每日记录的东西并不是'流水账'，我从中总结并发现了很多问题，比如某天上课用的某种教学方法对学生来说非常实用，哪些课时中的知识和问题是学生能够轻易领悟到的，哪些知识是书本上没有但是我一定要格外强调的等。"（2017年10月31日N小学J教师办公室）

J教师认为，很多事情光靠"听"和"回想"是没有用的，要多动笔，勤于总结，才能够有效提高教学效率。

3．学生是"镜子"

陶行知先生曾说："教什么和怎么教，绝不是凭空可以规定的，他们都包含'人'的问题，人不同，则教的东西、教的方法、教的分量、教的次序都跟着不同了。"③教师的教学也取决于学生的学习，教师的教学活动应该以学生的学习活动为基础，作为教学的起点和终

---

① 赵学华. 首次经验的成功在教学上的意义与作用[J]. 宁夏教育，1984(8): 24～25.

② POISNER, G. J. Field Experience: Methods of Reflective Teaching[M]. New York: Longman, 1959: 22.

③ 董宝良. 陶行知教育论著选[M]. 北京：人民教育出版社，1991: 33.

点，教师要从学生的视角出发反思自己的教学实践活动。J 教师任教三十九年来，在教学生活和工作上也是得到了校长、同事、学生及家长的一致好评，他所在的虽是一所很小的小学，人数不多，但是每年学生期末考试成绩名列乡镇前茅，他从没有骄傲过。

"我们学校学生人数不多，我有责任让每个学生尽可能多地掌握到我所教授的知识。但是，每一届的学生都不一样，他们的个性不同，学习兴趣和爱好也不同，我从不觉得小学生面对学习的过程都是大同小异的，每一次我都会整装好自己，做好准备，然后重新认真地去了解和认识他们每一个人，虽然过程有时候是重复的，但是我觉得不仅仅每一天是新的，每个学生每个阶段的变化也是新的，我很乐意这样做，因为这也是我学习的一个过程，我通过了解小学生的心理变化可以不断地更新自己的教学方式，更好地更有效地完成教学任务和教好每一个学生。（2017 年 10 月 31 日 N 小学 J 教师办公室）

J 教师的这一番话令笔者十分感动，生活总是重复的，可是，在 J 教师的眼里，学生仿佛就是一面"镜子"，每天都在用心关注着每一个学生的成长和变化，通过学生的表现来反思自己的教学活动，同时也不停地调整和重组着自己的教学工作，使得自己的教学得到更大进步。

三、教研实践要落实

1. 教研活动要从实际出发

学校的教研文化是为了满足学校和教师的发展目标和要求，由学校发起和组织，主要是在学校内开展的一种教师在职培训模式，教师不用脱离自己的工作岗位，就在真实的教育教学情境中接受全面的教育教学培训，这比较符合农村小学教师地域分布广、交通不便、经费短缺、工学矛盾较大等一些实际的情况，因此学校教研成为一种与校外培训优势互补的培训模式，更有利于教师专业的成长。

J 教师在刚入职的时候，学校经常会组织教师观摩活动，每周都会有优秀教师的课堂展示，对于新入职的教师来说这样的机会是非常难得的，只是农村地区的小学学校规模小、教师数量少、信息比较落后，教师接触新的教学观念、学习的机会不多，整体教育教学质量落后于城镇。虽然学校一再宣传教研的重要性，但并没有落到实处，达到真正效果，也关乎着教师学科教学知识的生成和发展。

2. 多元教研要落实

近两年，一种新型的教学模式在学校全面展开，即教师每周进行一次"集体备课"。全校教师都充满热情和积极性，每周四的教研和集体备课时间，大家都踊跃发言提供多种多样的教学方法，这对于教师在固定教室模式化地教学是极有帮助的，同样的知识教师们可以相互借鉴和学习尝试不同的教学方法，更好地提高教师教学水平。同时，这种备课方式还可以让身心俱疲的教师从繁重的教学任务中得到解放，可以将更多的精力投入教学工作和学生的身心健康中，有利于学生的个性化发展。学校提供集体备课这样的交流平台，教师可以利用丰富的网络资源，充分发挥自己的学科教学特长，学习和借鉴来自不同学校、不同学科教师的智慧，分享彼此宝贵的教学经验，提高教学质量。

第四节　促进农村小学数学教师学科教学知识发展的策略

J 教师的学科教学知识的发展是建立在不断丰富的教学经验、不断更新自己的知识和教学反思实践活动的基础之上的，受到宏观和微观两个层面的因素影响，逐步建构出鲜明的教学风格。虽然本章是针对 J 教师学科教学知识的个案研究，但在农村小学，J 教师的学科教学知识发展具有较强的代表性。为扩大研究范围，笔者希望能够通过对 J 教师个案的深入研究，为农村小学数学教师学科教学知识的发展提供一些可以借鉴的策略。

一、教师自我完善学科教学知识的有效生成

1. 掌握好数学学科内容知识是生成学科教学知识的基础

教师对数学知识的深刻理解是其进行数学教学的重要基础。有许多农村小学数学教师缺乏一定的理论知识，因此对小学数学课程标准的理解有时甚至还会停留在最基础的水平上。目前，我国很多小学数学教师的学科教学知识一体化水平有待提高，特别是新手教师，由于数学教学定位不准确，难以有效地建构和整合学科教学知识中的各类知识成分，也会影响教师的教学设计和实施过程，因此，提高教师学科教学知识整合的水平是非常有必要的。要充分发展教师的学科教学知识，必须要求教师在学科教学知识中融合各种知识的相关要素。

小学数学教师形成良好的小学数学知识内容的认知建构，这有利于教师准确地达到教学目标和教学效果。如果教师已经完全掌握了整个小学数学知识的结构内容就可以对"分数的初步认识"这一个课时进行有效的教学，同时教师还知道这个课时的内容虽然看起来很简单，但是对学生来说，这是对数的进一步理解和认识，对非整数的认识是学生思维的一次大的跨越，这对之后确立分数的意义起着重要作用。因此，教师在本课的教学设计中要从学生已经掌握了的知识经验着手，教师在教学活动中不仅要让学生能够准确地理解分数的概念，还要激发学生进一步学习的欲望，能够及时掌握本节课的知识内容，这也起到了学生对之后分数含义学习的重要作用。

2. 选择合理教学法是提高教师学科教学知识的有效途径

夸美纽斯曾经说过，需要寻求一种教学方法，让教师可以少教，

但是学生可以多学；让学校可以少些喧嚣、厌恶和无益的劳苦，独具闲暇、快乐和坚实的进步。教师要基于对学生的了解从而选择适当的教学方法和策略，并"在教学过程中要及时获取学生的反馈信息、教师要时刻进行反思并实施干扰，重新建构过去教学所采用的行为，对得到的意义重新进行考察，迅速判断现在的情景，形成对未来的决定"。[①]

小学数学教师在课堂教学中与学生互动时，应及时灵活掌握关键信息，形成新的教学方法。他们不能依靠机械的教学设计。这方面教师的提高主要来自教师自身的教学经验和教学反思。比如，教师在进行"小数加法和减法"的教学过程中，当学生计算 4.75+3.4 的时候，有些学生的计算方法甚至出现小数点和末尾同时对齐的情况，虽然在教师的教学设计中，并没有预计这种情况的发生，但是在实际的教学过程中，教师应该利用好这一新的生成知识，要求学生一起来讨论这种计算方法是否正确，引导学生共同探讨这种计算方法背后的支撑点是什么，帮助学生完成知识的正向迁移，而不是机械地依照原有的设计来完成这堂课的教学。这样的教学方法有利于学生在原有知识的基础上构建新的知识，在了解了学生的知识的基础上，教师的教学方法也得到进一步的完善，亦是提高教师学科教学知识的有效途径。

3. 了解学生的知识是促进教师学科教学知识的重要条件

了解关于学生的知识是学科教学知识中最重要因素之一，这对不论是数学教师还是其他学科教师的学科教学知识都是应该必备的。因此，小学数学教师要对小学生心理特征、兴趣爱好、日常学习习惯以及学生的数学学习思维等多方面有足够的了解。教师要及时分析学生的思想状况，就需要深入地了解班级整体情况和学生个体的情况，教师要了解学生的学习动机、学生的学习兴趣，尤其是要了解学困生的

177

---

① 罗昂. 教师专业发展学校与小学教师学科教学知识的构建[J]. 当代教育论坛: 学科教育研究, 2007(8).

学习态度、家庭状况等。而数学教师在了解了学生的各方面的情况后，需要进一步了解学生的数学学习情况，了解学生已有的知识经验和学生目前的能力水平、了解和分析不同学生的学习风格以及可能出现的学习困难等。教学教师也要抓住学生的思维特征，以及各个学段学生的一般心理特征、思维水平、心理发展中的个别差异等。

学生的学习能力不一样，他们的学习表现是极为复杂多变的。因此，教师在进行教学之前，必须充分了解学生，这是教师教学成功的关键因素和重要条件之一。教师在进行"负数"这一课的教学时，首先教师知道学生已经掌握了整数和自然数的概念，在这个基础上，结合学生可能会在哪些知识点上理解起来比较困难进行充分思考，然后依据学生已有的全方面的表现和对知识的掌握程度，顺利引导学生拓展"数"的概念，完成新概念的吸收，达到教师预期的教学效果，完成教学任务。

4. 合适的教学情境是影响教师学科教学知识的重要因素

小学数学这门课程最大的学科特点就是其理论性非常强，对于所有这种理论性及逻辑性极强的知识，学生学习起来都是非常枯燥的。小学生在学习数学这门学科的时候难免会有各种困惑和问题，导致对这门学科没有兴趣，对学习没有积极性，在这种情况下，教师一定要发挥作用，要学会二次创造课堂，根据学科不同的教学内容，在了解学生的基础上，创造适合的教学情境和学生学习环境，激发学生的兴趣，引导学生积极学习，要充分地发挥教学情境的作用，在不同的教学情境中有着不同的教学行为表现。

学科教学知识主要包括学科内容知识、一般教学法知识、学生的知识和教学情境知识,这四种知识的成分相互作用最终达到有机融合，教师的学科教学知识就是在这四种知识的整合过程中建构的，因此合适的教学情境亦是影响学科教学知识的一个重要因素。

二、更新教育模式，优化教研文化

1. 更新教育模式，充实教师的学科教学知识

职前教育就是指教师入职前所受到的师范教育和培养，以及教师的职业信念、专业知识和专业教学技能。[1]在职前教育培养阶段，教师学科教学知识的生成或多或少会受到影响。一般对教师培养的目标具体表现在师范院校的教师教育课程中，而这些教育课程直接关系到教师培养的质量，师范院校的毕业生能否真正胜任实际教育教学的工作，从某种程度上来说就是由高等师范院校的课程所决定的。[2]就目前师范院校的课程设置来看，学科的具体知识课程存在一定的缺位，尤其很多农村地区的数学教师并未真正领悟数学教学观念、数学史、数学思想；教学实践的机会少，理论与实践无法真正融合，对学习的教育理论知识更是雾里看花，如J教师所说，走向工作岗位之初的他有时甚至感到无法真正胜任教学工作，尤其农村小学教师更是缺乏教师的专业性，所学到的东西并不能真正适用于农村小学数学的教学。因此，在教师职前培养阶段，院校应完善数学专业知识课程的设置，同时结合农村小学的教育现状和教师教育特点，能够让职初的数学教师对学科内容的知识也理解得更加透彻，能准确掌握知识的重难点，教学的设计和方法也会更加合理，更能够有效地促进教师的专业成长和学科教学知识的生成与发展。

2. 建设观念文化，完善教研制度

教学研究文化是学校文化中的一种特殊文化，对教师专业成长起着至关重要的作用。只有在良好的教学科研文化中，才能切实提高教师的教学实践能力。通过宣传教育，农村教师可以肯定学校教研的价值，认识到学校的教研对提高教师教育教学能力具有重要意义，让教

① 胡森. 国际教育百科全书[M]. 贵阳：贵州教育出版社，1990(9)：15～19.
② 聂志成. 教师教育与教师教育课程研究[M]. 成都：西南交通大学出版社，2007：186.

师可以明白，教研并不是教育专家独享的"特权"，而是每个教师的义务，让教师知道教学和教研是相辅相成的。在学校开展一定的研究活动不仅可以提高教师教学效果，还会促进教师教学的有效性。

制度文化是一种"外在的文化"①，可以有效地约束教师的教学行为。教师将这种"文化"主动吸收为自身"内在的文化"的时候，制度文化才可能在教师教学发展中发挥积极的作用。访谈中 J 教师十分认可农村小学的学校教研活动，学校注重以人为本，给教师开放的发展空间，教师可以充分享受教学管理的权利，教研中为每位教师建立良好的沟通平台，促进教师与教师之间思想的交流与知识的分享。农村小学应在每学期开始时为每门学科制订详细的教研任务和计划。为促使学校教师能够积极参与教研活动，每周至少选择半天的时间作为教学研究活动日，还要确保这半天的教研时间每位教师都没有课，这样才能保证各学科教研活动的有序开展。学校还可以创建常见的学术沙龙活动，让教师轮流主持和组织，如主题式培训、数学案例式活动教研，针对刚从学校毕业的教师，可以"师徒结帮"以老带新，以新促老，取消以往死板的说教培训。教师一起观察、一起实践、一起反思，能够更好地促进农村小学数学教师学科教学知识的发展。

第五节　结　语

一、研究小结

本章通过对农村小学数学教师——J 教师学科教学知识的研究发现，J 教师学科教学知识的发展主要有三个阶段。第一个阶段，J 教师在学生时代受到教师的影响形成了坚定的成为数学教师的教学信念，从学生转变为一位教师，初次站上讲台面临实际教学中的困难，盲目

① 鲁洁. 教育社会学[M]. 北京：人民教育出版社，2000：74.

地关注自己和学科内容知识，并未真正理解和践行教学以学生为本的教学理念，教学方法较为单一；第二阶段，教师发现教学中的问题，通过一段时间的教学实践，教师的学科内容知识的建构逐渐能贴切学生实际，教学方法也逐渐丰富多样，并且教师已经不能满足于当下的教学现状，而将教学转移到学生的身上，能够真正发现学生在学习过程中出现的困难和问题，依据不同的教学内容创设不同的且学生更易接受的教学情境，以助于学生更好地学习知识，强化教师教学效果；第三个阶段，教师经过 10 年以上的教学实践，相比上一个阶段，这个阶段是 J 教师逐渐完善"个性"教学的一个重要部分，J 教师的数学学科教学知识趋于系统化。

二、研究反思

学科教学知识要求教师具有非常丰富的知识基础，它的构成要素至今在国际上仍没有统一的认识和分类，在一定程度上给很多研究者带来了困难。结合前人研究的基础，根据此研究的针对性，笔者选择了研究者科克伦提出的学科教学知识四类构成要素作为研究依据，即学科内容知识、一般教学法知识、学生的知识和教学情境知识展开研究，但是这四类知识并不足以完全代表学科教学知识的现状。

本研究以农村小学数学教师 J 教师的学科教学知识展开，研究得出的结论只适合与 J 教师教学经历类似的其他教师。此外，由于时间和人力等因素的制约，本研究只选择了一位教师作为研究对象。加之笔者自身理论功底不够深厚，最后呈现出来的结果难免有一些不足之处。

第5章　农村小学音乐教师教学生活研究

本章摘要：

　　教师专业发展是提高教育质量的关键，是教育改革的重要因素，更是促进学生发展的根本保障，而教学生活作为教师专业发展的现实基础决定着教师的专业发展水平，教师的专业发展水平同时也影响着教师教学生活的质量。现在大部分对农村教师教学生活的研究还停留在比较外显的层次，都是研究者对教师做的一些客位研究，而教师才是教学生活的主体，需要深入到农村教师内心深处去了解他们的真实感受。

　　本章研究以一名农村小学音乐教师为研究对象，运用叙事研究的方法，通过大量的一手资料，讲述农村小学音乐教师的教学生活故事，分别从教学生活时间、教学生活空间和教学生活关系三个维度对农村小学音乐教师的教学生活进行全景式的透视和扫描，展示农村小学音乐教师真实的教学生活。通过对 W 教师教学生活的研究，发现影响农村小学音乐教师教学生活的因素，并提出了关于农村小学音乐教师如何过上幸福而完整的教学生活的具有针对性的建议。

第一节　绪　论

一、问题的提出

"关注生命"已经成为教育思想界一种强有力的声音，越来越多的学者开始关注教师自身的生命发展。对教师而言，教学是教师生命自主生成、自我完善的过程，是一种"为我的"自主自觉的生命活动。从宏观来看，教育对人的发展和社会的发展具有促进作用。20世纪90年代，一些学者借用了哲学中的"生活世界"理念，提出了"教育回归生活世界"的命题。为了人类的幸福，教育必须关注人的现实生活。因此，不论是"关注生命"还是"走向生活"，教育都应该关注教师真实的生活。

近年来，教师专业发展已然成为教师教育研究的主流，并极大地推动了世界许多国家教师教育理论的发展。我国在教师专业发展研究方面有很多成果，但对教师真正的教学生活实践的研究还不够，只注重对教师单纯知识技能的培训。对教师专业技能的培训虽然可以让教师掌握一定的教学知识，培养教学能力，但却无法触及教师内在的精神世界。教师的专业发展与教师的生存生活状况息息相关，如果不研究教师真实的教学生活，教师专业发展不仅丧失了现实基础，也丧失了自身的内在逻辑，最终将会流于形式。所以要促进教师专业发展，研究教师的教学生活就成为必经之路。

在查阅大量的参考文献以及阅读与这一研究内容相关书籍后，笔者走访了 T 市 Q 县 L 镇教育园区，在访谈的过程中，笔者接触了大量的农村教师，在和他们的聊天中，笔者对他们产生了一种敬仰之情，他们没有优越的生活条件和工资待遇，却依靠自己执着的信念一直坚守在农村基础教育的一线。因此，要研究农村小学音乐教师的教学生活状态，就要走进他们真实的教学生活，去了解农村小学音乐教师到底是怎么教学的。作为一名音乐走教教师，他的教学生活与普通教师有什么样的区别？走教对当地的乡村文化产生了什么样的影响？要了解这些，需要我们去关注农村教师真实的教学生活。因此，基于以上的一些认识，本章的选题旨在了解农村小学音乐教师教学生活现状，进而分析出影响农村小学音乐教师教学生活的因素，并提出让农村小学音乐教师过上幸福而完整的教学生活的建议，从而促进农村小学音乐教师的专业成长。

二、研究意义

1. 理论意义

以往对农村小学教师教学生活状态的研究都没有深入教师真实的教学生活中去，都是研究者对教师做的一些客位研究。本章以农村小学教师的教学生活为研究主题，运用叙事研究的方法，选取了一位农村小学音乐走教教师为研究对象，对他的教学生活进行叙事研究，希望通过此研究在理论上丰富和细化我国对教师教学生活研究的理论。

2. 实践意义

通过对农村小学教师教学生活的研究，首先，可以让被研究者在叙述的同时回顾自己的专业成长历程，并反思自己的教学生活，从而过上一种幸福而完整的教学生活。其次，对其他教师而言，通过对被研究教师的教学生活故事的了解，可以更清楚地认识自己的教学生活。最后，是对于笔者自身来说，笔者通过多次深入到农村小学教师真实的教学生活中去体验他们的生活，使其对教师如何过上一种幸福而完整的教学生活有了自己的理解。

三、理论基础

1. 马斯洛的"需要层次理论"

马斯洛的需要层次理论将人的需要划分为七个层次，即生理需要，这是直接与生存相关的需要，包括人们食物、水、排泄的需要。安全需要，人要求安全和保护等。归属与爱的需要，归属的需要就是要依附于某个团体等的需要，爱的需要包括接受爱和给予爱，实质上也是一种归属需要。尊重的需要，一个人如果得不到他人对自己的尊重，就会产生无助、沮丧的情绪。认知需要，马斯洛认为人有求知与理解的欲望。审美需要，包括人们对对称、秩序等的需要。自我实现的需要是一种创造的需要，是个人特有潜能的极度发挥。马斯洛将前四种需要定义为缺失需要，是我们生存所必需的，后面三种需要是成长需要，对于我们适应社会来说有着非常重要的积极意义。

马斯洛的需要层次理论与探讨农村小学音乐教师的教学生活是密切相关的，在教学生活中只有满足了低级需要，才会出现更高一级的需要，最后才有可能激发教师自我实现的需要。因此，合理地运用马斯洛需求层次理论，对教师过上幸福而完整的教学生活有重要作用。

2. 赫茨伯格的"双因素论"

双因素理论又称为"激励—保健理论"，是美国行为科学家赫茨伯格提出的，他将影响个体工作积极性的因素分为两大类，即保健因素和激励因素。

保健因素，指那些造成个体不满的因素，它们的改善能够解除个体的不满，但不能使个体感到满意并激发起个体的积极性。这种因素主要是通过企业的行政管理、各种人事关系以及工资发放等来解决。

激励因素，指那些使个体感到满意的因素，只有它们的改善才能让个体感到满意，给予个体较强的激励，调动个体积极性，提高其工作效率。这类激励因素主要有工作本身的乐趣、工作上的成就感等。

双因素理论对于探讨农村小学音乐教师的教学生活有重要指引作用。如若教师在教学生活中产生不满意情绪，保健因素只能是消除教师产生的不满意，而不能激发其工作的积极性，只有激励因素才会对其发挥作用，因此，在探讨农村小学音乐教师教学生活这一问题时，要着重探讨激励因素对其产生的影响，从而激发教师的工作热情，使教师过上一种幸福而完整的教学生活。[①]

四、国内外研究现状

1. 相关概念的界定

1）教学生活

教学生活是指教学主体在特定的时空环境中，以学生的发展与自身的发展为指向，为了生命的发展和完善，以及提升生命质量、实现生命价值与意义，借助一定的中介所进行的各种生命活动。马克斯·范梅南对生活经验进行现象学反思时，确定了人类生活经验反思的四个存在主题，包括生存的空间、生存的实体、生存的时间及生存的人际关系，其中生存的实体始终贯穿于另外三个主题之中。根据马克斯·范梅南的相关研究，本研究从教学生活时间、教学生活空间、教学生活关系三部分来研究教师的教学生活。[②]

2）走　教

走教是一种教师跨校上课的教学方式，即一名优秀的专职教师跨多所学校任教同一门课。走教是一种社会认可的非正式制度，最初是由一系列农村教育发展不均衡的教育问题、教育现象衍生出来的一种教育对策，后来这种举措被运用到我国农村教育的实际中，从而引导了农村办学的新模式。本研究中的走教模式是教育园区将全镇的小学教师进行统一管理，哪个教学点缺少哪门课的教师，就让优秀教师到该学校任教、帮教，为的是解决农村区域教师的均衡发展。

[①] 李兵. 哈尔滨市中小学女教师成就动机水平及激励研究[D]. 哈尔滨：哈尔滨师范大学，2011.

[②] 王翠. 农村小学教师教学生活状态的个案研究[D]. 济南：山东师范大学，2012.

3）农村小学

农村主要是一个地域概念，与城市概念相对应。许多研究认为，一般县城行政体制虽然属于建制镇，但是县城与农村乡镇相比，人口素质、社会环境和经济结构，以及物质文化生活水平都有一定的差别，因此，本研究将农村小学界定为城市、县以下的乡镇和村落所管辖的完全小学或教学点（不包括市或县所在区域的城镇）。

2. 国外研究现状

教学生活是教师生命活动的重要体现，是教师人生的组成部分。国外学者主要从以下四个方面对教师的教学生活进行研究。

1）教师教学生活研究的反思

长期以来，研究者关心的都是抽象化"教学"，而忽视了教师的教学工作与生活。

学者洛蒂认为，当与教师相关的研究话题成为知识或权力时，对教师教学工作的实证研究很少，都是对教师教学工作的不确切描述与规定。学者古德森(Goodson)指出，虽然现在研究者不再把教师看成数字的集合或角色的扮演者，但他们还是没有认识到教师是自身创作者这一复杂性。他们依然将教师看作是一种可替代性的存在，不会因为时间和情境的变化而发生改变。因此，他认为对教师工作和生活的研究很有必要。[①]

2）教学生活影响因素的研究

学者费奥斯坦和费尔普斯认为，影响教师选择教学工作的因素有角色榜样、自我认识、个性类型。学者胡伯曼、格鲁纳和马迪认为，教师放弃教学的原因既有要改善家庭状况的积极的动机和疲惫、惯例与挫折的消极因素。[②]

① 罗儒国. 国外教学生活研究的回溯与启示[J]. 当代教育科学, 2008(13): 40~44.
② 费奥斯坦, 费尔普斯. 教师新概念：教师教育理论与实践[M]. 王建平, 等, 译. 北京：中国轻工业出版社, 2002.

费斯勒和克里斯塔森认为，家庭、对教师有积极影响的经历以及个性特点等教师个人环境因素是影响教师工作和生活的一个因素，而影响教师教学工作另一重要因素是教师所在学校的组织环境对教师的影响。[①]

3）教师生活史与专业发展关系研究

古德森认为，教师的行动与个人过去的生活史密不可分，教师过去所发生过的任何生活史内容，都会慢慢变成教师今后行为与思考的影响史，对教师以后的经验选择与重组意义重大。米瑟尔（Measor）认为，并不是所有的教学生活经历都会影响教师知识的重新建构，对教师的专业发展有意义，只有某些经历符合"重要事件"的性质，即教师生活经历中的某些关键时期、关键事件以及关键人物才会对教师专业发展产生影响。

4）教学生活研究方法

国外学者对教学生活研究方法的讨论主要有以下三种。

（1）叙事研究。

在研究教师生活时，叙事研究有其独特的方法论意义，它关注的是个体对生活意义的一种感受。古德森和斯克认为，叙事研究可以使研究者远离研究的主要范式——数字、变量、心理测验、逻辑思辨，以及反背景主义理论。[②]史密斯和里特认为，教师叙事对于人们反思复杂的学校教育是一种非常便捷的途径，它可以省去中间因素的干扰，从而反映教师真实的教学生活。[③]

（2）现象学研究。

现象学方法是研究教师生活体验的有效方法。马克斯·范梅南教授系统地阐释了现象学研究本质、步骤等问题，他认为生活世界结构

① 罗儒国. 国外教学生活研究的回溯与启示[J]. 当代教育科学，2008(13)：40～44.
② GOODSON, I. SIKES. P. Life History Research In Educational Settings: Learning from Lives [M]. Buckingham: Open University Press, 2001.
③ COCHRAN SMITH, M & LYTLE, S. Inside /Outside: Teacher research and knowledge[M]. New York: Teacher College Press, 1992.

包括了"时间性""空间性""相关性""实体性"四个要素。每一位教师，在每天的不同时刻都处于不同的生活世界。[①]

（3）生活史研究。

生活史研究是对个人生活经历进行详细了解和分析的一种研究方法。古德森认为，生活史是研究教师生活的一种常用方法，帮助我们了解人们是如何思考的，以及人们是如何看待他们的世界的，是以对话建构生命，生活史研究的结果是特殊性的诠释知识，不是一种不变定理。[②]

3. 国内研究现状

国内学者主要从以下几个方面来研究教师的教学生活。

1）教学生活的内涵研究

由于研究者的思维方式不同，因此对教学生活的理解也不尽相同。学者李定仁和罗儒国认为教学生活是教师在特定的时空环境中，为了生命的发展和完善，以及提升生命的质量、实现生命的价值与意义所进行的各种生命活动。这就是说，教学生活的最终目的是实现生命价值。[③]学者赵昌木认为，教学生活是一种精神生活，这种精神生活将引领学生追求世界的真、善、美以及引领学生的发展。教师精神生活的质量直接影响教学的质量、学生的发展及自身的人生幸福。[④]

2）教学与生活的关系研究

国内学者对教学与生活关系的认识主要有以下两个方面：一是认为教学是教师的一种存在方式和生活方式。学者徐继存把教学看作是人的一种存在方式和生活方式，就是追求这种生活和存在方式的价值，教学生活的价值和意义不但体现在教学的结果上，更体现在教学的过

---

① 马克斯·范梅南. 生活体验研究[M]. 宋广文，等，译. 北京：教育科学出版社，2003.

② GOODSON, I. F. Studying teacher's lives[M]. London: Teachers College Press, 1992.

③ 李定仁，罗儒国. 论教学生活[J]. 西北师大学报(社会科学版)，2007(2): 72～76.

④ 赵昌木. 教师的教学生活及追求[J]. 当代教育科学，2006(6): 33～35.

程中，不管对教师或学生来说，都是有启发性的。① 二是主张在"意义"层面上，教师的教学"意味"着"生活"，学者迟艳杰认为，教学是教师的一种存在方式，教学世界是教师创造着有意义的"生活世界"在其自身的生命活动中。②

3）教师教学生活与教师专业发展的关系研究

教师的教学生活与教师专业发展两者之间相互联系相互影响。学者罗儒国认为教师的生存方式、生活方式决定着教师专业发展水平，教师的专业发展的水平影响教师教学生活的质量。学者朱新卓将教师的生存状况与教师专业发展相联系，教师专业化程度低是导致教师生存状态窘迫的重要原因，因此要改善教师的生存现状必须要促进教师的专业化发展。③

4）教师生活的研究方法

（1）关于教师生存状况的调查研究。

以往关于教师生存状态的研究很少，有一小部分的研究者对特岗教师、农村地区的教师进行了调查研究，比如，方建华的《切实给农村教师专业发展以生命关怀——基于苏北农村教师生存状态调查的思考》（载《课程·教材·教法》，2008 年第 2 期），李军合的《特岗教师，你在他乡还好吗——基于一所乡镇中学特岗教师生存状态的调查研究》（载《基础教育研究》，2010 年第 18 期），童富勇、刘桂林的《杭州市农村教师生存状态调查》（载《教育评论》，2006 年第 4 期）等。

（2）关于教师教学生活的质性研究。

近年来，由于教育研究范式朝着多元化发展，质性研究的方法也随之被引入教师教学生活研究中，主要有以下三种研究方法。

---

① 徐继存. 教师生活重塑与基础教育课程改革[J]. 教育研究，2002(9): 73~74.

② 迟艳杰. 教学意味着"生活"[J]. 教育研究，2004(11): 31~34.

③ 朱新卓. 专业：教师生存状态与教育问题的一个分析视角[J]. 教育理论与实践，2004(3): 35~39.

第一，教学生活的叙事探究。学者鞠玉翠对教师个人实践理论进行了叙事探究。在研究中，研究者选取了六位教师作为研究对象，分别是不同的任课教师，通过讲故事的方式讲述了六位不同教师的个人生活史、专业知识场景以及他们的教师专业发展历程。[①]学者王立善关于教师专业生活的叙事研究从师生关系、课堂和专业成长三个方面进行了探讨，教师专业生活的丰富性通过"心向着学生""B教师的故事""那些眼神"等故事呈现了教师丰富的专业生活。[②]

第二，教师教学生活的"田野研究"。学者郭华选取了一所小学进行田野研究，通过听课、讨论、访谈等方式，揭示了教师日常教学、公开课等实际生存状态及其缘由，从而强调从现实的社会生活出发，对日常教学生活进行有效改造。[③]

综上所述，国内外学者对教师教学生活的研究已经取得了相当大的成绩，也为我们继续研究教师的教学生活奠定了坚实的基础，提供了可资利用的丰富资源，通过查阅大量的与教师教学生活相关的文献资料，笔者发现在已有的研究中也存在一些不足，比如，大多数研究都是研究者做的一些客位研究。因此，本研究选取了一位农村小学音乐走教教师为研究对象，在对研究对象仔细地观察与了解的基础之上，认真倾听该教师的声音，了解他们真实的内心感受，同教师一起走进他们真实的教学生活。

五、研究思路与研究方法

1. 研究思路

本研究以一名农村小学音乐走教教师 W 教师为研究对象，W 教师从事教育工作 14 年，其间担任语文教师兼班主任 12 年，因教学需要自愿申请调往 L 镇教育园区，担任音乐巡回走教教师 2 年。本研究从

---

① 鞠玉翠. 走进教师的生活世界——教师个人实践理论的叙事探究[M]. 上海：复旦大学出版社，2004.
② 王立善. 中小学教师专业生活的叙事研究[D]. 北京：首都师范大学，2005.
③ 郭华. 静悄悄的革命[M]. 北京：北京师范大学出版社，2003.

教学生活各个方面深入了解 W 教师的教学生活现状，分析影响农村小学音乐教师教学生活的因素，进而提出让教师过上一种幸福而完整的教学生活的建议。

2. 研究方法

1）文献法

文献法是通过全面搜集、整理国内外与本研究相关的文献资料，通过对资料的研究，形成对事实的科学认识。笔者通过中国知网查阅了关于教师的教学生活以及教师走教的相关文献资料，对农村小学教师教学生活的现状有了一定的了解，并为本研究的框架设计提供了思路，笔者将在此基础上展开研究。

2）叙事研究

叙事研究是质的研究的一种形式。叙事研究是将研究者本人作为研究工具，在自然情境下采取多种资料收集方法对社会现象进行整体性探究，使用归纳法分析资料和形成理论，通过与研究对象互动对其行为和意义建构获得解释性理解的一种方法。

叙事研究运用于教师的教育研究是基于：对有意义的教学事件、教师生活和教育教学实践经验的描述、分析、发掘或揭示内隐于日常事件、生活和行为背后的意义、思想或理念；叙事是理解教师的最佳方式。通过叙事，教师的教学生活被真实地呈现。因此，叙事研究方法与本研究的目的是一致的，因而本研究就采用叙事研究作为本研究的主要研究方法。

具体的操作过程如下：笔者多次深入 W 教师所工作的小学，进入 W 教师真实的教学生活中，去了解 W 教师的教学生活情况，了解他在教学工作中的具体表现，并记录对 W 教师产生重大影响的事件。为了对 W 教师的教学生活有更加全面的认识和了解，在日常生活中，我们将在原有联系的基础上，通过现代沟通手段电话、微信等形式，进行及时的沟通与了解，以期对 W 教师的教学生活做出整体的、综合性的评判。

第二节　农村小学音乐教师的教学生活描写

教师的教学生活是一个非常复杂的系统，其本身具有丰富的意蕴。在研究之初，笔者一直在思考如何将教师的教学生活变成文字，既保证文章的逻辑性，又能揭示教师教学生活的丰富与复杂。因此，具体的文本写作逻辑是根据马克斯·范梅南关于反思人类生活经验的四个存在主题而完成的，即生存的空间、生存的实体、生存的时间及生存的人际关系，其中生存的实体始终贯穿于另外三个主题之中。因此，本研究从时间、空间、关系这三个维度对教师的教学生活进行专章论述。时间之维以教师各阶段不同时期，来回顾排列叙述经验的顺序，表达经历中的连续性。空间之维所表示的不仅仅是自然空间，也包括教师所能感受到的具体空间，教师实际生活在其中的空间。关系之维代表着个人与社会的互动，表现了教师与学生、同事、家长的关系。笔者试图通过时间、空间、关系对农村小学音乐教师的教学生活进行纵横交错的全景式扫描，为读者理解农村小学音乐教师的教学生活提供一份比较完整的资料。

一、农村小学音乐教师的教学生活——时间之维

教师的教学生活总是发生在一定的时间中，时间是考察教学生活不可缺少的维度之一。小学教师现在的教学生活，却受到过去生活的影响。在教师的经历中既有成功后的喜悦又有失败后的沮丧，但这些都是教师成长的财富，都会在教师以后的人生路上发挥出它的作用，将会影响教师个体形成独特的生活方式、人格特征、工作习惯进而影响教师形成自己独特的教学风格、教学方式等。

1. 走上教师之路

我们常说"世界上没有两片相同的叶子"，更没有两个相同生活经历的人，简单朴素的生活中蕴藏着每个人独一无二的生活历程。要

想了解 W 教师是如何走上教师之路并成为一名农村小学音乐走教教师的，就要从专业经历的角度去了解他，才能更好地理解他今天的教学生活状态。

1）求学之路

W 教师出生在 L 镇的一个小村庄，家里有四口人，父亲是一名教师，母亲在镇上的企业上班。在访谈中 W 教师说："我父亲是一名教师，在其他县城教书，由于家庭的原因，我上小学时换了好几个学校，刚开始在我们镇上读到了二年级，到了三年级就转到我父亲工作的那个县城去了。后来又因为爷爷奶奶的身体不太好，读到五年级时又转到了我们镇上的中心小学，然后依靠自己的努力，考上了中学，学习成绩也一直是班里的前十名，有时甚至是前五名，成绩一直很稳定。"（2017 年 10 月 25 日 B 小学 W 教师办公室）

1998 年，W 教师是一名准备参加中考的学生，中考对于农村学生来说是一次非常重要的机会。如果选择上高中，以后就可以考出去，可能会改变一生的命运，但 W 教师的父母希望 W 教师拥有一份既体面又稳定的工作，想让他选择上中等师范学校，毕业以后当教师。在访谈中，W 教师说："当时我也很想上高中，一方面，父亲是一名教师，家人认为当时教师的工资虽然不高，但是很稳定。所以，他们就建议我以后也当一名教师；另一方面，我们家有两个男孩，当时我考虑早点读完书，出来上班，就可以帮家人减轻一些家庭负担。当时我还想如果上了高中，能考上好的大学也挺好的，万一考上一般的大学我也不想去。"（2017 年 10 月 25 日 B 小学 W 教师办公室）

农村的经济条件与城市相比有一定的差距，W 教师放弃上高中、大学，一方面是出于减轻家里沉重的经济负担的考虑，改变现状的最好方法就是早就业；另一方面，家里人觉得教师这一职业很稳定。

1998 年 9 月，W 教师正式成为 T 市第一师范的一名中专生，专业是音乐教育，学制是四年，毕业以后可以获得中专文凭。但 W 教师不甘心，想继续深造，就报名参加了成人自考，并通过自己的努力取得了大专文凭。W 教师说他之所以选择音乐专业是受父亲的影响："当时我爸爸一直教授音乐课、地理课，闲暇在家时，比如他做饭的时候时常会哼唱几句。我父亲是一名师范生，他会好多种乐器，比如小提琴、风琴、笛子等。当时父亲告诉我，只要我想考师范学校，就专门找老师给我辅导，然后就学习了一个藏族舞蹈，笛子等乐器都是父亲教我的。"（2017年10月25日 B 小学 W 教师办公室）

我们常说，父母是孩子的第一任教师，家庭是个体接受教育的最初场所。父母的一言一行，都会在孩子幼小的心灵扎下根，留下深深的烙印，将会影响着孩子世界观、人生观和价值观的形成。在 W 教师看来，父亲无所不能，也是在父亲的影响下，W 教师有了他今后发展的方向。

家庭背景对教师的行为方式、生活习惯以及价值观念等都会产生影响，从而影响教师的职业选择、对待学生的态度以及教学风格等方面，并且家庭教育贯穿教师的整个职业生涯。

个体职业的选择是审慎做出的，人们在选择一个职业时会考虑自身的个性特征、爱好和兴趣，并在他们现实中期待从事的职业与理想中愿意从事的职业之间进行思考。个体职业的选择实际上受到大量外部因素的影响，但被分配到不同的职业角色是自己的决定。W 教师读师范院校并选择音乐专业，父母对其职业选择有一定的影响，但主要还是 W 教师自身因素，比如他的特长、爱好等，因此，W 教师最后的选择是一个理性的选择。在访谈中 W 教师多次提到，其实他在读师范院校时一直有一个遗憾。

"我读的是四年制的师范院校，当时大中专院校正在进行改革，到我们那一届正好要改制。最后一年我们学的是幼师的课程，舞蹈课比较多，琴也换成了脚踩式的风琴。假如上四年音乐班，就应该一直学钢琴，我记得第四年发的课本里面有钢琴即兴伴奏、合唱指挥和和声基础，这些是最重要的也是最实用的，这几本书到现在还在家里放着呢，一页都没翻过，也没有老师教。其实就等于是上了三年音乐课，一年幼师课。我觉得第四年要学习的这些音乐课特别重要。记得有一年，市上有个小学音乐教师五项全能的比赛，参加时我就感觉胆怯和不自信，原因是钢琴即兴伴奏没有学过，而手风琴伴奏也只学了一学期，主要还是靠业余时间自己摸索着学习的，小学和初中音乐课中一般的伴奏还是可以的，但是如果稍微再复杂一点的伴奏就有问题了。首先，我在理论上就感觉不懂，这就是我一直以来的一个遗憾。"（2017年10月26日B小学W教师办公室）

W教师在中等师范学校学习的这个遗憾，使他在参加一些大型活动时表现出了胆怯与不自信，但也正因为这个遗憾，W教师在从教期间有非常强烈的学习意识，积极地去了解和学习"新鲜事物"。W教师说："我和那些上了高中的学生不一样，我是初中读完了就直接读的师范院校，他们有高考之前的培训，还有那些上音乐系或音乐学院的学生，毕竟学得多。如果有机会谁能给我指导一下或者进行系统的培训就好了，总感觉自己读的书有点少。"（2017年10月26日B小学W教师办公室）

在中等师范学校的这段学习生活对他以后的教学生涯产生了很大的影响，也为W教师以后的教师专业成长打下了坚实的基础。通过访谈，笔者发现W教师有着强烈的学习意识，有着强烈的专业成长需要。中等师范学校的学习经历、工作后强烈的学习意识，对W教师的专业成长极为重要。

2）初为人师

毕业后，W教师回到了自己的家乡教学，在访谈中W教师说当时的情况是这样的："毕业后我们同意服从分配到边远山区，2002年10月就把我们四十几个人分配了，当时我被分配到山上一个村子里的小学。"（2017年10月25日B小学W教师办公室）

毕业后，W教师选择到农村工作，但是，当时农村的生活条件令人担忧，许多条件不完善。刚开始，年轻教师有着很高的教学激情，但长期在这种生活条件下工作，人们肯定会感到疲劳与倦怠，这对教师的身心健康和教学效果都会产生消极影响。[①]在访谈中W教师说："我在村里的小学待了一段时间后，正好镇上有一个初中需要老师，就把我调过去了。在那儿一待就是12年，那时候我们学校只有初一，后

---

① 马蓉. 一位农村教师职业幸福感的叙事研究[D]. 重庆：西南大学，2009.

来才慢慢恢复了初二和初三，这个学校是一贯制，一到九年级都有。我在那儿待了 12 年，当了 12 年的班主任，期间还干过会计，而且还干得相当好，这可能因为遗传因素，我姥爷当年也是会计，我记得他当时可以两只手打算盘。我爸在学区也做过会计，我妈也做过会计，算盘也打得好，我也干了 8 年会计。"（2017 年 10 月 25 日 B 小学 W 教师办公室）

W 教师从一个村里的小学到一个条件稍好的初中，物质条件的改变对他的工作和生活影响很大。因此，应尽最大努力改善农村教师的工作环境，保障其生活条件，社会各界都应该为农村教师良好的生存和发展环境的创造贡献自己的一份力量。

3）走教之路

2015 年 9 月，因工作需要 W 教师被调往 L 镇教育园区，开启了他教学生涯的另一个阶段——成为一名音乐走教教师，这对 W 教师来说既是机遇也是挑战。一方面，音乐一直是 W 教师的兴趣，在教学的课余时间也会看看有关音乐的书籍，练习手风琴等；另一方面，走教是一种新的模式，对 W 教师来说也是挑战。

"回想我这十五年的教学生涯，音乐课的教学我从未荒废过，十五年来，我一直断断续续地教音乐，这样一说，我顿时感觉还有点欣慰。"W 教师开心地笑了，谈起音乐课，他就像打开了话匣子。"我感觉初中音乐课好教一些，而且这几年课程基本上也没变，都是我们听过的很熟悉的一些歌曲，比如《草原上升起不落的太阳》《长江之歌》等。小学课程的变化比较多，有些是最新创作的歌曲，很多人都没有听过。"（2017 年 10 月 27 日 B 小学 W 教师办公室）

笔者提到"您从走上教师岗位以来，一直在从事音乐教学"，W 教师感到很欣慰。在这十五年的教学生涯中，他一直从未放弃他最爱的音乐教学。W 教师说："对我来说走教是一个新鲜事物，我也想去接触一下，我这个人做什么都比较保守，但愿意去接触新鲜事物，虽然反应可能要比别人慢一些，正所谓'笨鸟先飞'，我就想着去尝试一下。因此，我就和其他两名教师开始了最早一批的音体美走教，刚开始走教时，还没有校车，就骑着自己的摩托车。当时，因为走教这个模式刚开始实行，学区在课程的安排上不是很恰当，没有统一安排课程表。领导要求我们一周要走完十几个教学点，那时候我们三个人上午一个教学点，下午一个教学点。上午我们三个人一起去，但上午一共有四节课，学生还要上语文、数学、英语这些课，所以音乐、体育、美术课不可能同时上。我们有时候到一个教学点以后，那个班正在上语文课（英语课、数学课），就要停下来上音乐课（体育课、美术课），而且我们三个人也不可能同时上课，那一个月的走教确实'痛苦'，但现在回想起那些日子也挺好的。换了一个校长后，校长觉得走教教师太辛苦，而且特别操心，还没有效果，他说我们三个人像'游击队'一样。我们就改变了一种模式，划分了四条走教路线，将走教分为了定点走教和巡回走教。这样的话教师就能轻松一些，语文、数学、英语等学科的教师，哪个学校缺哪个学科的教师就走教哪个学科。最多走教两个学校，如果超过两个学校，教师的生活就没有办法安排。比如各种生活用品在住的地方和巡回走教的各教学点都有一套，有时候用过后就忘记放在哪个教学点了，从生活上来说没有固定教学方便。但这样一调配教师就轻松多了，校车也雇上了司机，这样也便于管理。"（2017 年 10 月 27 日 B 小学 W 教师办公室）

L 镇教育园区实行走教后，统一调配管理，各个学校、教学点缺哪个学科的教师就走教哪个学科，英语、音乐、体育、美术、科学，这些学科都能开齐开足。而且对于只有一个教师的教学点，如果那个教师有事请假，走教就可以缓解师资的缺乏，不至于让学校停课。W 教师说："有一次，在 A 教学点走教时（没有走教之前，A 教学点只有 Y 教师一个人，她身兼数职，一个人维持着一个学校），那时刚开学，Y 教师骑着电动摩托车去给学生们领书，途中把腿摔了。那个时候我除了上音乐课，什么事情都做，比如炉子的烟筒不合适，我要安装；学生之间发生争执我要管……但是那时候我感觉走教教师与学生，尤其是与学生家长的联系还是不够密切，比如有一次学生流鼻血，我虽然着急，但却联系不上家长，因为没有电话号码。"（2017 年 11 月 1 日 A 教学点教师办公室）

2. 匆匆的行者

"匆匆"二字是对一名音乐走教教师教学生活最贴切的描述。时间是客观存在、可量化的，是不可逆的，走教教师就像匆匆的行者，时间如流水一般逝去。

1）"一日生活扫描"

学校里上下课的铃声、贴在每个教室和办公室的课程表等被严密编排过的时间规定了教师的教学生活，教师们需要严格按照规定好的时间进行每天的教学工作（见表 5-1）。

表 5-1 N 小学冬季作息时间表

早读	7:20—7:50
早操	7:50—8:10
早餐	8:10—8:45
第一节课	8:45—9:25
第二节课	9:25—10:15
第三节课	10:15—11:05
课间操	11:05—11:20
第四节课	11:20—12:00
午休	12:00—14:20
预备	14:20—14:30
第五节课	14:30—15:10
第六节课	15:10—16:00
课外活动	16:00—16:30
自习	16:30—17:10
放学	17:10—17:30

在学校里，W 教师既是一名走教教师，同时还担任着音体美教研组组长，也就是说每天 W 教师不仅要完成日常教学工作，还要管理音体美教研组的一些工作。

W 教师的一日生活扫描，选取的虽然是特定的某一天，但 W 教师这一天的教学生活，与他昨天的生活、明天的生活就其实质来说没有差别，也就是说，这一天可以代表他的一日生活常态，教师们每天都重复着相似的工作与生活，重复着相同的教学生活。

2017 年 10 月 25 日，星期三，早上六点三十分左右，天还未亮，窗外淅淅沥沥地下着小雨，W 教师就起床收拾，今天 W 教师要走教的学校是 B 小学。走教教师一天的教学生活也拉开了序幕。

早上 7 点左右，W 教师从学校出发。这趟车上有三个教学点的教师，几分钟后校车到达了第一站 A 教学点，大概二十分钟校车到达了 B 小学，也就是 W 教师今天要走教的学校。

B 学校坐落在山脚下，空气清新，山上被雾笼罩着，犹如仙境般，校园经过昨夜风雨的洗礼，焕然一新。

7 点 20 分，学生们陆陆续续地走进校园，开始早读，学生们一天的学习生活就在朗朗的早读声中开始了。

7 点 50 分，教师组织学生跑步、做广播体操。

8 点 10 分，教师给学生发完营养早餐后就围在一起吃早餐，餐桌上教师们你一句我一句地讲述着自己的一些趣事。

8 点 45 分，早上一般没有音乐课，W 教师就打开电脑，把教研的资料在电脑上汇总，把需要的资料上传。

9 点 30 分，利用闲暇时间拉一会儿手风琴。

11 点 5 分，组织学生做课间操。

12 点，组织学生排队放学。

12 点 20 分，走教教师会在走教的学校都备上一副碗筷，中午就在走教学校的食堂吃午饭。

13 点，教师们午休。

14 点 30 分，W 教师开始给一年级的学生上音乐课，这节课学习的是《大鼓和小鼓》。W 教师用猜谜语的方式导入这节课，让学生们用拍凳子当大鼓声、拍手当小鼓声。孩子们的小手都拍红了，这节课主要是让学生们掌握节奏，在敲打声中这节课结束了。

15 点 10 分，W 教师开始给三年级的学生上音乐课，这节课教学的是《快乐的 do re mi》，W 教师出示了三个不同的"小房子"，分别表示 do，re，mi 这三个音，告诉学生这三个小房子可不是普通的小房子，它们是有音高的。然后师生一起欣赏这首歌曲，这节课主要是识记 do，re，mi 三个音。

17 点 30 分，吃饭。饭后校车来接走教教师回教育园区。W 教师回到房间后，先收拾一下房间，然后开始上网、看新闻等。

22 点左右，洗漱，准备睡觉。

一天过去了。

在农村小学，很多老师每天都在忙碌中度过，每天都有忙不完的事情，忙碌是他们每日教学生活的常态。

W 教师一直坚守在一线，并且心怀理想，他的教学生活是"匆匆的"但同时也是幸福的，每周从 A 教学点到 B 小学的音乐巡回走教，从早上 6 点 50 分坐上校车去走教，到晚上 7 点回到教育园区。这就是 W 教师日复一日、年复一年的教学生活。笔者曾经问过 W 教师："您每天这么忙，面对整日繁重的教学工作，您觉得辛苦吗？"W 教师说："我觉得教师这个职业是一个特别能让人满足的职业，是'给点阳光就灿烂'的职业，每当看到学生脸上灿烂的笑容就觉得再苦再累也是值得的。在工作上我觉得一点都不累，因为音乐课教师受学生喜爱。走教时，我深深地体会到学生对我们的喜爱，走教的车辆刚一到学校门口，学生们就喊着：'音乐老师来啦！体育老师来啦！美术老师来啦！'学生特别爱上音乐、体育和美术课，因为以前没有上过。作为一名走教教师，在生活上肯定比其他教师累一点，但做自己喜欢的事感觉精力旺盛。"（2017 年 11 月 1 日 A 教学点教师办公室）

在 W 教师看来，也许这种忙碌的教学生活是幸福的、是充实的。教师们只有这样去看待自己的教学生活，才能体会到自己作为一名教师的价值。幸福而完整的教学生活的实现需要教师对幸福有正确的认识，并树立正确的幸福观。

2）"忙碌的生活"

"日出而作，日落而息"，农村教师的时间安排得很满，W 教师每天都有忙不完的事情，除了平时的工作时间，有时还要牺牲自己业余的时间，处理许多与教学无关的事情。

"我记得有一天来了一些记者，要跟踪报道我的一天，要做一个专题片，拍我上课的镜头，我的这一节课已经上完了，那个记者说有一个镜头没有取好，要再来一遍，又让学生再来一遍。十二点多了，就要跟踪报道一个学生，拍摄学生在学校学习的场景和在家他奶奶给他做饭的这些场景，我就一直陪同帮忙拿东西，一点多的时候匆匆吃了碗方便面。下午又要到 B 小学去拍摄，下课后就拍我的课余生活，和学生打篮球，放学后又到园区，7 点半要进行教研，就拍摄了我在准备说课稿的场景。六点到七点半的这段空闲时间里，就去我住的宿舍拍摄，那一天我真的累了。还有一次，来了三个电视台的工作人员，那天正好要教研，我要说课，基本上就是按照说课稿的那个模板往下进行，课件我都做好了，我刚说完一遍，C 电视台的工作人员录完、拍完。我休息了大概几分钟，刚喝了一口水，一个教师又带着 D 电视台的工作人员来了，我就把黑板擦了，又说了一遍课，那天晚上我就说了三遍课，我真的很累。白天我要在学校上课，晚上还要应付各种采访，还要开校车接送走教教师。除了上课外，我还是校车司机、走教教师、教研组组长。我每天教音乐课，虽然没有作业，但还是感觉特别忙。"（2017 年 12 月 12 日 B 小学 W 教师办公室）

从 W 教师的话语中可以发现他对于这种"忙碌生活"的无奈。繁重的教学负担、过大的工作强度以及许多与教学无关事情的打扰，使教师面临着巨大的心理压力，长期处于身心俱疲的状态。

二、农村小学音乐教师的教学生活—空间之维

空间是研究教师教学生活的重要维度之一，教师的教学生活是在特定空间中展开的，课堂是教师基本的职业生活空间。[①]因此，在本研究中，笔者以课堂作为分界线，将教学生活分为课堂教学生活与课外教学生活。

---

① 陈红. 追求共生的语文教学境界：基于共生论的审视[M]. 太原：山西人民出版社, 2011.

1. 给学生插上音乐的翅膀

1）我们相识于课堂

音乐像一汪清泉，流进了孩子焦渴的心田，滋润了芬芳的土地。教师走教前，音乐课都是通过播放录音机或下载歌曲给学生们听的形式上的，教师走教后，沉寂多年的学校又显现了活力。在访谈中 W 教师说："我对走教的第一节课至今还记得非常清楚，当时感觉很兴奋，心里想着我应该给学生留一个什么样的印象？他们会喜欢我吗？等一系列的问题。铃声响起，我走进了教室，一双双小眼睛都盯着我，我简单地向他们介绍了一下自己，然后就问他们会唱什么歌？他们也不回答我，然后我又问他们，你们会唱国歌吗？他们小声地说会，我记得他们当时只会哼唱国歌，但唱的节奏不对，我就纠正了一下，因为好多学生把书都丢了，我就把国歌的歌词抄在黑板上，让学生们抄下来，然后再一句一句地教他们唱。教了一段时间的音乐课，我发现有的学生确实有天赋。在课堂上学生们的热情很高，我感觉他们活泼了许多，而且变得很有礼貌，我们来的时候会主动帮我们提东西，走的时候会跟我们说再见。其他教师也发现学生们上课能主动举手回答问题了，以前上课都不发言。走教音体美课对学生的性格还是会有一点影响。"（2017 年 11 月 2 日 A 教学点教师办公室）

走教音乐，奏响大山深处纯真的音符。我国很多农村地区地理位置偏，经济不发达，生源少，师资力量薄弱，课程开不齐。学校或教学点的音乐教师严重不足。小学音乐课程标准提出：音乐课程是九年义务教育阶段面向全体学生的一门必修课。但很多农村学校对学生们的音乐教育不太重视，没有意识到音乐对小学生智力、性格以及创造力的培养有着非常重要的影响。

2）"布谷，布谷"

W 教师说他每次给学生们上课，心里总充满着一种神圣感，音乐真的能达到心与心的默契和交融，此刻的教室里 W 教师和学生们一起体验着音乐带给他们的快乐。这节课就是人教版音乐一年级上册《布谷》一课：

师：同学们，今天老师给大家带来了一个新朋友，大家一起来看看它是谁？（展示布谷鸟图片）

生：是布谷鸟。

师：那今天我们就来学习一首新歌，歌曲的名字就叫《布谷》（板书课题），在学习新歌之前，我们先来学习一下关于布谷鸟的知识（教师讲解），现在你们都了解布谷鸟了吗？

生：了解了。

师：下面我们就一起来欣赏这首歌曲，在欣赏的同时，请思考，歌曲是几拍子的？有几段？歌曲描述了怎样的一幅画面？

生1：这是一首四三拍的曲子。

生2：歌曲有两段，描述了布谷鸟在森林中自由欢快地生活。

师：你们真棒！下面我们就一起再来听一下歌曲的范唱，感受歌曲的音乐情绪，理解歌词，并注意记一下歌词。

师：听完了歌曲，歌词也熟悉了，我们现在跟着音乐，用手指着歌词一起来试着唱一下，好不好？

生：好。

师：在唱歌之前，我要先给大家讲一些理论知识，在音乐中我们用不同的符号表示声音的强弱，f 表示强，p 表示弱（板书），在唱歌时我们还要注意姿势，以帮助我们养成良好的歌唱习惯，你们记住了吗？

生：记住了。

师：现在大家看着课本，我们要注意第一小节、第二小节第三拍的四分休止符，最好不换气，应在第二小节之后再换气，尽量做到声断而气不断。大家听懂了吗？

生：听懂了。

师：同学们都过来围着老师（W教师示意大家靠拢），歌词你们都记住了吗？

生：记住了。

师：那我们开始吧！

（说话间，琴声响起。）

生：布谷！布谷！在林中唱，让我们唱吧，让我们跳吧，我们的歌声多么美妙。布谷！布谷！不停地唱，歌声穿过田野和村庄，歌唱生活多么美好。

学生们对音乐课的兴趣异常浓厚，教室里传出学生们稚嫩的童声和婉转悠长的手风琴伴奏声，安静的校园顿时生机盎然。

"学生们以前没有上过正规的音乐课，所以现在我不仅教他们唱歌，还会穿插讲解一些基本的理论知识。"（2017 年 11 月 2 日 B 小学教室）

在音乐教学中，W 教师不仅教孩子们唱歌，还会将一些音乐理论知识穿插其中，比如讲解歌曲中的各种符号。W 教师在教学过程中还引导学生去欣赏音乐，培养他们的乐感，体会歌曲所要表达的情感。

2. 课外教学生活

1）教研活动——"谁来教教我"

教育科研活动是教师专业化发展的重要途径，是提高教师整体素质和教育质量的重要手段。农村小学教师获取信息的途径不足，分享交流的机会有限，注重实践而缺少理性思考，仅仅凭借着自己日积月累的教学经验开展工作，教育科研在农村小学是一项薄弱环节。W 教师说："在农村做研究是一件很不容易的事情，学习资源少，关于音乐教师的培训也很少。只要我有机会，我还是想多接触一些新鲜事物，武装自己，能够与时俱进。现在我想组织学生开展活动，就是大课间活动，也没办法实现，因为合唱指挥我没有学过。我真的特别想再去当一回学生，希望以后会有机会，我想再学习钢琴伴奏、合唱训练等方面的知识，哪怕到大学去旁听一下，但一直没有机会。我想着应该把教师这一职业当成事业来做。"（2017 年 12 月 12 日 B 小学 W 教师办公室）

赫茨伯格在双因素理论中提出了保健因素和激励因素两类，保健因素是保持人们没有不满情绪的最低需要，如工资、福利等。但保健因素不能让人感到满意，真正能让人产生满意感的因素是工作本身。如工作的责任等。①从赫茨伯格的双因素理论中，我们可以发现，只有满足教师的现实需求，激发教师的职业发展动机，教师才会有更好的工作状态。W教师希望有机会出去培训，他渴望能够出去学习，希望通过学习来调整、更新和充实自己的专业知识，使自己的专业水平能够有所提升，他的教学生活呈现了对教师专业发展的诉求。

在农村，教师们的教研活动很单一，主要有听课评课、上公开课以及集体备课。W教师说星期二和星期四晚上都是集体备课时间。

"下午课外活动之前，我会在教研组的群里发一个通知，通知晚上音乐组、体育组、美术组的说课教师做好准备，说课教师要给评课的每一位教师发一份教学设计，然后说课教师以课件的形式展现。每一周要提前备好下周的课，原则上要在周五之前把教学设计传到群里。周一有的教师就打印下来，上课要用，在上课的过程中就可以用红笔进行二次修改，目标上有不合适的，需要增加的、需要删除的可以根据学生的情况和实际情况进行修改，比如说我上课时要用手风琴，在教具处我就会修改一下。上完一节课，就要写教学反思。主备人（这周备课的教师）在星期二就要打印一份教学反思，还有说课稿。"（2017年10月25日B小学W教师办公室）

通过集体备课等教育科研活动，W教师不断积累自己的实践性知识，然后通过自身的不断反思，使这些实践性知识更加系统化，从而提高自身的专业水平。在教研过程中，W教师的科研意识和教学能力不断增强。W教师通过反思自身不断提升着自己的教学能力，对自己的教学提出更高的要求，不断地丰富和发展着自己。

① 黄维德，董临萍. 人力资源管理[M]. 北京：高等教育出版社，2005.

2）组织活动

　　课外活动是课堂教学的必要辅助和补充，但很多农村地区资源缺乏，组织活动数量少。W教师说："自从实行音乐走教后，我们开展的活动数量逐渐增加，比如今年的六一儿童节，我们从六一的前两周就开始准备了，X老师教学生们舞蹈，我负责排练两个小合唱，还要借各种举办六一儿童节所需的设备，比如音箱、摄像机等（见图5-1a），活动前一天我就住在了B小学，因为早上学生们要化妆，住在B小学走A教学点比较方便，早上Y老师、X老师还有学生们的家长都帮忙化妆（见图5-1b），我就组织学生们吹了一些气球，和家长们一起搬了几张桌子，然后试话筒，那天我们是下午才开始演出的，上午就在准备。演出时我要摄像，还要负责伴奏、放音乐，身兼数职。我本来想打印一条横幅，写上"L镇教育园区A教学点庆六一文艺演出"，但心有余而力不足。后来我还和Y老师一起把学生们的椅子摆好。演出正式开始，先是学生面向国旗，敬礼唱国歌；然后唱少先队队歌，接着就按照节目单上的顺序开始表演。X老师主持，Y老师组织学生。演出中，一二年级的学生表演了我教的广播体操，X老师教学生朗诵，音乐是我配的，还有两个学生唱秦腔，是他们的爷爷教的。"（2017年11月1日A教学点教师办公室）

a　　　　　　　　　　　b

图5-1　六一儿童节活动开始前准备工作

在农村，举办这样一场"大型的活动"存在着许多的困难，比如活动所需的音响、话筒等都是 W 教师提前从朋友那里借的。在这次六一儿童节节目的编排中，W 教师考虑到让活动内容更加丰富，又结合当地的民俗文化，加入了戏曲元素——秦腔。因为农村留守儿童比较多，学生肯定有许多话想对爸爸妈妈说，在节目的编排过程中就加入了家校互动这一环节，加强了家庭与学校之间的联系（见图 5-2）。

图 5-2 六一儿童节活动现场

"我们总共排了 15 个节目，而且我认为 X 老师组织的家校互动这个节目效果非常好，就是让孩子们读一读写给爸爸妈妈的一封信，特别感人。这两年六一活动结束后，Y 老师都会组织颁奖典礼，每个学生都有奖，奖品有彩笔、橡皮擦等，奖品小但人人都有份，奖状是发给那些跳舞跳得好的学生、学习优秀的学生，还有优秀班干部等。去年六一儿童节是我写的奖状，我还问 Y 老师怎么有这么多奖状，Y 老师说都是小孩子，这个得了奖那个没有奖，有时候回去还哭呢，这个奖最起码对孩子是一个鼓励。

今年我们同学生一起度过了一个有意义的六一儿童节。那天来的家长也特别多，社会反响也特别好，我觉得这是大家对走教的认同，

也是对我们教学工作的一种认可。"（2017 年 11 月 1 日 A 教学点教师办公室）

音乐走教为校园带去了欢声笑语，教师教学生唱歌，让学生徜徉在音乐的殿堂，这样的教学生活是幸福的。在教学生活中能看到学生的成长，教师也收获着自己的成长，这就是教学生活幸福之所在。

三、农村小学音乐教师的教学生活——关系之维

教师是一种关系性存在，教师的生活也是在一定关系中进行的。马克思认为，人的本质不是单个人所固有的抽象物，在其现实性上，它是一切社会关系的总和。①教师在与学生、同事、家长的互动过程中必然形成这样或那样的人际关系。

1. 良师益友

W 教师参加工作快 15 年了，从一个刚踏出校门的学生，到现在的音乐走教教师，W 教师成长了，在教师与学生的关系上，W 教师有自己的理解。

"我平时和学生像朋友一样，我会把我的心理年龄降低，跟他们站在一起，这样他们就感觉和教师很近。但是我还是要与学生保持适当的距离，要让学生敬畏教师、尊重教师。有的家长不管孩子，有的家长外出务工无暇照顾孩子，孩子自己也不自觉，如果教师对学生管教不严，就会管不住，适当的时候还是要教育一下。"（2017 年 10 月 25 日 B 小学 W 教师办公室）

W 教师认为师生间还是应该"保持适当的距离"，因此，W 教师与学生之间的交往更多的是一种基于"权威"的师生关系。W 教师基本选择课后与学生交流，以此来维持一种良好的师生关系。

---

① 中共中央马克思恩格斯列宁斯大林著作编译局. 马克思恩格斯选集(第一卷)[M]. 北京：人民出版社，1995.

在农村，有一部分孩子跟着爷爷奶奶，属于隔代教育，孩子缺少父爱和母爱，还有一部分是单亲家庭的孩子，他们都缺乏家庭教育。基于舍勒的情感现象学，学生的家庭生活经历构成了他最基本的生活体验。围绕学生的成长，学校必须成为他的第二个家。师生之间的沟通是鼓励学生扩大亲子关系的体验和理解。

1）"关注每一位学生"

很多农村地区教师数量不足，W教师走教的B小学今年正好缺一位语文教师，所以W教师就临时带了这个班的语文课。

"期中考试后，我们班的一个学生语文考了17分，然后隔了一段时间，我们又进行了一次月考，他考了24分，这次我故意给了他作文高分。考完之后，我就把他叫到我的办公室，跟他聊天，告诉他别的学生天天来我这儿背课文，他却一篇都没有背过。他说他根本记不住，我就告诉他别的学生可以很快背完一篇，他记不住的话，可以一段一段地背，实在不行就一句一句地背，背完一句就来我这儿背一句。我问他可以吗？他说：'可以。'后来我了解了这个学生的家庭情况，他爸妈离婚了，都不在家，家里只有爷爷奶奶，又管不住他，这也导致了他性格上有点孤僻。后来，我当着全班学生的面，表扬他有进步。我利用这次机会，实行'一帮一'，让一个学习好的学生帮助他，督促他背课文、完成作业，帮他纠正错误。背了两天，他就来我这儿背了《开国大典》的一段和《长征》，我特别高兴。"（2017年10月25日B小学W教师办公室）

W教师很愧疚地说："其实在后进生的转化上，我做得不太好。"

俄国教育家乌申斯基说："如果教育家希望从一切方面去教育人，那么就必须首先从一切方面去了解人。"教师应该多方面、全方位地去了解学生，而不应该只停留于学习方面。访谈中W教师说："我们班的一个学生，学习成绩一直很好，也是我们班的班长、学习委员，就是特别粗心，期中考试考得不太好，我就撤掉了她班长和学习委员的职位。那几天我观察到她的情绪很低落，我就把她叫到我的办公室

跟她好好地沟通，后来她真的在学习上进步了一点。"（2017 年 10 月 25 日 B 小学 W 教师办公室）

每个孩子的内心世界就像一本耐人寻味的书，值得我们去探究。要想关心学生，必须从了解学生开始，了解学生是教育的前提。[①]教师不应该只盯着教学任务，而应该注意到学生的微妙变化，甚至每一个眼神的变化，应该静下心来关切他们心灵深处的感受。

在师生关系建立的过程中，教师要尊重学生。尊重体现为关爱，这是教育的温馨与"人性化"所在。[②]教师与学生之间不仅仅是教授知识与接受知识的关系，如果只是一种没有感情的关系，尽管教师和学生天天相处，心与心还是无法靠近。

2）"教师经常笑着给我们上课"

W 教师现在已经走教两年了，他感觉特别有成就感。

"每次去我走教的一个教学点，远远地学生只要看见我，就跑过来跟我打招呼，帮我提东西。我教给他们的歌，他们都会唱。"

在学生的眼里，W 教师是一个怎样的教师？笔者随机问了 W 教师班里的几个学生，一名学生说："W 教师有时对我们很严厉，但也很好。"另一名学生说："我们很喜欢 W 教师，因为他经常和我们一起玩游戏，还经常笑着给我们上课。"（2017 年 11 月 1 日 A 教学点教室）

学生用稚嫩的语言表达出他们对 W 教师的喜爱、认可与肯定，W 教师从这些孩子身上获得了作为一名音乐教师的成就感。

W 教师极力推荐我去他走教的 A 学校，去看看校园的变化、学生们的变化，这样我就可以明白他所说的成就感了。赫茨伯格在双因素理论中提出了激励因素，它包括成就、工作本身、个人成长与发展。这些与工作内容有关的因素能够促使人们产生对工作的满意感，这种成就感是促进教师教学生活幸福的重要因素之一。

---

① 周相玲. 关心型师生关系的研究[D]. 长春：东北师范大学，2007.

② 王北生，等. 生命的畅想：生命教育视域拓展[M]. 北京：中国社会科学出版社，2004.

师生关系作为教师教学生活中最重要的一组关系，是教学活动能够顺利进行的前提。在教学活动中，教师与学生进行心与心的对话，使教学生活充满了生命的活力。[①]

2. 教师关系

在农村学校，教师的生活都很单一，W教师也不例外，两点一线。教师之间在教学上的交流可以给教师的专业发展提供很大的帮助，但W教师所在学校的教师除了每周二、周四的集体备课时间讨论教学上的事情，平时很少交流与教学相关的话题。

W教师："同事之间交流的时间是有限的，早上到学校后，教师们都忙着去自己的班上看看。只有在吃饭的时候，大家才围在大办公室，聊一聊家里的一些琐事。"

我："关于专业发展，有没有讨论过？"

W教师："大多数时候在星期二和星期四的集体备课中聊一聊，平时聊天一般都不聊教学的事。"

1）"家的感觉"

W教师告诉笔者，A教学点给他家的感觉。

W教师走教的A教学点营造了一种家庭的氛围，使W教师在工作的时候比较轻松自在。在访谈中W教师说："A教学点在没有走教之前，全校就只有Y老师一个人，真的不容易，尤其在冬天，那么寒冷的天气，Y老师早早地起来就到学校去，给所有教室的炉子生火。有一次，一个同事感冒了，Y老师一早起来就把一个教室的空调（只有这个教室有空调）调到了23℃，说：'你感冒了，就到这个教室给学生上课吧。'Y老师还给每个教室都挂上了门帘子，夏天是那种薄门帘，冬天就换上厚门帘。在那里感觉就是一种家庭的氛围，一点都不觉得压抑。在A教学点，学生们非常自觉，每天班长和体育委员都会自觉组织班上的学生跑早操、做广播体操；到发营养餐的时候，他们还会排队去领营养餐，不用教师发，特别自觉。见老师就问好，

---

① 张妮妮. 在耕耘中守望——乡村幼儿教师专业生活的叙事研究[D]. 长春：东北师范大学，2012.

放学时还会跟老师说再见，都是学生发自内心的问候，学生的习惯非常好。"（2017年11月1日A教学点教师办公室）

环境可以改变人，人也可以改变环境，环境与个人是相互影响、相互转变的。一个温馨、和谐、友爱的工作环境，可以使人在工作中感到快乐，拥有勤奋向上的动力，最终获得高效的工作成绩。

2）"最怕教师之间'勾心斗'角"

相对于A教学点而言，W教师对B小学的工作环境不太满意。

"待在这儿我感觉挺心闲的，一天三顿饭能吃上，人吃饭是为了活着，但人活着不是为了吃饭。我想做点什么，但处在这样一种环境中，真的很难做出成绩。教学上有很多干扰，三天两头换教室，两个年级一个教室，现在把两个班放到一起，教师都不能上课。"（2017年12月12日B小学W教师办公室）

教师如果长期处在一种教师与教师之间喜欢计较得失，缺乏有效沟通与激励的环境，他们的工作热情会逐渐消退，这样的工作环境无论是对教师个人的发展还是学校的发展都是极为不利的。W教师说："学校是一方净土，首先要让教师安静下来，才能提高教学质量。在教学中打扰是必然的，但是有些问题绝对是可以克服的。"（2017年12月12日B小学W教师办公室）

在教师职称的评定上，都是一些硬性条件，同事之间不存在恶性竞争，这也使得同事之间的关系变得相对简单。W教师说：

"如果把同事当好朋友，我觉得还是不行，因为同事间牵扯着利益关系，有时候，比如学校开展评优选先，选这个，另一个就会不高兴。同事之间还是应该保持一点距离。比如绩效工资的考核评定就会使同事之间的矛盾越来越大，有时还会处于一种激化的状态。教师们时常会抱怨'工作量又不能用称来称'，'给我安排的任务我又不是没完成，而是你没有给我安排'，'给我两个班我也可以教'。"（2017年12月12日B小学W教师办公室）

教师受到绩效考核、评优选先、职位升迁等诸多因素的影响，很多时候同事之间处在一种相互竞争、相互攀比的状态，而非一种和谐相处的合作状态。①

谈到绩效工资的考核与评定，W 教师谈到了他现在所走教学校的管理问题，他表现出了对学校管理的不满意，他认为学校的管理者不太注重教师的发展，对教师的关心也很少，有什么评比优秀教师、名师的通知，有时都不及时通知。W 教师认为这些荣誉都是对自己教学能力的一种认可，他非常重视提高自己的教学能力以及评优选先的机会。

W 教师还是比较喜欢以前学校的一个校长。"他每天早上很早就骑着摩托车到学校了，那时老师们都还在洗漱，校长就到每个班里去转，让班长领着同学读课文。老师们看见了也就不好意思待在房里了，校长住得那么远都来了，老师就要特别勤快。在学校的管理上，我认为管理层首先要以身作则，要特别勤快，工作要细，但不要太专制。"（2017 年 12 月 12 日 B 小学 W 教师办公室）

在双因素理论中，将工作因素定义为激励因素，与保健因素相比，工作上获得的成就可以真正激励教师的工作热情，也能创造更多的社会价值，同时实现自我价值。②在当前的学校管理中，对教师的强制性管理等因素影响了教师的教学生活。

教师之间关系也是学校教育中一种很重要的关系，学校教育需要教师们作为一个整体，齐心协力，共同完成教育所赋予教师的使命。马斯洛的需要层次理论将人的需要分为了七种，生理方面的需要处在最底层，越往上，越是成长的需要，最顶层是自我实现的需要，是一种为社会创造价值，同时实现自我价值的需要。一个人在工作中取得的成绩是对自身价值的一种认可，你的社会价值也得到了体现。

3. 家校合作

家校合作对教师来说是一项很重要的工作，教师与家长应该怎样进行有效的沟通？在与家长的交往过程中，教师应该保持客观的立场，

---

① 袁星星. 贫困地区语文教师生存状态研究 [D]. 长沙：湖南师范大学，2012.

② 龚敏. 组织行为学 [M]. 上海：上海财经大学出版社，2002.

既不能把家长当作上帝，也不能对家长不尊重，对其指手画脚。如何处理与家长的关系对教师来说是一门很重要的功课。

1）相互理解很重要

在访谈中 W 教师聊到与家长的关系，他觉得教师与家长的关系特别难处理，十几年前发生的一件事对 W 教师的影响很大，包括他处理与家长的关系的态度和方法。W 教师说："刚工作时，我是班主任，学校会给寄宿生生活补助，有一家是兄妹两个，分别在不同的班级，他们在四年级和五年级时学校给他们都发了补助，到他们读六年级的时候，补助的名额少了，但住宿生多，我们几个班主任就商量了一下，给这两个学生只发了一份补助，因为还有别的学生，他们的家长就不同意，认为他们家的孩子是每年都必须享受这个补助。补助的对象是生活困难寄宿生，他们家的情况我了解，并不是多么困难，但家长就不同意，闹了好几回。有一天晚上都九点半了，我正准备休息，家长打电话过来，一接通就开始骂，我一句话都插不进去，他说要去告我，我解释他也不听。加上那段时间家里事情比较多，我特别烦躁。"（2017年 12 月 12 日 B 小学 W 教师办公室）

这件事对 W 教师在以后处理和家长的关系中产生了重要的影响，他认为教师和家长必须要在讲道理的基础上进行沟通，并且应该相互理解。W 教师说："现在学校也提倡建微信群，但是因为以前的一些家长时常会给老师找麻烦，这让我觉得和家长的关系特别难处理。这两年因为我走教的是音乐课，所以与家长的沟通很少。有一次，有个学生流鼻血了，我找不到家长的联系方式，感觉走教教师和学生还是有点脱节，与家长也缺少沟通，走教这两年我在与家长的沟通方面做得不是很好。"（2017 年 12 月 12 日 B 小学 W 教师办公室）

W 教师很希望和家长成为朋友，农村小学师资缺乏，有的教学点甚至只有一个教师，学校要举办活动的时候，许多家长都会来帮忙。

2）没有家访，只有家长会

在很多农村学校，家长和教师的关系松散甚至疏离，没有任何的教育合力产生。学校与家长的联系仅仅是通过家长会，而且交流的效果也不太好。由于家庭经济原因，很多孩子的父母都会去外地务工，爷爷奶奶在家照顾孩子，开家长会时，来的也是爷爷奶奶。W 教师说："记得有一次开家长会，我准备得特别充分，还做了 PPT，将每一个孩子的情况都做了分析，并且准备了一些有关家庭教育对孩子影响的视频。虽然是 12 个家长都来了，但他们不是一起来的，是来了 3 个，走了 2 个，又来 4 个这样的，还有的是爷爷奶奶，而且家长参会都是"走马观花"式的，签个到，然后就跟我说，孩子就交给你了。不一会儿，就有家长说家里有事先走了。我们的家长会无非就是这样的，这能起到什么作用，家校怎么互动？"（2017 年 12 月 13 日 B 小学 W 教师办公室）

这种学校与家长之间的关系很尴尬。在很多农村学校，家长会作为教师和家长进行沟通的主要途径，是家长和教师共同参与教育孩子的一次很好的机会，通过家长会，教师可以跟家长沟通孩子在学校的学习、生活和思想情况，家长也可以跟教师说一说孩子在家里的一些情况。但现在，家长会流于形式，教师与家长没有达到真正地沟通与交流，而家长最关心的是孩子的成绩。因为沟通交流少，许多家长不理解教师的工作，甚至影响教师的教学工作。在访谈中 W 教师说："家长把孩子带到学校，经常会对老师说：'孩子以后就交给你了，如果他不听话，怎么责骂都可以。'等到孩子真正出了问题的时候，不管老师说什么，反正都是老师和学校的责任，这令老师们的压力很大。"（2017 年 12 月 13 日 B 小学 W 教师办公室）

在农村，很多家长没有意识到家庭教育的重要性，很少主动与教师进行沟通，参与学校教育的积极性也不高，甚至错误地认为教育孩子完全是学校和教师的责任，给教师增添了许多心理负担。

第三节　影响农村小学音乐教师教学生活的因素

本研究展示了一幕幕贯穿时间、空间、关系的教师生命历程图像。在研究过程中，笔者力图保持教师教学生活的丰富性与复杂性，通过 W 教师的教学生活故事，我们可以看出每个教师不论在言辞还是行动中都会体现出自己对教育与生活的认识和理解。能给予爱，又能收获爱，并能实现教师自身生命价值的教学生活是每位教师所向往的，然而在笔者与 W 教师的访谈过程中，笔者发现有许多因素影响着 W 教师教学生活的质量。

一、走教运行模式带来的机遇

Q 县 L 镇地处山区，山大沟深，交通不便，人们居住分散。这样的自然条件造成了农村学校布点多、班级规模小、办学条件差异大，村小及各教学点音体美教师严重不足，有些村小和教学点学生都是通过录音机来学唱歌曲。为此，Q 县 L 镇建立了教育园区，开始实行教师走教，将全镇的小学教师纳入教育园区进行统一管理和调配，哪个村小或教学点缺少哪门课的教师，就让优秀教师去该学校任教、帮教，充分利用了教师资源，解决了农村师资短缺的问题。

实行走教后，村小以及各教学点的音乐课程都能开齐开足，音乐教材不再是学校一发，学生就将其放在家里，而有了它的用武之地。W 教师在中等师范学校学习的是音乐专业，但在毕业后，由于教学的需要，W 教师一直从事语文教学工作。走教政策实施后，他又投身最爱的音乐教学中，其专长也得到了认可，比如学校每年举办六一儿童节等各类活动时，W 教师都是活动的主要策划人和负责人。W 教师说："在活动前一段时间，我就开始着手准备活动策划方案，借活动所需要的设备，比如音响、摄像机等，还要给学生们排练节目，当一个个节目从我手中排出来，并且获得领导、同事、家长以及学生的肯定时，我感到特别有成就感，也特别幸福。"W教师认为不是所有的教师都可以胜任这项工作的，他觉得自己的工作很有价值。

村小以及各教学点开设了音乐课，不仅丰富了学生们的学习内容，也使学生在知识、能力和兴趣方面得到了发展，保证了学生素质的全面发展与提升。与未实行走教时相比较，学生的学习积极性被调动起来了，各项潜能也被激发出来了，学生们的精神面貌发生了很大的改变。走教也使音乐教师的教学生活发生了变化，音乐教师在学校中越来越受重视，有了更高的教学激情，课堂教学呈现出一片生机，教学质量自然大幅度提升，体会到了作为一名音乐教师的成就感和音乐教学所带给他的职业幸福感。

二、工作繁重、琐碎、机械，走教教师负担过重

教师的教学生活就是这样的千篇一律。每天都有一个固定的时间，这个时间教师们必须准时出现在学生面前。要对学生的到校情况掌握得一清二楚，然后就开始整理今天所需要的各种资料、批改作业、为学生手抄试卷等。谈到工作压力，W教师一言难尽。由于缺乏教师，几乎每位教师都跨学科、跨年级授课。课时量非常大，许多教师都是超课时教学，过度的工作压力使他们倍感疲劳、紧张，甚至崩溃。

工作的繁重、琐碎、机械，教师压力大，这突出表现在：（1）作息时间。走教教师们每天早上六点就要起床，坐上走教车，七点左右就到了要走教的教学点，下午五点多才下班，在教学点吃完饭，六点左右走教车辆就来接走教教师回教育园区，每周二、周四晚上还要进行集体备课，差不多十点才结束，教师们相当疲劳。（2）工作量压力。农村音乐教师比较缺乏，园区音乐走教教师就只有W教师一个人，他每周的课时量甚至超过了20节。（3）学生的管理压力。在农村，孩子的父母大多会去外地务工，把孩子交给爷爷奶奶照顾，孩子缺少家

庭教育，这样一来，学生的教育重担都压在了教师的肩上。诸多的压力使农村教师"苦不堪言"。

刮风下雨，尤其是下雪等恶劣天气对走教教师来说更是一种严峻的考验。相比于普通教师，他们牺牲了很多的休息时间，在访谈中 W 教师提到了 A 教学点："A 教学点现在有好几个走教老师，但学校房子少，只为走教老师提供了一间休息室，中午吃完饭我就在 Y 老师的办公室休息一下，毕竟不方便，中午也休息不好。"L 镇教育园区采取了集中安排课程的做法，但仍不可避免地要消耗大量时间在走教路上，甚至有时走教教师的午休时间也很难得到保障。

三、激励机制不明确，走教教师的福利待遇难以保障

赫茨伯格的双因素理论中提出了教师的福利待遇属于保健因素，它的作用在于保健，是防止人们出现不满意的情绪。笔者了解到 L 镇教育园区制定了对走教教师进行考核的一些管理办法，但是没有关于走教教师补贴的正式文件。"对于走教的补贴，学校会在伙食上给我们走教教师一些补贴。"由于对走教教师的福利待遇没有明确的规章制度来予以保障，一些补贴就难以落实。走教教师们也理解学校，没有在走教的福利待遇上与学校管理者计较。

我国很多农村教育资源少、教育经费短缺，对教师的物质激励有时无法实现，而学校管理的核心任务是对人的管理，包括对教师的管理，即运用各种激励机制充分调动教师的工作主动性和积极性。学校管理者要充分了解教师的需要，才能满足教师合理的需要，激发教师的工作动机，从而提高学校教育教学的质量。"作为一名走教教师，我知道学校有具体的困难，我也非常理解，但是学校在教师节的时候可以给走教教师们发一个证书之类的，这个也没有。"走教教师与普通教师相比，付出了更多的时间和精力，但学校激励机制不健全，他们很难对走教的学校产生归属感。

四、课程安排不合理，忽视学生与走教教师的发展

　　农村小学课程的安排工作是一项在学校范围内展开，并具有系统性、过程性的工作，是一项由学校校长、教师与学生共同参与，不断探索的工作。在走教课程的安排上，学校为了减轻走教教师额外的工作量，L 镇教育园区在全镇范围内统一安排课程，所有村小以及各教学点都实行统一的课程表，目的是减轻走教教师的负担。"我担任的是音乐巡回走教教师，每星期一至星期三我走教 B 教学点的音乐课，星期四和星期五就去 A 教学点授课，每周我去 A 教学点授课时，由于时间的关系，就将一年级和二年级的课一起上，三年级和四年级的课一起上，集中将该教学点各个年级本周的音乐课程一次性教授完。"这样做是重课时数量，而不重课时质量，显然违背了素质教育的初衷。为了使走教教师的走教路线更加合理，没有考虑小学生学习的规律和特点，在课程的安排上没有考虑相同的课之间应该相隔的时间，忽视了小学生的发展，导致课程安排不合理。

　　走教的实施虽然解决了 L 镇教育存在的许多问题，保证村小以及各教学点音乐课程都能开齐开足，推动了区域内教育的均衡发展，但走教并不是万能的，还是无法从根本上解决所有教育发展不均衡的问题，"有一学期学校缺语文教师，我既要走教音乐课，还要教授语文课。"学校这样的安排，忽视了教师的专业发展。

五、家校缺乏联系，导致家长对农村教师工作不理解

　　很多农村受到经济条件和环境的制约，教师与家长之间缺乏联系，使得教师和家长之间也存在着许多矛盾，比如经济矛盾。"学校有时要举办一些活动，需要给学生们购买服装等，有些家长就不愿意买"，有的家长还会与教师发生争吵，从而影响了教师在家长心中的地位。

　　许多家长和教师在孩子的教育方式、教育目标上也存在不同的见解。有的家长只看到眼前的利益，不理解甚至反对教师的一些做法，

有的家长还当着孩子的面说教师的不足,这些都让农村教师焦头烂额,对教师的教学生活产生不好的影响。还有一部分家长认为孩子的教育责任完全在学校和教师,他们认为只要把孩子送到学校,孩子的学习等都应该由教师管。当孩子在学校发生了一些突发事件时,有的家长不问原因就迁怒于教师,当孩子的学习成绩与自己的期望出现偏差时,家长也要归罪于教师。

"在农村,大多数学生的父母都会去外地务工,所以孩子都是交给爷爷奶奶照顾,他们很少询问学生的学习,很多学生都不能按时完成家庭作业,给教师的教学带来了很大压力和诸多不便。"W教师所说的是当前农村教育中日益增多的留守儿童的问题,他们的父母大都外出务工,自己由爷爷奶奶照顾,经常会被过度娇惯。一些农村家长认为孩子的教育问题就是教师的责任,忽视家庭教育。在农村学校,家长与教师进行交流的主要途径就是家长会,平时教师和家长之间基本没有任何的交流,家长和教师之间缺乏联系,使得家长对教师的工作不理解,这也使农村教师的工作难度日益增大。

六、对农村教师期望过高

由于人们对农村教育寄予过高的期望,因此,农村教师也受到更多人的关注,他们的肩膀不仅承受着自己家庭、工作、生活的压力,还承载着教育行政部门、家长和学生等社会其他人群的期望。很多人将学生的教育重担全部压在教师肩上,一味地要求教师付出,尤其在农村,很多家庭生活压力大,父母的文化水平不高,但又望子成龙、望女成凤,便将所有强烈希望全部寄托在教师身上,很少体谅教师心理上所承受的压力,再加上由于地域限制和城乡经济发展不平衡农村教师经济待遇等与城市教师或某些行业从业者有一定差距,心理失衡,最终导致对教师职业的不满意,影响了教师幸福而完整的教学生活的获得。

第四节 提升农村小学音乐教师教学
生活质量的建议

走教的实施，使音乐教师的教学生活发生了很大改变，极大地激励了当地音乐教师学习专业知识的积极性，使有专业抱负的音乐教师投身到本地音乐教育的发展中，改善了当地音乐教育的生存环境，使音乐课在学校中有了一席之地，也使音乐教师有了职业幸福感，进而他可以全身心地投入教学中。教师的教学生活愉快，教学也有了幸福感，这都是同步发展的。

通过研究，笔者对农村小学音乐教师的教学生活有了较为全面的了解，经过深入思考，对农村小学音乐教师如何过上幸福而完整的教学生活提出了自己的几点建议，以期对提升农村小学音乐教师教学生活的质量有所启发、有所帮助。

一、建立相关规章制度，使走教有章可循

学校管理运行的方式应该由规章制度来保证，走教作为一种社会认可的非正式制度，是一种软制度，走教的实施是为了促进区域内教育的均衡发展，但当前关于走教的做法还不够规范，仍有需要完善的地方，需要借助一定的外力来将其完善，需要对走教这种非正式制度给予制度保障，来规范走教教师的走教行为。相关部门在制定走教的相关规章制度过程中，要根据学校自身的实际情况，通过自身的努力完善走教制度，但更要有政府的大力支持，这样才可能真正实现教师走教的规范化与制度化。

农村教育中存在的一个很大的问题就是教育经费不足，政府以及教育管理部门应该合理加大对农村学校的教育经费投入力度，从而保障走教教师的福利待遇，减轻走教教师的负担。推动农村地区区域内

的教育均衡发展，走教教师们功不可没，正是由于他们的奉献精神，推动了农村教育的发展，也正是由于他们辛苦地奔波于各教学点之间，才保证了学生们能够开齐开足课程，保证了学生的全面发展，因此，要保障走教教师的基本利益，从而使走教教师过上一种幸福而完整的教学生活。

二、利用多元激励，健全走教教师激励机制

作为学校管理者，应该深知不能一味地依靠教师自身的奉献精神，而应当适时地利用激励促使教师发挥自身更大限度的潜能。学校对教师进行管理时应该在物质激励的基础上，加强目标、价值和情感激励。

（1）目标激励，我们常说人有了目标才会有前进的方向，因此，学校管理者应当帮助走教教师制定一定的发展目标，并唤醒走教教师的主人翁意识，使走教教师参与到学校的发展目标的制定过程中。

（2）价值激励，学校不能忽略走教教师的功劳，应当积极宣扬走教教师所能，在学校的宣传栏中，可以展示走教教师的教学经验、教学成果以及走教教师的心得体会。

（3）情感激励，走教教师相比于普通教师，特殊之处就在于走教教师要奔波于几个学校及教学点之间，因此，要使他们对走教学校产生归属感，首先学校管理者要给予走教教师足够的关怀，其次学校管理者可以让走教教师为走教规范的制定献计献策，以此调动教师工作的积极性。

三、优化课程安排，提高农村素质教育的质量

农村小学和教学点音乐教师严重不足，借助实行走教，把音乐等艺术类课程切实发展起来，为教学点的学生们开全了课程。从 L 镇教育园区改革创新中不难看出，他们通过自身的努力与尝试，在短时间

内将各种已有的教育资源进行重组，效果明显。

教师走教取代了包班制，保证各学校和教学点开齐开足课程。在一定程度上提升了区域内小学生的音乐素养，但要实现从量变到质变，还要不断地完善课程的安排，学校管理者可以与走教教师们共同商议村小以及各教学点课程的安排，根据各学校以及教学点的实际情况来制定相应的课程安排，但最重要的是在课程的安排上一方面要考虑到小学生学习的特点和规律，另一方面要考虑相同的课之间应该相隔时间的长短等。农村小学和教学点不仅要开齐开全各教学点的课程，而且要保证走教课程的质量，保障学生和教师的健康发展，使教师过上一种幸福而完整的教学生活。

四、家校加强联系，为学生营造良好的学习氛围

学校管理者在家校合作中应该积极开展活动，促进家长和教师之间进行不断地沟通与交流，在彼此之间的交流互动中更好地促进家校联系。在农村，家校联系的主要渠道就是家长会，在每学期的开学初、期中和期末都应该召开一次家长会，其间如果有需要还可以不定时地召开家长会，但要保证家长会的质量。在家长会上，教师可以向家长宣传家校合作对孩子发展的重要性以及先进的教育教学理念，介绍学校教育教学的现状，让家长配合解决学生管理中出现的问题。教师还可以让家长为学校的发展献计献策，提出对教育教学和学校管理的建议。家长会也能让家长及时了解孩子在学校的表现以及学习情况，从而对孩子进行针对性的教育。教师应该时时刻刻关注留守学生，可以通过家访了解学生近期的情况，让家长与学生多进行沟通，从而促进家校合作。

"家长开放日"活动是一个促进家校联系很有效的途径，可以加强学校、教师和家长之间的沟通，协调好学校与家庭教育的关系，调动家长参与学校、班级管理的积极性，吸纳家长的合理化建议，从而可以进一步完善学校管理。在每学期可以规定三到四周为"家长开放日"

活动，让家长和孩子一同走进校园，走进课堂，与孩子一起听课、一起学习，近距离了解孩子的学习状况，拓展家庭教育的空间。了解课堂教育和课改动向，可以向家长传达学校的教育观、教学观和管理观，让家长更好地配合学校、配合教师，共同关注孩子的成长。

五、寄予农村教师合理的职业期望

人们常常将教师形象地比喻为蜡烛。这种对教师的比喻一方面体现了教师职业的高尚，赞美教师具有奉献精神；另一方面，教师作为蜡烛，照亮着学生前进的道路，燃烧的是教师的青春，奉献的是教师的一生。媒体应该积极地引导人们对农村教师寄予合理的职业期望，客观地衡量农村教师的劳动，对农村教师多一点关心，多一分理解，使他们真正感到幸福和温暖。

教师的教学生活是教师专业发展的现实根基，也是教师教育研究的出发点和着眼点。如果对教师教学生活缺乏必要的关注，那么教师的专业发展就容易因缺乏现实根基而流于形式。同时，提高教师的教学生活质量是提高教育教学质量的前提和条件。正如叶澜教授所说，"没有教师生命质量的提升，就很难有高的教育质量；没有教师精神的解放，就很难有学生精神的解放；没有教师的主动发展，就很难有学生的主动发展；没有教师的教育创造，就很难有学生的创造精神"。

每一个鲜活的个体都是独特的，和 W 教师接触的日子里，笔者倾听着一位有着多年教学经验的一线教师发自心灵深处的声音，记录着他的教学生活故事，目的不仅仅是让读者知道他的故事，而是希望读者能从他的教学生活故事中看到这位农村小学音乐走教教师的成长历程。作为一名音乐走教教师，他从刚开始的不适应与迷茫到现在将走教作为自己事业的过程，以及他在此期间所表现出的教学生活智慧，都会对我们的成长有所启迪。本研究中的教学生活故事结束了，但在现实生活中，W 教师的教学生活故事仍在继续。期待研究过程中所呈现的教学生活故事可以引发读者情感上的共鸣，使其获得被研究者的经验，从而反思自己的教学生活，并不断改进。教师的教学生活是一个复杂的系统，关于农村小学音乐教师的教学生活这个问题还有很多值得研究和探讨的地方。

第6章 农村小学教师集体备课现状研究

本章摘要:

　　集体备课作为校本教研的重要组织形式，是根据教师所授科目的不同将教师分为不同的教研组，在同一教研组内，教师依据课程标准对教材内容进行分析（包括教学目标、教学重难点、教学方法以及教学过程等），在充分考虑学情的基础上，教师对备课任务进行分解，为教学的具体实施和开展制订计划，并对教学过程或教学实践结果进行课后反思的活动。

　　本章研究通过对Q县L教育园区142名教师实施集体备课的具体情况进行问卷调查；对学校管理者和集体备课教师进行个别访谈，访谈内容主要围绕教师对集体备课实质的理解，教师参与集体备课的态度以及教师对集体备课价值和意义的认知等方面展开；对园区集体备课教师的工作札记（教师课堂教学实录、听课笔记、走教教师心得体会、园区教师"二次备课"教案）等档案资料进行归纳整理；深入集体备课现场对园区教师的集体备课行为（教师发言情况、教师对备课主题的明确程度、教师参与集体备课的程度）等方面进行观察。通过分析问卷调查结果，对访谈内容进行编码和归纳，分析教师在集体备课过程中存在问题的成因，并从教学信息平台的创建、加强教师培训与监督等角度提出建议。

第一节　绪　论

一、研究缘起

国务院办公厅于 2015 年发布了《乡村教师支持计划（2015—2020年）》的通知，非常重视乡村教师队伍建设。国家针对乡村教师发展中存在的教师队伍不稳定、师资缺乏和教师待遇水平偏低等问题采取了诸如新教师的培养和年老教师的培训等措施，从一定程度上改变了乡村教育的面貌，逐渐提高了乡村教育质量。教师集体备课作为教学设计的基本环节，是校本教研的重要组成部分，更是集众人智慧于一体的备课方式，对教师自身的专业发展和教学质量的提高起到了积极的促进作用。然而广大教师在对个人备课和集体备课的实质理解方面，主观上对集体备课认同与否以及教师进行集体备课时的具体操作流程等问题依旧含糊不清，众说纷纭。以往的研究对集体备课的实效性也缺乏现实的考察，大多是泛泛而谈，笼统地给出建议，而这些建议往往缺乏针对性和具体性，可操作性也不强。

基于国家出台的相关支持政策，以及天水市 Q 县 L 教育园区农村小学分布点多、班级规模小、办学条件差距大、教师队伍不稳定、教师资源短缺，教师素质偏低的现状，学校领导进行了深入调研，广泛论证，秉持教学资源共享的原则，教师由园区统一管理，统一食宿、统一开展教研活动以及实行教师巡回走教的办学模式，将学生"走读"变为教师"走教"，改学生动为教师动，率先在 Q 县 L 教育园区建成集食宿、办公、管理于一体的教育综合改革试点。农村教师们结束白天的教学工作后，由巡回车接送回园区统一食宿，并在园区开展集体备课以及与教学相关的教研活动。然而，在教师走教这种新的办学模式下，农村教师开展集体备课的实效性到底如何，目前还没有学者对此给予特别关注，也未进行过深入的调查研究。因此，笔者以园区农村教师集体备课为研究课题。

笔者发现 Q 县 L 教育园区在创新教师走教模式的背景下实施教师集体备课，明显减轻了农村教师的课时负担，提高了农村教师的备课效率，对农村教师的专业发展也起到了积极的促进作用。本研究希望对 Q 县 L 教育园区教师实施集体备课的现状进行深入调查，进一步挖掘教师集体备课过程中存在的问题，并提出具体的改进策略，以期在农村教师和园区领导者有针对性地改进不足和落实策略的过程中，更大程度发挥集体备课的价值和意义，提高农村教师实施集体备课的实效性。

1. 与农村教师的不解之缘

媒体的报道引发了笔者的关注。新华网上一篇有关 Q 县 L 教育园区的新闻报道引发了笔者对该园区进一步的关注和思考，紧接着笔者在丝路明珠网、甘肃广电网、甘肃教育网和光明网上也多次看到类似的报道。如《记者眼中的 Q 县 L 教育园区》《Q 县破解农村教育困境新探路：学生不动教师动》《Q 县 L 教育园区，留住教师的心》等。在甘肃新闻中，有记者也报道了关于 Q 县 L 教育园区享受公平、均衡、优质教育资源的举措，笔者记忆犹新。现行的 L 教育园区办学模式实行园区管委会领导体制，全面负责教师居住区的后勤服务、教师培训、教学教改活动的开展与评价。园区打破校际界限和教师固定的教学模式，按照学校分布特点、学生就近入学的基本状况和各学校教师的余缺情况，重新统一配置教育资源，往教师力量匮乏的村小和教学点分配教师进行巡回走教，这一举措有效地改进了农村教育资源配置不合理的现状。[①]笔者对新闻报道的关注以及与导师的沟通和交流更是激发了笔者前往园区一探究竟的好奇心。

2. 满怀期待初识教育园区

笔者初识园区是在 2016 年 7 月中旬，受到了园区管理者 A 校长的热情接待，A 校长向笔者详细地介绍了 L 教育园区的布局规划和教师走教情况。由于 Q 县交通不便、自然条件差，该地区的办学条件和

---

① 摘自 2016 年 3 月 2 日记者刘丹、柴琪在甘肃台的新闻报道。

城镇相比仍然存在较大的差距，很多教师不愿意到 Q 县来任教。即便有教师愿意来，也因为待遇水平低、教学条件差以及教学任务繁重等原因留不住教师，师资匮乏已经严重影响了当地的教育教学质量（L 教育园区 A 校长访谈）。C 村 D 校长也谈到了自己对园区教师走教的看法，各个村小和教学点的学生大多是留守儿童，基础薄弱，再加上缺乏好教师，严重制约了学生的发展，也影响了当地的教育质量。在这样的情境之下，Q 县委以及县政府展开了深入调研，初步决定为各个村小和教学点由园区统一分配教师进行走教。走教教师结束一天的教学工作后，由巡回车接送回园区统一食宿，并于规定的时间和地点统一组织教师开展集体备课活动，这一举措为当地教育的发展，尤其是学生的发展带来了福音（C 村 D 校长访谈）。笔者观察到：一栋四层的办公楼和两栋四层的住宅楼规划整齐，园区的办公楼上方有着"创新走教模式，促进教育公平"的醒目标语。整洁干净的教职工食堂，宽敞明亮的办公室和教研室，每一间教研室都配备专门的电脑和打印机等设备，尤其是温馨舒适的教职工宿舍更是让曾经从教之路异常艰辛，一心想走出村小，前往城镇任教的教师们安下心来在贫困的 Q 县各个村小和教学点从事教育教学工作。

3．走近园区了解集体备课

1）心安方能安业——教师走教模式

Q 县 L 教育园区独特的教师走教模式受到了省、市领导和广大教育研究者的关注。教师走教模式以 Q 县贫困落后的地域特点为培植土壤，为了使学生开足课程，改变当地的教育面貌，当地领导反复论证，针对当地学生求学艰辛、师资匮乏以及教学点分散的教育现状大胆提出了教师巡回走教模式。相关领导通过在园区修筑公路，建设教师住宅区和办公区，增派走教巡回车接送教师到各个村小和教学点从事教学，让学生再也不用走崎岖的山路，这一举措降低了学生上学途中的风险，保障了学生的安全。音体美课程的开设极大地丰富了学生的校园文化生活，明显地减轻了部分教师的课时负担，同时园区统一管理，走教教师和非走教教师在园区定时开展集体备课，集体备课活动的顺利开展也为农村教师提供了共同学习、交流沟通的平台。因此，本研究中的农村教师集体备课在研究背景上与大家熟知的集体备课存在明显不同，本书中的农村教师集体备课更具本土性和地域性的特点。

2）强调教师反思的二次备课

农村教师在走教模式下于园区统一开展集体备课，笔者在查阅教师备课札记时发现，教师的存档教案封面上都写着"二次备课"的字样，起初笔者内心非常疑惑，后来在与园区领导访谈的过程中了解到，集体备课和二次备课并没有实质性的不同，只是侧重点不同而已。与 A 校长的访谈让笔者解开了心中的疑惑：园区首先考虑的是减轻教师的课时负担，部分教龄较长、年纪较大的教师由于身体状况欠佳，很难对每节课的内容都进行面面俱到的设计和构思。因此，为了减轻教师备课负担，教师现在只需在教研组选定的主备人精心备课的基础上，经主备人说课和大家集体讨论，根据自己的教学方式和学生特点加入自己的备课反思，对教学设计做有针对性的改动，即二次备课。这是教师彼此学习和借鉴的过程，也是教师进行教学反思和自我教育的过程，集体备课可以使教师将更多的注意力放在学生身上（L 教育园区 A 校长访谈）。教师集体备课是针对教师备课的形式而言的，即教师定时定点集体参与备课活动；二次备课则是针对备课的实质而言的，即教师针对主备人的说课内容，对集体讨论形成的共案进行个性化设计和完善的过程，实际上是备课基础上的再次备课，于是称为"二次备课"。这一新的备课形式和以往研究中提及的集体备课不同，它使园区教师集体备课更加注重教师的反思过程，这无疑会对教师的成长起到积极的促进作用。

二、研究目的和价值

1. 研究目的

笔者通过调查 Q 县 L 教育园区农村教师实施集体备课的现状，观察教师具体开展集体备课的行为及表现，在肯定农村教师集体备课对当地农村学校教育教学工作带来积极意义的基础上，分析农村教师集体备课中依旧存在的问题及不足。本书通过对影响农村教师集体备课实效性的因素进行探讨，在成因探讨的基础上提出有针对性具体化的改进策略，以期提高 L 教育园区农村教师集体备课的实效性。

2. 研究价值

1）深化农村教师对集体备课的认识，完善相应的教育理论

只有从理论上弄清与集体备课相关的问题，教师才能从思想观念上正确认识和把握开展集体备课的实质及其必要性，从而教师才能更有针对性地开展和落实集体备课这一实践活动。本研究将通过具体调查，对现状进行分析并提出策略性建议，通过加深教师对其他教育教学理论知识的理解及集体备课本身的理论体系的建构，以期能为农村教师进一步理解集体备课的实质以及如何有效组织开展集体备课活动提供参考和借鉴。

2）提升农村教师的教研能力，充实教师专业发展的理论

西北贫困地区的一些学校办学条件差、教师队伍整体素质不高、教学方式单一，提高教学质量迫在眉睫。开展教研活动是提高农村中小学教育教学质量的有效途径之一，教师教研关注的是教学规律在实践层面的应用，教师在集体备课的过程中，彼此之间通过交流讨论和思想碰撞，提升了自身的教研能力和教学水平，提高了教育反思能力，充实和完善了教师专业发展理论。

3）为农村新手教师和师范生职前培训提供借鉴和参考

新手教师的成长和发展是一个长期的过程，而且没有捷径，更不可能一蹴而就。集体备课则要求教师在对教材进行深刻解读的基础上有备而来，优秀骨干教师的示范和引领对农村新手教师的成长无疑会起到积极的促进作用，尤其在教师彼此进行交流和沟通的过程

中，会帮助教师进行自我反思，从而提高其教学技能。除此之外，即将走上工作岗位的广大师范生普遍存在理论丰富、实践不足的问题。本研究将对教师备课中应注意的问题以及如何提高备课效率等方面进行详细的阐述，以期为农村新手教师和师范生职前培训提供借鉴和参考。

三、文献综述

1. 概念界定

1）备　课

备课是教师在分析和解读所授科目课标的基础上，根据课程内容、教材和学生的特点，对课程内容和教材中的知识点进行重新组织，并选择用合理或最佳的方式向学生呈现，是以实现学生有效掌握知识，提高其学习技能为目标的活动。备课是教师上好课的基础，是教师上出高效率课的保障，更是教师将教学内容转化为学生学习经验的桥梁。备课有广义和狭义之分，前者是指教师通过不断的学习，汲取知识，在增加文化积淀的过程中进行不断的教学反思，以"终身学习"为指导理念，以上好不同科目的每一节课为目的的备课。而后者更侧重于教师认真研究某一科目的教学内容，确立教学目标，采用恰当的教学方法和手段，借助一定的教学资源，达成教学目标的一种备课形式，目的是上好具体的一节课。[①]本章的备课同时包括广义的备课和狭义的备课，小学教师不仅要完成每一个特定单元的教学目标，也要本着终身学习的理念，不断与时俱进，更新自己的知识储备，力求认真有效地上好每一节课。

2）农村教师

"农村"一词是根据我国行政区域进行划分的。因此，就这一概念

233

[①] 赵才欣，韩艳梅等编著. 如何备课[M]. 上海：华东师范大学出版社，2009.

而言，农村是与城市相对的。本研究中的农村主要指乡镇地区，而教师是指履行教育教学职责的专业人员，承担着教书育人、培养社会主义事业建设者和接班人、提高民族素质的使命。本研究中的农村教师是指在乡镇小学履行教育教学职责的专业人员。①

3）集体备课

教师集体备课是根据教师所教授科目的不同将教师分为不同的教研组，在同一教研组内，教师依据课程标准对教材内容进行分析（包括教学目标、教学重难点、教学方法以及教学过程），在充分考虑学情的基础上，各位教师对备课任务进行分解，为教学的具体实施和开展制订计划，对教学的实践结果进行反思等的实践活动。②集体备课不仅仅是集体讨论，一般采取集中讨论与个人钻研相结合的形式，要发动全组成员认真钻研大纲和教材。集体备课不是简单地将各个备课环节进行分解或者算术相加，即所谓的把备课的各个环节分给不同的教师，将集体备课视为教师之间的分工包干，将不同教师所备的不同内容进行组合就是集体备课。这种对集体备课的理解不仅曲解了其内涵和实质，也不可能体现教师在集体备课的过程中参与共同讨论的价值和意义。对文献进行梳理后发现，各个学校依据自身的特点和教学资源条件各自探索出了适合自身教育教学的不同集体备课模式，常见的模式有：个人初备—个人复备—实施教案—教后反思。③也有研究者认为集体备课应该抓好五个环节，即个人初备—主备人备课—共同研讨—实施教案—反思交流。④多数学者认为集体备课和个人备课是密不可分的，二者相互影响，相互促进。⑤同时，伴随着信息技术的发展，网络环境下的集体备课模式也逐渐走进了教育工作者的视野中，

① 谢琼. 农村小学语文教师教育实践性知识研究 [D]. 桂林：广西师范大学，2015.
② 韩明安. 新词语大词典 [M]. 哈尔滨：黑龙江人民出版社，1991.
③ 夏丹维. 历史学科集体备课的十种模式 [J]. 教学与管理，2001(2): 65~66.
④ 杜朝东，梁斯. 浅谈集体备课的内容及备课流程 [J]. 西北医学教育，2015(10): 28~29.
⑤ 高魏. 开创网络环境下集体备课新模式 [J]. 信息技术教育，2000(9): 105~106.

例如"Blog 的协作备课系统"①和"WIKI 协作备课系统"②就是其中的代表。同样，学者高魏在《开创网络环境下集体备课新模式》一文中也指出：网络环境下的集体备课不仅仅指教师利用网络资源进行教学设计，更强调的是利用网络平台实现教师与教师之间，本校与其他学校之间打破时间和空间的限制，从备教材到备学生的全方位、多角度、综合性的备课。

4）农村教师集体备课

本研究中的农村教师集体备课主要指在农村撤点并校以后，学校为了使学生开足课程而实行教师走教模式，在教师走教这种新的教学背景下，教师集体参与讨论的一种备课形式。集体备课的流程如下所示。

第一步：教研组组长提前一周确定备课主题；

第二步：由教研组内轮流产生的主备人精心组织备课，并在每周二或周四将电子版教案上传至教师 QQ 群或微信群，以供其他教师查阅；

第三步：在教师熟悉了主备人教案的基础上，主备人就自己的备课内容和教学设计进行说课；

第四步：根据主备人说课的内容，教师展开集体讨论，根据自己的教学风格和学生的特点进行"二次备课"；

第五步：教师在"二次备课"的基础上施教，然后根据教学目标的达成度以及学生对知识点的掌握情况写出详细的教后反思，这是本研究中所探讨的农村教师集体备课和大家所知的集体备课之间最大的不同。

2. 研究现状

从对搜集到的文献进行梳理的结果来看，对于教师集体备课的关注和研究，世界各国根据国情、地方的特点和教育诉求以及学校管理

① 李芳芳，唐九阳. 网络化条件下教师备课能力提升途径研究[J]. 科教文汇，2015(9)：30～33.
② 匡萳. 维基：一种集体备课的新途径[J]. 教学与管理，2008(36)：61~64.

制度的差异而采用不同的组织形式。根据教学科目的门类和教师个人专业特长的不同，将教师分成不同的合作交流小组，定期就教学中存在的或者经常出现的问题进行交流和探讨。

美国为教师团队设立了专门的奖项，可见美国教育非常重视教师的团队合作，尤其在信息技术突飞猛进的现代社会中，美国在提高教育质量上更加提倡资源的交流与共享，教师彼此之间相互尊重。[①]英国式的教师集体备课则是规定不同的学科以一周为期限，提前选定不同学科的备课组组长，由组长主持每周的活动，活动内容注重灵活性和多样性，可以就教学过程中出现的问题进行探讨，也可以就教育理论和学科知识进行相互学习和共同进步。[②]德国则在教育中高度注重团队合作，并将教育教学中团队合作精神的体现看作提高教学质量的前提和基础，将合作精神在教学工作中贯穿与否作为衡量教学效果的一把尺子，同时也强调教师团队强大的凝聚力和向心力是有效完成教学任务的保证。[③]日本与其他国家略有不同，它在每学期的开始便制定本学期的教学任务和工作计划，在每学期期末，每一位教育工作者本着客观公正、实事求是的原则就自己本学期的教学实施情况进行自评，然后在教研组内相互讨论，依据各位教师集体讨论的结果对教师个人的教学情况进行评价。

可见，国外对于教师集体备课更多地体现在团队合作和教学资源共享上，比如美国和德国。部分国家更注重教学任务的明确和规划，更加重视教师通过自我评价得到成长和进步，比如日本。德国教育教学中的集体备课无论是主备人的确定，还是集体备课的流程都类似于本研究中的教师集体备课，但是依旧存在差异。从集体备课以教研组的形式出现开始，我国相关学者也对教师集体备课进行了诸多的研究：从学段层面而言，有小学、初中、高中、大学教师集体备课；从教师学历层面而言，有中专、大专、

① 姚文峰. 全美教师团队的卓越表现及其角色浅析[J]. 世界教育信息，2005 (2): 23 ~ 24.

② 肖扬昆. 英国的校本教研[J]. 广东教育，2006(4): 45 ~ 46.

③ 李家丽. 德国中小学教改的新动向[J]. 德国研究，2000(4): 13 ~ 14.

本科教师集体备课；从学校的地域差异来看，有城市学校和农村学校。不同的学校虽然对集体备课冠以不同的称呼，但是都将其作为学校教研的基本组成部分，作为教师专业成长的重要途径。相比国外，有着更为丰富的文献资料，现就我国对于教师集体备课的研究现状做如下阐述。

1）有关教师集体备课的研究现状

在苏联教学模式的影响下，集体备课这一备课的新形式在中国自 1950 年提出以来，经历了 70 多年的发展历程。中华人民共和国成立初期，便在各个中小学设立了各学科的"教学研究指导小组"，后逐步形成教研组，并开始自发或有组织地实行集体备课。在这样的大背景下，普遍的集体备课观念深入人心，集体备课制度也愈加组织化，并最终确立。有关农村教师集体备课的研究较多，而且农村教师集体备课大多以强调教师之间的合作探究来寻求教学真意，通过体现教师之间的智慧碰撞以及经验共享而渐渐进入人们的视野，为部分教师所使用和推广，我国对教师集体备课的研究主要包括以下几个方面。

（1）对集体备课意义和价值的研究。

综合国内学者对集体备课优势的研究现状发现，集体备课作为校本教研的重要组成部分，有其自身的重要价值和意义。有学者认为集体备课有助于教师队伍的优化和建设，促进教师的专业化发展。如王伟莉的研究显示，集体备课是教师合作研讨的一种有效形式，是教研活动的重点，集体备课可以将集体智慧与个人特长有机结合，有效避免教师个体研究势单力薄的情况，减少了教学过程中的失误。[①]也有学者直接指出，集体备课有助于推进课堂的有效教学，促进学生的有效学习，真正实现素质教育的目标，是教改的方向。[②]另外，还有学者认为教师集体备课更加注重学生的

---

① 王伟莉. 集体备课对教师的积极意义[J]. 少年儿童研究, 2012(2): 47~49.
② 郑海荣. 加强集体备课促进有效教学[J]. 新课程研究·教师教育, 2012(3): 46~47.

个性化发展，更能适应新课程改革的需要。如杨宏权、王懿在《二次备课应落脚于差异》一文中指出，在集体备课形成初案的基础上提出的"二次备课"，更能适应学生个性化发展的需要，也更能满足不同学生的学习需求。二次备课是在集体备课之后再次研读课标、教材、结合自身教学特点以及学生的个体差异，对集体备课形成的初案进行个性化处理。①再如通过吴磊的研究可以看出，教师集体备课对新课程改革中提出的课程三维目标的实现上具有明显的促进作用，尤其是通过集体教师智慧，学生的知识和能力得到了明显的提升，且掌握知识点的方法更加多样化，学习的积极性也有所提高。②

综合以上学者对集体备课价值和意义的研究可以发现，教师集体备课主要有以下三个方面的意义：其一是校本教研的重要组成部分，有利于提高教学有效性；其二响应了新课程改革的诉求，有利于学生的个性化发展；其三体现了网络信息时代对教师的要求，教师彼此之间经验共享、交流合作，因而集体备课是促进教师专业化发展的重要途径。

（2）对集体备课的方法和操作流程的探讨。

我国学者在对集体备课的方法进行探讨的过程中，主要侧重于如何进行集体备课，即集体备课的具体操作流程。有的学者通过对集体备课的目的、意义、流程和形式等多方面进行阐述，为教师更好地开展集体备课活动提供参考。如杜朝东、梁斯在《浅议集体备课的内容及备课流程》一文中指出：对教师集体备课的流程进行研究，有助于规范集体备课活动，提高集体备课的时效性和针对性，帮助教师，特别是青年教师更好地实现从"我的教学"到"我们的教学"的根本转变。③有学者将集体备课的结构要素分为四个部分，如马春明的调查研究显示，针对集体备课流于形式，对概念误读的问题，备课教师要有效地落实集体备课中自主备课、集体讨论、敲定共案、个性化完善

---

① 杨宏权，王懿. 二次备课应落脚于差异[[J]. 教学与管理，2018(3)：41～43.
② 吴磊 新课标背景下初中语文集体备课中的问题与对策[D]. 湘潭：湖南科技大学，2015.
③ 杜朝东，梁斯. 浅议集体备课的内容及备课流程[J]. 教育理论与实践，2015(5).

四个环节。①也有学者将教师集体备课的流程分为五步，如李瑾瑜认为集体备课的操作模式为个人初备、集体研讨、个人反思、独立施教和教后反思五个步骤。②

我国不同学者对教师集体备课流程和方法的观点略有不同，有学者划分得比较细致，将个性化完善分为了个性化完善和教后反思两部分，即将完善后的教案通过课堂施教后，再进行二次反思。③但大致有四个步骤，即个人自备、集体讨论、形成共案和个性化完善。

（3）集体备课实施误区及策略研究。

综合我国学者对集体备课中存在的不足及其问题的研究结果，主要有以下五个方面的不足：①集体备课大多流于形式，未真正落到实处；②人们对集体备课的内涵缺乏正确解读；③集体备课依旧沿袭个人备课的特点，更多是对集体教案的小修小补，忽视了学生的个性化差异；④更多的是主备教师的"一言堂"，忽视了教师间的交流与合作；⑤未能很好地将课后反思落实到教育教学中去。

学者徐艳伟发表了一篇题为《中小学教师集体备课存在的问题及其建议》的文章。作者在这篇文章中指出：当前教师的集体备课大多存在"搭便车"的行为，集体备课内容缺少逻辑性，主备人成为备课主角，备课流于形式等问题。④有学者在对集体备课存在问题进行研究的基础上，提出更加注重教师反思和教案可行性的有效措施。例如马桂姬则就集体备课中存在的问题提出了相关的指导建议，指出集体备课中的"集体"二字在于集思广益，更注重教学内容整合，从而实现有效教学。⑤例如韦世同从教师集体备课的误区角度提出在新课改不断推进的今天，教师对于合作讨

239

① 马春明. 集体备课的阶段化结构要素[J]. 现代教育科学，2014(4): 103～104.
② 李瑾瑜，赵文钊. "集体备课": 内涵、问题与变革策略[J]. 西北师大学报(社会科学版)，2011(6): 73.
③ 王劲松. 集体备课再认识[J]. 教师教育，2016(8): 6～7.
④ 徐艳伟. 中小学教师集体备课存在的问题及其建议[J]. 教育评论，2015(6): 75～76.
⑤ 马桂姬. 集体备课的有效策略[J]. 教育研究，2019(1): 649.

论的教学方式积极推崇，在课堂上更加注重学生的合作交流，这也使得教师集体备课成为教研活动的核心之一。^①王劲松在对集体备课的再认识中仍然从教学方法、教学质量以及教师对集体备课的传承等方面提出了自己的对策和建议。^②

通过大量我国关于教师集体备课的文献可以看出，虽然对集体备课的优点、集体备课的模式以及集体备课中存在问题的研究比较多，但总体而言学者对于教师集体备课的探讨视角集中在教育学、心理学和学科教学层面，因此，在某种程度上导致研究者对集体备课制度中存在的问题很难准确把握并提出集体可行的解决措施。国外有学者在教学设计的关注和探讨方面进行了一些研究，学校内部、不同学校的教师之间对于集体备课的应用大多是基于个人工作的需要，并无组织和制度的限制，是由个人自发形成，大多是根据组织制度的方式对各自的教学设计进行沟通和交流，对教育教学中存在的问题进行交流和讨论。

2）有关农村教师集体备课的研究现状

关于农村教师集体备课，近几年国内学者进行了许多研究。研究的形式多种多样，主要是依据我国农村教育发展中出现的问题而提出。研究内容主要集中于在网络环境下农村教师不同科目集体备课新模式的探索，不同学段教师进行集体备课的必要性以及集体备课在促进教师专业成长方面的重要意义等各个方面。

有学者认为，随着素质教育不断发展，教学模式不断优化，网络技术不断进步，越来越多的农村小学教师开始将现代化的技术手段运用到集体备课中，一改往日陈旧的备课方式，产生了积极意义。如宋连湖在《网络环境下农村小学教师集体备课模式研究》一文中指出：网络的方便快捷，信息多元化使得教师集体备课更

---

① 韦世同. 中小学教师如何走出集体备课的误区 [J]. 中学教学参考，2018(36): 91～92.
② 王劲松. 集体备课再认识 [J]. 教师教育，2016(8): 6～7.

加高效，内容与形式也更加多样，盘活了教师们的设计思路。[①]还有学者认为，在网络环境下城乡小学英语教师开展集体备课非常必要。如学者黄琨对网络环境下城乡小学英语教师集体备课模式进行了研究，在研究中，运用翔实的案例和清晰的流程图介绍了课前、课中、课后三个阶段开展教师集体备课的具体步骤，尤其强调加强城乡校际的合作与交流。[②]另外，学者鲁敦荣和袁美红发表了一篇题为《提高农村中学教师集体备课有效性的策略》的文章，主要对中学教师集体备课中存在的热情不高、内敛封闭等问题，指出把握教师集体备课的关键，优化有效集体备课的条件，以及构建高效课堂的重要意义。[③]近几年，农村教师集体备课在小学和中学英语、数学、语文、科学以及信息技术教育等不同学科方面的研究兴起，尤其在网络环境下开展农村教师集体备课，提高农村教师集体备课的有效性，促进教师的专业成长等方面有着积极意义。

综合我国对农村教师集体备课的研究现状，农村教师实施集体备课在提高农村教学质量和农村学生素质全面发展方面起到了重要的促进作用。但是这一教研形式落实到具体的教学过程上依旧存在很多不足，也缺乏详细具体的研究，对于农村教师如何就这一具有显著优势的教研形式很好地在自己的教学工作中实施的问题依旧值得我们去探索。

四、研究设计

1. 研究方法的选择

本研究主要以问卷法和观察法为主，以文献法和访谈法为辅

① 宋连湖. 网络环境下农村小学教师集体备课模式研究[J]. 新课程（教研版），2018(6): 22.
② 黄琨. 网络环境下城乡小学英语教师集体备课模式研究[J]. 广西教育，2018(29): 18.
③ 鲁敦荣，袁美红. 提高农村中学教师集体备课有效性策略[J]. 中国教师，2019(4): 1~2.

（见表 6-1）。根据集体备课的实施和影响因素进行问卷设计，将问卷分为四个部分，即教师个人背景信息、集体备课的开展情况、教师对集体备课的认识以及一道主观题。将教师对集体备课的态度分为三个维度，即教师对集体备课任务的认知、教师对集体备课的价值认知以及教师对影响集体备课的因素认知。

表 6-1 研究方法设计

类型	目的	形式
文献法	1. 梳理前人的研究，撰写文献综述 2. 搜集教师的反思日志和二次备课教案等资料	利用"CNKI"搜索相关主题的期刊及硕博论文，在图书馆查阅有关的书籍和期刊
调查法	1. 调查农村教师开展集体备课的具体现状 2. 了解农村教师对集体备课的认识和态度	以问卷为主、访谈为辅
观察法	1. 观察教师开展集体备课的具体操作流程 2. 观察教师的参与程度	到不同教研组集体备课的现场进行观摩

利用该问卷对 Q 县 L 园区 142 名教职工进行问卷调查，用 SPSS16.0 和 Excel 软件对问卷数据进行处理和分析。笔者会到教师集体备课的现场，对集体备课教师的发言情况、教师对备课主题的明确程度以及集体备课的具体操作流程等备课行为进行认真观察，并做详细的记录。笔者还会对集体备课教师的走教心得、二次备课教案和课堂教学实录等档案资料进行深入分析，了解园区农村教师集体备课的实施现状。

在实施访谈的过程中，笔者分别选取三名园区管理者和三名集体备课教师（包括一名备课组组长）为访谈对象，访谈的内容主要围绕笔者参与集体备课现场进行观察产生的困惑展开，包括教师参与集体备课时的主观意愿与参与程度、对集体备课实质的理解和把握、集体讨论的问题类型与解决措施等。访谈的目的是对问卷调查结果和观察中潜在的问题进行补充和完善，了解园区教师开展集体备课的实效性。

2. 研究对象的选择

L 教育园区是笔者所在学校的小学教育专业本科生的实习基地，每学期都会有一批本科实习生前往基地完成由学校安排的为期一学期的实习任务，这也方便了笔者在园区食宿，近距离参与当地的教学和教研活动，便于论文资料的获取。园区教师积极配合和支持，也为教师集体备课资料的收集提供了便利。园区共有 142 名教师，分别有语文、数学、英语和音体美四个教研组，其中包括走教教师 22 名，样本充足且具有代表性。

3. 调查设计

1）Q 县 L 教育园区的基本情况

Q 县 L 教育园区在 2014 年 6 月正式施工，于 2015 年 9 月正式运行。Q 县共有 452 所学校，其中 438 所农村中小学（包括 124 个教学点）。7 所镇辖小学、12 个教学点，共有 1958 名小学生，每所学校平均有 90 名学生、7 名教师。Q 县委、县政府进行深入调研，针对当地师资缺乏、教师流动性大、教育质量偏低的教育现状提出了教师巡回走教的模式。这种教师走教模式以教师资源共享、教师统一食宿和教师巡回走教为办学理念，将学生"走读"的形式变为教师"走教"的形式，并将 Q 县 L 教育园区定为实施这一办学模式的试点，这一试点的开展由园区统一领导，组织各个村小和教学点的教师，包括走教教师在固定的时间和地点开展集体备课活动。

2）调查工具

本研究所使用的调查工具是自行编制的农村小学教师集体备课调查问卷。调查问卷主要包括四个部分：教师的个人背景情况、集体备课的开展情况、教师对集体备课的认识（对集体备课任务、目的、价值的认识）以及一道主观题。

3）调查对象的基本情况

（1）集体备课教师的学历。

表 6-2　集体备课教师的学历情况统计

选项	人数	百分比
中师—中专	26	18.3%
大专	37	26.1%
本科	79	55.6%
合计	142	100%

通过对集体备课教师的学历进行统计可以看出（见表 6-2），L教育园区的 142 名教师中，拥有中师—中专学历的教师有 26 名，占总教师人数的 18.3%；拥有大专学历的教师有 37 名，占总教师人数的 26.1%；而拥有本科学历的教师人数最多，有 79 名，占总教师人数的 55.6%。L 教育园区的教师队伍中一半以上的教师是本科学历，但是专科学历的教师仍然占很大的比例。

（2）集体备课教师的教龄。

表 6-3　集体备课教师的教龄情况统计

选项	人数	百分比
6 年以下	30	21.1%
7～12 年	22	15.5%
13～18 年	3	2.2%
19～24 年	32	22.5%
25～30 年	46	32.4%
30 年以上	9	6.3%
合计	142	100%

142 名教师的教龄总体范围在 1 ~ 35（单位：年）。为了使数据分析更加简单化，在调查过程中将所有教师的教龄分为 6 个不同的年限水平：6 年以下（用 1 表示），7 ~ 12 年（用 2 表示），13 ~ 18 年（用 3 表示），19 ~ 24 年（用 4 表示），25 ~ 30 年（用 5 表示），31~36 年（用 6 表示）。统计结果如表 6-3 所显示，有 32.4% 的教师教龄在 25 ~ 30 年，40.2% 的小学教师的教龄集中在 6 ~ 25 年。教龄在 30 岁以上的教师有 9 人。教龄在 6 年以下的小学教师有 30 人，占总教师人数的 21.1%，教龄在 13 ~ 18 年的教师人数比较少，只占总人数的 2.2%。笔者在对 C 村小校长 D 教师进行访谈的过程中了解到：在走教模式运行之前，师资缺乏，像 H 教学点和 C 村小甚至出现一个教师为处于不同层次的六个年级学生任教的现象。教师留不住，主要原因有两个：一方面是教学条件差，边远山区的教师几乎每天都要走五公里的山路，教师还要备课和照顾家庭，生活压力大，负担重；另一方面是教师待遇差，每个月的工资入不敷出。年轻教师大多不愿意选择到边远的农村小学教书，教龄长的教师选择留在边远山区继续任教的动力有两个方面：其一，农村教师个人热爱教师职业，舍不得离开生养自己的故土；其二，家人孩子在当地，无法割舍家人到城镇去。

（3）调查问卷的发放和回收。

在 Q 县 L 教育园区校长和几位教师的大力支持和配合下，本次问卷调查主要针对园区所有教师，包括前往园区实习的 20 名本科实习生，一共发放问卷 152 份，收回问卷 142 份，有效回收率为 93.4%。

4. 访谈设计

（1）访谈提纲设计。

笔者主要针对学校管理者和教师编制了访谈提纲，学校领导者访谈提纲围绕教师集体备课设计题目，如"L 教育园区实行教师集体备课背后的真正原因是什么？""实行教师集体备课以后，L 教育园区的教育面貌发生了哪些变化？""教师集体备课的实效性如何？学生是最大的受益者吗？学生的身上发生了哪些明显的变化？"等。教师访谈提纲主要围绕教师参与集体备课时的具体情况设计题目，如"您和其他教师是如何开展集体备课的？""您所在的集体备课教研组教师参与发言的情况如何？""主备人主要以怎样的方式确定？""您怎样理解集体备课的实质？""您在备课时，提前多长时间明确集体备课主题？"等。

（2）访谈方式和访谈对象。

本研究的调查问卷于 2016 年 8 月对 Q 县 L 教育园区的 142 名教职工进行发放，考虑到样本容量的代表性，将该园区的全部教师作为本研究的调查对象。访谈分集中时间访谈和临时访谈两种，笔者于 2016 年 7 月中旬和 2016 年 9 月中旬前往 Q 县 L 教育园区进行了为期三天的集中访谈。笔者在征得被访谈者同意的情况下留下了联系方式，不定时就书稿写作中出现的问题进行电话访谈，或者通过微信语音以及 QQ 聊天的形式进行持续访谈。笔者选取了三名园区管理者，分别是一名园区校长，一名村小校长，一名语文集体备课组组长；三名集体备课教师，分别是两名音体美教研组的走教教师以及一名数学教研组集体备课教师。笔者在访谈的过程中，对 L 镇的学生家长和中心小学的学生也采取了个别随机访谈，笔者所访谈的园区管理者和教师个人基本情况如表 6-4 所示。

表 6-4 访谈对象的基本情况

被访谈者	性别	年龄	所授科目	职位
A 教师	男	55 岁	英语	园区校长
B 教师	男	33 岁	体育	走教教师
C 教师	女	36 岁	数学	数学教师
D 教师	女	31 岁	语文和数学	C 村小校长
Z 教师	男	44 岁	语文	语文教研组长
F 教师	男	31 岁	音乐和数学	H 小学走教教师

五、理论基础

1. 建构主义学习理论

瑞士心理学家皮亚杰（J.Piaget）在发现学习理论等基础上提出认知建构主义学习理论，这一理论是在继承了布鲁纳和奥苏贝尔的建构主义理论的基础上提出的，是对前人理论的进一步完善和创新。建构主义学习理论的基本观点是：学习重在意义建构，是学习者通过新旧知识和经验的相互作用不断建构、完善的调整学习者认知结构的过程，尤其强调文化参与过程，学习共同体为学习者的知识建构提供了合作交流的平台。学习者通过参与某个学习共同体的实践活动来内化、掌握相关的知识，知识的建构是通过学习共同体的合作互动来完成的。[①]教师通过集体备课，促进骨干教师和新手教师间的合作与交流，发挥骨干教师的引领作用，分享教学经验，不仅实现了教学资源共享，也促进了青年教师知识结构的优化和合理建构。

2. 人本主义学习理论

集体备课是教师集思广益、交流共享，以此提高教学质量和教学效率的教研活动，集体备课同样符合人本主义学习理论。例如，人本主义理论提出教师是学习的促进者、协作者，学生才是学习的关键。[②]二次备课的突出特点就是教师在共案的基础上结合学生特点，充分考虑学情的基础上完善教案并施教的过程。另外，罗杰斯还强调同伴间的互助，人类学习的本质就是人与人之间的交流，是他人思想与自我见解之间的对话。虽然集体备课在内容上强调一致性，但备课组成员之间知识结构、认知水平存在明显不同，对课标、教材、学情分析也存在差异。每个人都不可能对备课做到面面俱到，个体备课难免有考虑不到位的地方，备课组间可通过集思广益补充和完善个人的教学设计。

---

① 陈琦，刘儒德. 当代教育心理学 [M]. 北京：北京师范大学出版社，2007.
② 罗先德. 学习：农村教师专业发展的唯一选择 [J]. 新课程研究，2008, (4): 10.

3. 群体动力学理论

群体动力学理论认为，在群体中，当有他人在场时，个人的思想和行为就会和自己单独一个人在场时存在不同，即在场他人会对个人的行为产生影响。换言之，个体的行为是由个人特征和外在环境相互影响的结果。从组织程度、作用、成员之间相互影响的方式和角色分配方面来看，备课组是一个所有成员在心理上处于相互依存和相互影响的状态的群体。集体备课时组员通过讨论交流，彼此之间组成一个学习共同体，以骨干教师为引领，新手教师在优秀教师的点拨和帮助下，通过观摩骨干教师的优质课不断提升自己的教学技能。

4. 社会互依性理论

社会互依性理论认为团体的核心是在共同目标作用下的成员之间的互依性。团体是一个动态的团体，团体内部任何成员或亚团体的变化就会引起团体内其他成员和亚团体的变化，共享信息资源，共负责任，互相协作，共渡难关。他人的成功会影响个人的成功，有利他人的成功对个人的成功具有巨大的积极意义，个人成功离不开他人成功，个人和他人采取有效行动的目的是实现双赢或多赢。[1]集体备课组组员之间的关系属于合作的社会互依性，由于任务分配的不同以及组员之间能力和思维方式方面的差异，每个人的教学设计各异，这样备课组员之间就可以资源共享，优势互补，这种积极互动的方式，使得组员之间形成直接的互助关系，增强亲密感，有利于积极人际关系的形成。

六、本研究的基本框架

第一部分是绪论，首先阐述了本研究的背景和缘起。其次，阐述本研究目的和研究价值。最后介绍主要研究方法和研究对象的选择，搜集有关教师实施集体备课的操作流程、备课教师的参与

---

[1] 张智. 社会互依性理论的发展及教育意义[J]. 云南师范大学学报，2004，(5): 109.

度等方面的资料，对园区教师实施集体备课的实效性进行分析。在文献综述部分对备课、集体备课、农村教师以及农村教师集体备课的概念进行界定，对有关教师集体备课和农村教师集体备课的国内外研究现状进行梳理，在了解前人研究的基础上寻找开展本研究的突破口。以建构主义学习理论、人本主义学习理论、群体动力学理论和社会互依性理论为指导，对研究对象进行访谈和问卷调查，辅之以观察法和文献法，搜集教师施教的课堂实录和"二次备课"教案，并参与集体备课的现场对教师的参与度，发言次数等集体备课行为进行观察，对写作中的困惑继续对教师进行个别访谈，并及时归纳分析访谈资料。

第二部分对园区教师集体备课的现状进行调查，主要对问卷数据进行分析，借助对园区管理者和集体备课教师的访谈资料，严密客观地呈现研究结果。

第三部分根据研究结果中呈现的问题，归纳、分析影响集体备课实效性的主要因素。

第四部分则是针对第三部分教师集体备课实效性的影响因素，提出具体可操作的建议，以期提高教师集体备课的实效性。

第二节 农村小学教师集体备课实施现状

一、集体备课成效初显

Q县L教育园区创新教师走教发展模式，教师统一管理，在园区于每周周二、周四英语、数学、语文和音体美四个教研组教师实行集体备课活动。参与集体备课的教师一致反映，教师集体备课明显减轻了教师的备课负担。教师B说道："走教模式实施以来，由园区统一组织教师进行集体备课，最显著的特点是减轻了教师们的备课负担。我再也不用早起走山路，晚上熬夜备课到很晚，还担心自己休息不好，怕第二天因为精力不足而不能把知识点给学生讲清楚。"（L教育园区 B 教师访谈）教师 C 也发出了同样的感慨："是啊，我自己家里还有个三岁的孩子，父母身体又不好，我每天忙于工作，没有闲暇时间照顾家庭，内心觉得特别亏欠孩子。自从园区实施教师集体备课以来，我可以分出一部分精力来关注班级学生的心理动态和家庭状况，也能更好地兼顾家庭。"（L 教育园区 C 教师访谈）集体备课是集众人智慧于一体的教研活动，具有地方教育特色，对教学产生了以下几个方面的积极影响。

1. 减轻了教师负担，使教师将更多的精力投入教学

L 教育园区实行的二次备课主要由各科目教研组组长确定备课课题以及主备人，由主备人精心准备教学设计并进行说课，其他教师在主备人说课结束后进行集体讨论，根据教师集体讨论的结果形成最佳共案。由教师个人在共案的基础上进行二次备课，在课后反思一栏里加入自己的想法和建议，根据每位教师的不同教学风格和学生特点做进一步的完善并施教。Z 教师在访谈中坦言："由于各村小教师长期短缺，甚至部分教师一人承担一所村小的所有教学工作，学生层次不同，更是加重了教师们的备课任务。不仅如此，这些学生大多数是当地的农村留守儿童，教师还要时刻关注每一位学生的心理健康状况。有的老教师在身体状况不佳的情况下依旧坚持上课，真的很不容易。我个人对二次备课最大的感触就是它能在一定程度上减轻教师的负担。"（L 教育园区语文教研组组长 Z 教师访谈）可见，集体备课的实施使每天为学生的健康成长日夜操劳的农村小学教师减轻了备课负担，能将更多的精力投入课堂教学之中，加强了对学生的个别辅导，对学生理解和掌握科学文化知识有积极的意义。

2. 促进了教师的专业发展，提高了教师队伍的素质

萧伯纳说："如果我有一种思想，你也有一种思想，我们彼此交流，我们各自就会拥有两种思想。"正如集体备课集众人智慧，加强了教师之间的交流与合作，促进了资源共享。在主备人呈现教学设计及说课的基础上，新手教师参与集体讨论，学习和借鉴主备人和其他优秀教师的教学思想，有利于加快新手教师的成长。A 校长从教学性

质和教材特点两个角度对二次备课做了如下评价：“教学活动是一项注重创造和生成的活动，加之教材内容具有多样性的特点，使得个人备课看似效率很高，实则很难全面理解和把握教材内容及教学重难点。集体备课有效地克服和弥补了个人备课存在的不足，考虑了教学内容中可能出现的一些学生难以理解的问题。例如：小学英语的“人称和数”的变化，语文的写作指导，小学数学的行程问题等。同时集体解决了教师在教学中遇到的新问题，例如如何应对课堂突发事件，如何有效转化后进生以及正确处理同伴关系等。”（Q县L教育园区A校长访谈）教师参与集体备课，进行二次备课的过程有助于教师之间共同学习和提高，拓宽了教师的教学思路，提高了教师的教学技能和教学水平。

3. 培养了学生的个性品质，有助于学生的全面发展

集体备课减轻了教师的负担，使得教师将更多的精力投入教学中。由生存型教师向享受型教师和发展型教师转变，即从关注教学处境，关注学生和同事对自己的评价转向关注学生的学习和身心健康。[1]二次备课使身心俱疲的教师从繁重的教学任务中得到解放，将更多的精力投入关注教学工作和学生的身心健康中，这也有利于学生的个性化发展。笔者在仔细查阅了教师们的二次备课教案后发现，教师在课后反思一栏中都充分考虑到了学情。笔者任意选取了一名L教育园区N小学的二年级数学教师Z教师的二次备课教案（见图6-1），并针对Z教师就自己施教的人教版二年级上册数学“观察物体”一课谈了自己的感受：“教师在根据共案，针对学生的身心发展特点和学习规律进行二次备课的过程中，充分考虑了学生的差异性和复杂性，这会在一定程度上激发学生的学习积极性，有效促进了学生的个性化发展。”（Q县L教育园区N小学二年级数学Z教师访谈）

---

① 叶澜，白益民，王枬，等. 教师角色与教师发展新探[M]. 北京：教育科学出版社，2001.

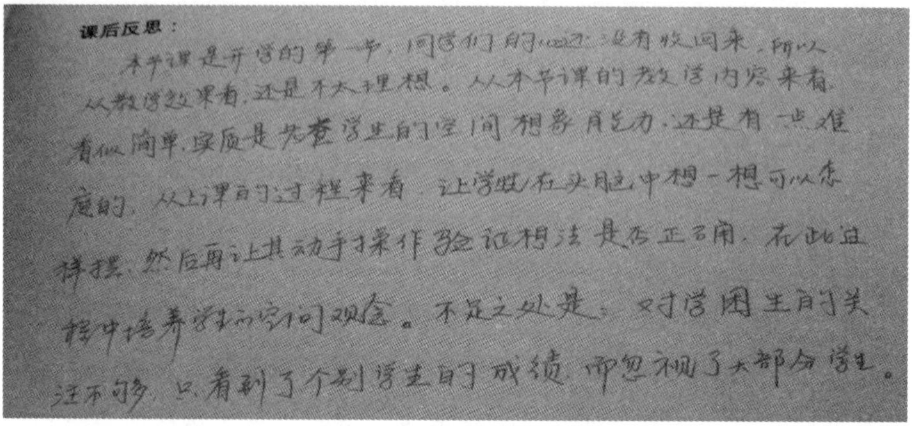

课后反思：

本节课是开学的第一节，同学们的心还没有收回来，所以从教学效果看，还是不大理想。从本节课的教学内容来看，看似简单，实质是考查学生们空间想象能力，还是有一些难度的。从上课的过程来看，让学生在头脑中想一想可以怎样摆，然后再让其动手操作验证想法是否正确，在此过程中培养学生的空间观念。不足之处是：对学困生的关注不够，只看到了个别学生的成绩，而忽视了大部分学生。

图 6-1 L 教育园区 N 小学二年级 Z 教师对"观察物体"一课的二次备课手稿

再次解读这份二次备课手稿可以发现，Z 教师从教学效果、教学内容、教学过程以及有待完善和改进之处进行了深刻反思。在反思过程中处处贯穿以学生为主体的思想，注重提高学生的数学能力，培养学生的数学思维，包括学生学习数学的空间想象能力和动手操作能力。人本主义理论提出教师是学习的促进者、协作者，学生才是学习的关键，教师在课后反思中关注了学生学习时的心理状态，小学生的注意力易分散，好奇心强，遇到新鲜事物大脑极易处于兴奋状态，心思很难完全集中到课堂上，以及在教学过程中教师应当提高对学困生的关注度等。初读这份农村教师的二次备课手稿，笔者立即被浓浓的人文情怀所感动，虽然语言平实，却道出了一名普通的农村教师对学生学习的高度关注以及对学生成长的深切关怀。相信这样的课后反思对教师改进教学、提高自身的教学技能会起到积极的促进作用。

4. 增强了校本教研活动的实效性，提高了教学质量

根据调查和访谈的结果，集体备课作为校本教研的重要组成部分，教师在备课的过程中进行思想的交流和碰撞，加强了彼此之间的交流与合作，尤其是创新走教发展模式实施以来，各个村小和教学点的教师之间打破校际界限，走出了个人的象牙塔。N 小学 F 教师在接受采访时开心地说："学生变得活泼开朗，愿意主动向家长和教师敞开心

扉，同学之间也相处得更加融洽，审美能力有所提高，对外面的世界充满了好奇和渴望。音体美课、科学课、品德课的开设，提高了学生的审美能力，拓宽了学生的视野，使其初步形成了自主合作探究的习惯。"（L 教育园区 N 音乐走教教师 F 教师访谈）以集体备课为平台，利用丰富的网络资源，充分发挥自己的学科教学特长，学习和借鉴来自不同学校、不同学科教师的智慧，分享彼此宝贵的教学经验，在资源共享、交流合作的过程中，提高了教学质量，增强了集体备课的实效性。

二、问题的呈现与分析

近年来，随着新课程改革的不断深入，一些农村中小学在努力抓好教育教学工作的同时，积极组织和引导教师开展教研活动，对教育课程改革起到了积极的促进作用。但是对于大多数农村中小学来说，教研工作依旧是薄弱环节，农村学校相比城镇学校依旧存在教研活动开展远远不足的情况。更不用说结合学校实际情况有计划、有组织地开展专题性的教育教学活动，就连集体备课、听课、评课、观摩教学等常规的校本教研活动也开展得很少。笔者对 Q 县 L 教育园区教师开展集体备课的现状调查结果如下。

1. 农村教师参与集体备课的积极性较高

表 6-5　教师对参与集体备课活动的态度情况统计

题目	选项	人数	百分比
您所在的学校在开展集体备课的过程中，您通常会以怎样的心态参与呢？	非常愿意参加	31	21.8%
	可以帮自己拓宽思路	65	45.8%
	无所谓	21	14.8%
	浪费时间	25	17.6%
	合计	142	100%

由表 6-5 可知，教师在参与集体备课的态度方面，45.8%的教师认为集体备课可以帮助自己拓宽思路，表示自己在没有领导监督的情况下愿意参加集体备课活动。非常愿意参加集体备课活动的教师则占 21.8%，其中 17.6%的教师认为参加这一教研形式很浪费时间，也有 14.8%的教师持无所谓的消极应付态度，觉得无所谓。笔者在对音乐走教教师 F 教师访谈的过程中获悉："大家在集体备课的过程中并未做到全情投入，出现玩手机现象，个别教师上网查阅与主备人说课内容无关的资料，觉得集体备课就是浪费时间。"（音乐走教教师 F 教师访谈）音体美教研组的 B 教师也在接受访谈时告诉笔者："因为音乐、体育、美术教学重在实践，专业性很强，教师平常都是在大脑中构思一遍，像美术课，只要自己基本功扎实就直接进课堂，音乐提前练一练，给学生教会一首歌就可以了，所以我个人觉得没有必要写教案。"（体育走教教师 B 教师访谈）

根据 F 教师的讲述可以发现，集体备课教师在态度上表示无所谓的真正原因是所在教研组教师的专业性强，比如美术教师对音乐领域的本体性知识涉猎较少，在对教材解读层面参与集体讨论的程度不足，对教学评价方面也难以做出准确的判断。

2. 农村教师对集体备课的重要性认识不足

根据数据统计发现，在进行集体备课的过程中，34.51%的教师能准确把握二次备课的实质，认为二次备课主要是教师之间参与合作和讨论。而 24.65%的教师认为集体备课主要是大家坐在一起开会，27.46%的教师认为集体备课就是教师聚在一起共同写教案，13.38%的教师认为集体备课没有任何意义和价值，60%以上的教师对集体备课的实质把握不到位。

笔者通过对音乐走教教师 F 教师的访谈了解到："音体美教研组教师专业性强，对其他专业领域了解不多，在主备人说课结束后的集体讨论环节缺乏问题意识，很少对自己的课堂教学进行反思和总结，集体备课写教案成了令教师头疼的事情，往往是为了应付检查，实际备课效果不佳。"（音乐走教教师 F 教师访谈）音体美教研组的 B 教师也在接受访谈时告诉笔者："主备人精心准备的教案已经很翔实了，教师直接拿去课堂施教就可以了，没必要再进行二次备课，无非为了应付检查，上交一份教学设计罢了。"（L 教育园区 B 教师访谈）

通过对 F 教师和 B 教师的访谈内容进行分析发现，教师认为集体备课的实质是大家坐在一起写教案的原因主要有两个方面：其一，缺乏问题意识，没有带着问题意识参与到集体备课的过程中；其二，存在为了应付检查而赶教案的现象。以上两个方面导致教师对集体备课的实质把握不到位。

3. 农村教师对集体备课的认同感有待提高

由表 6-5 可知，共有 65 名教师认为集体备课能够帮助自己拓宽思路，占到了总人数的 45.8%。在对 C 村小 D 校长访谈时了解到："教龄在六年左右的教师更能以积极开放的心态参与讨论，他们备课思路开阔，善于学习新知识，在教学中会通过制作教具、讲故事和设计各种小游戏来调动学生学习的积极性。"（C 村小 D 校长访谈）教龄在六年的教师已经从新手教师成长为一名成熟教师，来自家庭方面的压力比较小，这类教师的知识结构初步形成，人际关系逐渐稳定，也能很好地关注学生。

A 校长在访谈中说道："个别教龄较长的教师对集体备课持否定和中立态度的原因主要有两个方面：其一，教龄较长的教师家庭生活压力大，上有老下有小，男教师又是家庭的顶梁柱，承担着整个家庭的主要经济来源，在边远山区从教的收入不高，与家庭生活需求形成矛盾，影响了教师从教的积极性。其二，长期艰苦的从教条件使教师内心形成了理想与现实的反差，渐渐消磨了斗志，产生了倦怠心理，这也是导致教师对集体备课持消极和中立态度的原因之一。"（L 教育园区 A 校长访谈）

4. 农村教师对共案的二次修改意识不强

表 6-6　教师对集体备课所形成共案的处理情况统计

题目	选项	人数	百分比
在第一次集体备课结束后，您如何处理集体备课形成的共案？	进行个性化处理	62	43.7%
	根据实际情况调整	40	28.2%
	直接拿着教案去上课	30	21.1%
	弃之不理	10	7%
	合 计	142	100%

从表 6-6 的统计结果可以看出，园区的集体备课教师在对第一次集体备课后形成的共案的处理上，有 21.1%的教师认为主备人精心设计的教案已经趋于完善，不用进行进一步的修改和完善，直接拿共案去上课也是可行的；其中 43.7%的教师对共案进行了个性化的处理，而 28.2%的教师则考虑了学情，对共案进行了调整；7%的教师则弃之不理，依旧按照自己的方案施教。语文教研组组长 Z 教师谈道："L 园区教师施行二次备课最明显的好处就是减轻了教师的负担，教师们不用对每一节课都进行精心设计，只需要对集体讨论形成的共案进行个性化处理。这种注重教师反思的二次备课使教师们的工作量明显降低，而且拓宽了教师的备课思路，对提高教师教学技能有积极意义。"（语文教研组组长 Z 教师访谈）。也有教师认为，主备人已经做得很完善了，只需要拿着共案去上课，要改也只是局部的小修小补："主备人的教案已经很完善了，我觉得不需要再进行修改，有些我想不到的地方经过大家讨论都已经进行了补充，我也只做稍微修改，只要班上三分之二的学生掌握就可以了，不可能达到百分百地掌握教师所教授的知识点。"（L 教育园区 B 教师访谈）

5. 集体备课形式重于内容

笔者在集体备课现场对 L 教育园区教师历时两个小时的备课过程

进行了观察，并对教师在备课过程中的发言次数进行了统计，发现43.66%的教师在集体备课的过程中基本不发言，而26.06%的教师偶尔发言一两次，发言次数在五次以上的教师仅占11.27%，而发言次数在三次到五次之间的教师人数占总人数的19.01%。有教师谈道："有部分教师在参与集体备课的过程中注意力不集中，讨论与备课主题无关的话题。我们语文教研组人数是最多的，几乎全部是女教师，大家在一起嘻嘻哈哈的，看似气氛很热烈，等到主备人结束说课，轮到大家集体讨论时，个别教师竟然不知道主备人说了什么。"（C村小D校长访谈）

教师发言次数少的原因主要有三个方面：其一，教师对教材解读不透彻，没有问题意识；其二，教师对集体备课持否定和消极的态度，参与集体备课的积极性不高；其三，专业不同，教师对非自己擅长专业的知识涉猎较少，大多从教学环节和学生的课堂表现进行评价，评价缺乏针对性

6. 集体备课重知识，轻学情

表 6-7　集体备课过程中教师经常讨论的问题统计

题　目	选项	人数	百分比
您所在的学校在开展集体备课的过程中经常讨论的问题有哪些？	课程标准	36	25.3%
	教学目标	34	23.9%
	教学重难点	35	24.6%
	学情	22	15.5%
	突发事件的处理	15	10.7%
	合 计	142	100%

由表 6-7 可知，对于教师在集体备课过程中经常讨论的问题，25.3%的教师在集体备课的过程中重视课程标准；23.9%的教师则

将集体备课时问题讨论的重心放在教学目标上；24.6%的教师认为教学重难点才是集体备课的过程中应该着重关注的问题，而对于学情分析和突发事件的处理则分别占到了15.5%和10.7%。笔者通过对语文教研组组长 Z 教师的访谈了解到：集体备课教师对课程标准的重视程度明显大于对学情的重视，并认为课程标准是编写教材的依据和基础。而教学目标和教学重难点决定着学生对知识的掌握程度，教学目标和教学重难点具体与否、明确与否直接影响着学生对知识的掌握程度，而对于学情和课堂突发事件的处理则较少重视。（语文教研组组长 Z 教师访谈）可见，农村小学教师的教学观念依旧有待转变，教师更多是关注自身的教学情境和生存，对学生的关注相对而言比较少。调查结果表明教师缺乏对课堂突发事件的重视，而教师对课堂突发事件处理的好坏也是检验教师教学技能和课堂管理能力高低的表现，同样属于教师在集体备课的过程中应当考虑的内容。

7. 农村教师集体备课效率较低

据统计结果显示，38.03%的教师是在教研组组长提前一周通知的情况下明确集体备课的主题的；26.06%的教师则认为教研组组长前一天通知备课主题，自己第二天便可以完成教学设计；而21.83%的教师认为一天的时间太仓促，无法精心设计一节课，需要提前两天被告知并收集材料，进行设计构思；14.08%的教师认为自己具备丰富的教学经验，即使备课组组长临时通知进行集体备课，自己也能够顺利完成自己所在年级的课程教学。可见一半以上的教师需要两天时间，甚至一周的时间来明确集体备课主题，备课效率有待提高。笔者在对语文教研组组长 Z 教师的访谈中了解到，教龄比较长的教师教学经验比较丰富，在集体备课的过程中明确主题的时间明显比新手教师和教龄相对较短的教师所需的时间少，他们对教材的把握以及教学方法的选择上更加游刃有余。

8. 农村教师对集体备课认同有余，落实不足

表6-8　农村小学教师对园区实施集体备课的反馈情况统计

项目	减轻了备课负担	提高了教学技能	拓宽了备课思路	效果不明显
频率	48	35	51	8
百分比	33.8%	24.6%	35.9%	5.7%

由表6-8中得知，94.3%的教师认为实施集体备课拓宽了备课思路、明显地减轻了备课负担，提高了自己的教学技能和教学水平，对集体备课的实施给予了积极的反馈和肯定。笔者在对C村小D教师进行电话访谈的过程中了解到："农村小学教师由于师资缺乏，课时量大，没有时间精心备课，二次备课减轻了教师的备课负担。教师在参与集体备课的过程中，只在共案的基础上再次备课，根据自己的教学风格和学生的学习特点进行补充，不需要进行大的改动。"（C村小D校长访谈）也有教师认为集体备课效果不明显。一些教师对主备人的教学设计不认同，甚至认为集体备课是浪费时间。体育走教教师B教师说道："体育课强调学生体能的发展以及身体素质的提高，教师在课前没有精心设计教学，在集体备课的过程中仅仅用语言描述教学环节显得很单薄，集体备课意义不明显，对自己的教学设计和课堂教学没有产生太大的影响，因此对集体备课持否定态度。"（体育走教教师B教师访谈）

9. 二次备课对班级后进生的重视程度不够

从表6-9的结果来看，27.5%的教师认为二次备课的实施增加了大部分学生的课堂生成，在访谈的过程中，D教师谈到自己在讲授北师大版三年级语文教材"一只小鸟"一课时，让全班学生通过丰富的想象力来进行课文内容补白："在这篇课文的情感升华部分我设计了一处补白——小鸟为什么不出来唱歌了？预设中我更多的是让学生感受小鸟受伤严重，激发学生爱护鸟类的意识。然而，学生的回答令我深

感意外，学生 A 说：'小鸟因为孩子们拿弹子打它们而伤心了，所以不再出来唱歌了。'学生 B 说：'小鸟失血过多，死了。'学生 C 说：'小鸟的父母觉得此地不安全，所以将小鸟转移了。'"（C 村小 D 校长访谈）学生的生成往往让很多教师眼前一亮，甚至比教师的预设更精彩，预设反而限制了学生的思维。认为二次备课提高了学生学习积极性的教师占 24.6%，有些平时不爱说话的学生在课堂上的发言次数也有所增加。但也有教师谈到自己在上课的过程中，比较喜欢那些爱回答问题的学生，给予他们更多的关注："在我的班级里，成绩较好的学生都喜欢坐在前面。我提问时，他们思维很活跃，总能很好地配合我，我也很喜欢他们；坐在教室后面的学生上课总是低着头，我很苦恼，不知该如何调动他们的学习积极性。"（语文教研组组长 Z 教师访谈）。有 28.2%的教师认为大部分学生能够根据教师教学内容顺利地完成课堂练习，二次备课可以学习和借鉴其他教师的多种解题思路和方法，教师在施教的过程中可以尝试用新方法进行讲授，可以帮助学生加深对知识点的理解，能更好地融会贯通。

表 6-9　实施二次备课后学生的课堂表现情况统计

项目	学生的课堂生成	学生的表达交流	学生的学习积极性	学生对知识的掌握
频率	39	28	35	40
百分比	27.5%	19.7%	24.6%	28.2%

10. 农村教师对二次备课的实施待完善

表 6-10 反映出，28.9%的教师认为二次备课使自己的课堂更加充实完善，课堂环节更加紧凑，而有 22.5%的教师表示自己在教学中借鉴了其他优秀教师在集体备课中分享的新教法和新学法，比如新颖有趣的小游戏和生动具体的视听资料激发了学生学习的积极性。D 教师谈及自己的感受时说："以前我总是以一成不变的教学方式进行教学，学生们有些怕我，课堂气氛严肃、沉闷。我尝试其他教师教给我的新方法，精心设计教学导入环节，调动学生学习的积极性。在讲授《生

命与水》这一课时，我先让学生猜一个有关水的谜语：'一物生得奇，脏了不能洗，越洗越有泥。'学生们急着想知道答案，我顺势将他们的注意力引入本节课的主题中，学生整节课的积极性都很高。"（C村小 D 校长访谈）。认为集体备课使课堂气氛变得活跃的教师占 19%，和 D 教师有同样感受的还有 Z 教师，Z 教师也提及集体备课让教师尝试了新方法，活跃了课堂气氛。Z 教师说道："我在教授古诗《画》一课时，在黑板上挂了一幅画，让学生通过实地触摸、观察、远看、近看等实实在在地感受，教学效果比预期的好了很多。学生现在也爱上我的这门课了。"（语文教研组组长 Z 教师访谈）

表 6-10　二次备课在课堂中的具体实施效果统计

项目	课堂更加充实完善	促进了师生互动	尝试了新的教学方法	活跃了课堂气氛	基本上没有什么效果
频率	41	25	32	27	17
百分比	28.9%	17.6%	22.5%	19%	12%

85%以上的教师认为集体备课的过程是不断反思进步的过程，在集体讨论环节，教师之间分享教学经验，完善教学设计，提升教学技能；在二次备课的过程中，教师根据教学风格和学生特点修改完善；课后反思贯穿集体备课的全程。

第三节　思考与启示

一、农村教师对集体备课的重要性认识不足

偏远地区的农村小学存在办学条件差、教师队伍整体素质不高、教学方式单一等方面的问题，如何提高教学质量一直是亟待解决的首要问题。开展教研活动是提高农村中小学教育教学质量的有效途径之

一。[1]大部分农村中小学教师，包括校长在内教研意识淡薄，未能将教师的教研活动当作一项重要的事情来抓，依旧存在一些片面认识。[2]有教师认为："教师的教研活动是专家的事，农村小学教师相对匮乏，课业量大，时间少，也没有能力开展教研活动。"（C村小D校长访谈）；也有教师认为："开展教研活动意义不大，这项工作可有可无。其实开展教研活动很浪费时间，大家坐在一起没有话题可谈，开展与不开展效果一样，并不影响学校的正常办学。"（语文教研组组长Z教师访谈）；还有教师认为："开展集体备课这种教研活动会耽误上课进度，影响学生对课本知识的掌握程度。集体备课使得教师需要花两天以上的时间来搜集资料，明确备课主题，这无疑会耽误教学进度，可能会影响教学质量。"（语文教研组组长Z教师访谈）。从教师对集体备课的实质认识可以看出，只有40%左右的教师能认识到集体备课的实质和重要性。表6-6中教师对集体备课后形成共案的小修小补同样是对其重要性认识不足的表现。表6-5中对农村教师参与集体备课活动的态度调查结果显示，60%以上的教师认为集体备课可以帮助自己拓宽思路，并表示非常愿意参加每周二、周四的集体备课活动，而30%以上的教师认为集体备课活动是浪费时间，参加与否都无关紧要。美国教育心理学家古诺特在回顾自己从事教育教学工作的经历时认为个人因素始终是影响教育效果的关键，甚至决定着教育的成功与失败。如果教师和学校领导者对集体备课的重要性认识不足或者持消极的态度，教师不能以更加开放和积极的心态去参与集体备课活动，必然会影响集体备课的实效性。

二、教师开展集体备课活动的反思意识不强

著名心理学家林崇德将优秀教师的成长看作教师教学过程与教学反思的结合，即优秀教师=教学过程+反思。他认为在教师的教学过程

---

[1] 王嘉毅. 多维视角中的农村教师[M]. 北京: 北京师范大学出版社, 2011.
[2] 朱惠香. 农村教师教研现状及提高策略研究[J]. 教育观察, 2017(6): 10.

中，教学反思尤为关键，是教师教学智慧的体现，也是教学创新的来源，对教师的成长和发展起着极其重要的作用。反思不仅是批判性的思考，也是教师以自己的教学实践为思考对象，对自己在教学实践中做出的行为以及结果进行审视和分析的过程。[①]同样的，叶澜教授也认为，要想成为一位名师，不能光靠一辈子写教案，若一位教师利用三年时间坚持写教学反思，则可以成为一名优秀的教师。[②]表 6-10 的调查结果反映出，有 12% 的教师认为集体备课没有什么效果，我们不妨回头看看自己的整个教学环节："我的教学有效果吗？""有没有比这更有效的教学方法？"而理论知识和教学实践知识的缺乏也是导致教师对教育问题不敏感的因素之一。笔者在对校长 A 进行访谈的过程中了解到："说实话，我们那时候在师范院校读书时，备课这些内容讲得很少，大部分农村教师对于自身的教学反思这一块是很欠缺的。平常一个教师担任六个年级的课程，课业负担非常重，又加上平常家里农活比较多，很少有闲暇时间阅读与教育教学相关的书籍，这也是导致教师的自身素质不高的一个因素。总的来说，我觉得集体备课中教师在教学反思这一块做得不是很好。（L 教育园区 A 校长访谈）

农村教师教学知识的主要来源是自己走上工作岗位之后的经验积累，在师范院校学习的教学理论知识不系统，再加上教师进行自我教育的闲暇时间少，导致了教师不注重自我反思和自我教育。农村教师每日工作量大，几乎没有闲暇的读书时间，对于教师必备的本体性知识了解比较多，对于条件性知识和实践性知识的掌握比较欠缺。教师对于集体备课中存在的问题并没有及时在自己的教学中改进和落实，而是依旧按照自己原来的教学方式进行授课，至于学生对知识的掌握程度如何，仅仅依靠考试分数这一单一的评价方式进行评判，这也是教师忽视教学反思的另一原因。

① 陶继新. 让更多的师生从平凡走向卓越——王崧舟"新成功教育"扫描[J].
人民教育, 2010(18): 60～64.
② 叶澜, 白益民, 王枬, 等. 教师角色与教师发展新探[M]. 北京: 教育科学出版社, 2001.

三、教师在集体备课的过程中问题意识缺乏

1. 农村教师整体素质偏低

当前，农村教育存在的问题之一是教师整体素质偏低，教师专业化发展水平不高，其中在师资的配置方面表现得尤为突出，例如校际差异、城乡差异和区域差异等。农村教师的学历普遍偏低，专业化程度也比较低，导致农村教师队伍整体素质和城镇教师队伍相比仍然存在很大的差距，这一问题严重影响了农村的教育教学质量。[①]在 L 园区，教师大多为专科文凭，老教师较多且大多是从民办学校转入公办学校的，部分教师对教学工作不认真。笔者经访谈了解到："我们农村教师的待遇虽然有所提高，但是和城镇老师还是存在一些差距，加上课时量大，平常几乎所有的时间都用在教学上，无暇顾及家庭，这使得部分农村教师教学的积极性不高，很多时候都是看到这些孩子渴求知识的眼神才促使我们坚守岗位的。"（C 村小 D 校长访谈）。一些教师观念陈旧，认为教育学、心理学学得好还不如他们的"两板子"。教师自身的素质不高，理念不先进，一本书读到老，缺乏专业知识，这一问题不仅在农村教育中普遍存在，在 L 教育园区的集体备课过程中，该问题所带来的负面影响也随着教师的实践逐渐凸显出来。通过对备课教师的学历进行统计可以看出（见表 6-2），L 教育园区的 142 名教师中，中专学历的教师有 26 名，占总教师人数的 18.3%；大专学历的教师有 37 名，占总教师人数的 26.1%。可见，教师队伍整体素质不高，本科以下学历的教师占到了总教师人数的 40%以上。学历因素影响了教师的问题意识，很多教师缺乏教育学和心理学方面的知识，因此，其在集体备课的过程中提不出问题，这也影响了备课的实效性。

2. 教材开放性和灵活性的特点

新课程改革后的小学教材在内容上具有开放性、综合性和灵活性的特点。教师在授课的过程中都有共同的感受，即新课改后的教材在选材和知识的呈现上都始终将学生的发展放在首位，教材配图精美，

---

① 陈永明. 教师教育研究[M]. 上海：华东师范大学出版社，2003.

内容活泼生动，故事新颖有趣，无论是直观性、实用性及适用性上都使教师和学生们感受到一股新鲜的时代气息。[①]笔者在对教师 Z 访谈的时候了解到："教材的内容新颖，教师们初次拿到教材时感到耳目一新。但是教师在施教的过程中逐渐感觉有些茫然，为什么？因为教师在使用旧版教材施教的过程中已经形成了一套自己的教学模式，这种教学模式就像是一个无形的框，教师很难跳出旧框架的束缚来适应新教材和新课标，让教师短时间内变换自己的教学方法这实在有一些难度。"（语文教研组组长 Z 教师访谈）。教材作为新课程改革理念的文本载体，并不是让教师全盘照搬，也不是一味否定，而是要求教师们在对教材内容有所取舍的基础上创造性地使用教材。表 6-7 中对集体备课教师经常讨论的问题调查结果以及对教师明确备课主题的时间调查结果均反映出，由于教材内容的综合性和多样性，教师对在解读教材时侧重点也有所不同。同样从表 6-8 和表 6-9 中教师对实施集体备课的反馈和学生的课堂表现可以看出，教材内容的综合性和多样性在开阔学生眼界和活跃学生思维的同时对教师备课也提出了更高的要求。教师需要花更多的时间去钻研教材内容，领悟教材真谛，从而掌握教材的实质和要领，达到创造性地使用教材，促进学生学习的目的。新课改下的小学教材具有直观性强、注重培养学生的实践动手能力及科学性和时代性的特点，无论在选材还是在内容的组织和呈现上都渗透着最新的教育思想，同时又为广大教师正确、合理、有效地运用课标、更好更快地了解新课程、走进新课程提供了方向上的指引。

3. 学科专业性强

学科是对不同科学知识体系的分类，专业的建构离不开学科知识体系，并以其为依据和基础。不同的专业可以来自同一门学科，而各种不同学科之间也可以组成不同的跨学科专业，二者是不同的两个概念，二者既有联系又有区别，人们容易将二者混为一谈。组成专业的内容包括：有专门从事该专业的人、有统一的教程和明确具体的实施

---

① 王嘉毅. 农村学校实施素质教育的困难与对策[J]. 教育研究，2006(11): 23.

计划。其中，实施计划是对该活动专业性、政策性的表述。统一的教程即该专业活动开展的具体内容和知识构成，教程选择的科学性和系统性直接影响开展该项活动的实效性，进而影响实施计划的开展效果以及学习该教程的人对科学知识的掌握程度和理解程度。专门从事该专业的人在学校教育中，主要是指教师和学生，该项活动能否顺利地开展离不开教师和学生。关键在教师，没有教师的参与，活动的专业性很难体现。

正是由于学科之间的专业性限制，在语文、数学、英语和音体美四个教研组中，音体美教师的专业性最强，对教师发言次数的调查结果显示，45.1%的教师在参与集体备课的过程中发言次数比较少，部分教师在访谈时也谈及自己的困惑："音体美教研组对集体备课教师的专业性要求很高，教师对非自己专业所长的科目缺乏问题意识，在集体讨论环节仅仅从课堂教学环节的完整度、课堂气氛的活跃度以及学生对知识的掌握程度进行评价，对教材缺乏深刻解读。"（C村小D校长访谈）。可见，影响集体备课教师发言情况的原因主要有以下两个方面：一方面是对教材解读不透彻，另一方面是教研组教师所从事学科之间专业的不同所致。教师从学科本身、教材解读、教学重难点以及教学方法方面很难提出修改意见。另外，体育更加注重学生的实践性，教师觉得写教案只是流于形式，应付学校检查而已。

4. 教研氛围不浓厚

教研效果的好坏取决于浓厚教研氛围的形成与否，浓厚教研氛围的形成需要教师之间组成一个有共同目标和强大凝聚力的集体。教研活动的顺利开展对促进教师的专业发展和提高教育教学质量具有积极意义。教师间的共同目标即对教育教学过程中出现的教育问题的探讨，例如，教学设计中教学目标的正确选择，教学重难点的具体化，教学过程中教学方法的选取以及教学过程中随时可能出现的各种突发事件的应对等。教师之间可就彼此的教育思想和教育理念进行交流和分享，包括如何促进班级后进生的进步问题，如何充分考虑学情促进教学，怎样使学生更好地掌握知识点等，以上问题都可以作为教师团队展开探讨和交流的内容,教师之间就共同的教育教学难题进行交流和研讨,从而达到有效解决教育教学困惑的目的。因此,良好有序的教研活动有利于教师变革自己陈旧的教学方法,借鉴和学习优秀骨干教师新的教学思想和教学理念。

　　人本主义的代表者罗杰斯还强调同伴间的互助,人类学习的本质就是人与人之间的交流,是他人思想与自我见解之间的对话。[①]虽然集体备课在内容上强调一致性,但备课组成员之间知识结构、认知水平存在明显不同,对课标、教材、学情分析也存在差异。每个人都不可能做到面面俱到,个体备课难免有考虑不到位的地方,备课组间通过集思广益补充和完善个人的教学设计。没有良好的教研氛围,教研活动就会流于形式,不能真正发挥集体备课的作用。从表 6-5 中教师对参与集体备课的态度情况可以看出,30%左右的教师认为集体备课是浪费时间或没有意义,笔者对 F 教师的访谈内容进行分析发现,教师并没有全身心地投入集体备课,使集体备课变成了主备人的"一言堂"。从教师对集体备课实质的把握情况来看,有 27.46%的教师对集体备课实质的理解竟然是教师集体写教案,只需要将主备人精心设计的教案为自己所用。从集体备课教师的发言情况来看,基本不发言和发言次数很少的教师占到了总人数的 50%以上,从音体美组 B 教师的访谈内容中获悉:"教师们之所以发言少,主要是大家提不出具体的问题,之前也很少开展这样的教研活动,觉得主备人的教案已经很详尽了,没有必要再进行进一步的修改和完善。"(B 教师访谈)。教师不发言或发言次数少的一个原因是大家对集体备课没有问题意识,缺乏浓厚的教研氛围,教师之间没有形成学习共同体。教师学习共同体并不由学校管理者强行组织形成,而是教师自愿自发的行为。教师以提高自身成长为根本目标,采取灵活多样的学习形式,强调教学资源和教学经验共享,促使教师共同成长、共同进步。教师学习共同体的形成和健康发展有利于教师专业化发展,对促进新手教师的快速成长具有积极意义。换言之,教师学习共同体是实现教师专业发展高效、

----

① 罗先德. 学习:农村教师专业发展的唯一选择[J]. 新课程研究,2008(4): 10.

迅猛成长的快车道，是打破教师专业成长瓶颈的有效途径。[①]在创新走教模式之前，Q县L教育园区村小与村小之间、教学点与教学点之间以及村小和教学点之间很少组织开展类似的教研活动，没有形成浓厚的教研氛围，未形成教师学习共同体，导致教师集体备课实效性欠缺。

第四节 改善农村小学教师集体备课现状的对策与建议

一、激励得当，奖赏分明

激励和奖赏是有效调动教师教学积极性的动力之一。针对教师不同的表现采取适当的激励和奖赏，对教师自身的发展和教育质量的提高是必要的。激励主要是通过适当的刺激激发人产生某种行为的动机，从而使结果朝向期望方向发展的心理和行为过程。激励的方式多种多样，根据激励对象的不同有内部激励和外部激励。其中内部激励是指对教师的工作给予尊重、肯定和支持，荣誉和成就的激励，是为了满足教师的高级需要。外部激励主要是针对教师的生活和工作环境而言，例如人际关系、工作和自然环境、领导作风等。以人的物质需求为划分标准，将激励形式分为物质激励和精神激励，前者主要是满足人的物质需求，后者主要包括教师个人的价值观和品德动机等。根据对象的人数可以分为个人激励和群体激励，前者侧重教师的自我管理，后者则更多强调通过效率优先、兼顾公平的原则来开展激励行为。

群体动力学理论认为，个体的行为是由个人特征和外在环境相互影响的结果，群体动力学的创始人勒温认为，群体动力的研究即制约群体活动方向的影响因素的研究。从组织程度、作用、成员之间相互影响的方式和角色分配方面来看，备课组是一个所有成员在心理上处于相互依存和相互影响的状态的群体。20世纪初，科特·考夫卡作为

① 魏会廷. 教师学习共同体：促进教师专业发展的新途径[M]. 武汉：武汉大学出版社，2014.

格式塔心理学派的创始人，首创了社会互依理论，他认为成员组成的团体之间的互依互存是动态变化的。[①]集体备课组组员之间的关系属于合作的社会互依性，由于任务分配的不同以及组员之间能力和思维方式方面的差异，每个人的教学设计各异，这样备课组员之间就可以资源共享，优势互补，这种积极互动的方式，使得组员之间形成直接的互助关系，增强亲密感，有利于积极人际关系的形成。前面提到的教师在集体备课的过程中存在的发言次数少，认为集体备课意义不大，不能全身心地投入集体备课中的问题，主要是园区没有建立健全的奖赏制度，教师认为主备人备课的好与坏效果一样。笔者在访谈中也了解到："主备人大多都是农村小学的学科带头人，作为优秀骨干教师，教学经验丰富，教学设计充满新意。其他教师听主备人说课会有如沐春风和醍醐灌顶的感觉，有一部分教师对主备人精心准备的教案不做任何修改，直接为己所用；更有甚者，将骨干教师的精心备课稿以自己的名义发表，严重挫伤了教师参与集体备课的积极性。"（C村小D校长访谈）。针对这种现状，园区管理者应当采取如下几点措施来改进：第一，建立合理、适宜的内部竞争机制，对教师采取聘任制，对教师的教学设计进行公平公正的考评制和筛选制，让教师形成"逆水行舟、不进则退"的适度紧迫感，在内部成员之间形成竞争压力，有利于改变教师在集体备课过程中出现的问题；第二，表扬和奖励。注重"以绩论人"，并在教研组全组成员参与评判裁决的情况下进行；第三，根据不同的教师有的放矢地开展激励和奖赏。明确荣誉等级，表扬应当适度，针对教师表现的不同进行公开表扬、私下表扬和间接表扬。

二、加强备课监督

没有规矩，不成方圆，严整有序的教研活动需要合适恰当、强而有力的监督机制。监督根据领域的不同分为内部监督和外部监督，内

---

① 时长江. 学习共同体和教师合作文化[J]. 教育发展研究, 2007(11): 77～78.

部监督是行为主体自己根据自我良心和个人品德对自身行为的监控和调节；外部监督包括社会规则、法律以及重要他人对自身行为的约束和监控。研究调查结果表明，农村教师参与集体备课的积极性不高，对集体备课并未很好地落实，在集体讨论环节，部分教师存在注意力不集中、讨论与集体备课无关的话题等问题，诸如此类的行为和表现都需要园区领导者建立强而有力的监督机制，或者通过建立良好的竞争机制对农村教师的集体备课行为进行监督和管理。笔者通过访谈也了解到："园区还未建立健全的监督机制，全靠教师自觉。刚开始大家觉得挺新颖，参与备课的积极性很高。久而久之，教师产生了懈怠心理，反正没有人检查，集体备课的时候也不用太认真，只需要认真听完主备人的说课，完成二次备课就可以了。"（语文教研组组长 Z 教师访谈）部分教师抱着领导不会检查的侥幸心理和不认真的态度来参与集体备课，必然会影响集体备课的实效性。园区领导部门可以借鉴如下三点监督措施来改进教师在集体备课中的消极行为。第一，建立教师集体备课监督机制，成立教师集体备课考评小组，定时或不定时抽查教师参与集体备课的情况，建立教师考核档案，并采取问卷调查等形式征求家长、社会各界的意见；第二，通过集体备课教师个人自评、教师之间互评、学校领导参与评价和考核等办法，组织学校领导小组进行测评，对全体集体备课教师的备课表现进行综合考核，并评定等次；第三，进一步完善集体备课教师奖惩制度，对于在集体备课中表现突出的教师要及时给予精神奖励和物质奖励。另外，可以将教师的业绩考核情况、职称评定情况及教师评优选先情况和评价结果相联系，或者将其作为一种教师监督的形式。

三、教案上传时间合理化

《论语·子路》中有言：欲速则不达，见小利则大事不成。这句话意在告诉人们，如果一味地谋求速度，会适得其反，难以达到目的。[①]

---

① 刘海涛. 小故事大道理大全集[M]. 北京：中国华侨出版社，2011.

要想取得预期的效果，达到预想的目标，必须在保证时间充足的情况下，利用得当的方法做到循序渐进。调查研究发现，教师在集体备课的过程中效率低、发言次数少，导致集体备课效果不显著。笔者经过访谈也了解到，原因之一是主备人上传教案时间不合理。"我们通常是周二和周四 19:00—21:00 开展集体备课，主备人在开始说课前才将教案发到 QQ 群里，以供大家查阅，熟悉自己的教学设计。时间仓促，新手教师的教学经验不足，问题意识不强。这么短的时间根本来不及思考，只能跟着主备人的思路走，往往束缚了自己本来的教学构思。"（C 村小 D 校长访谈）也有教师谈道："有个别主备人不仅上传教案时间仓促，而且教学设计极其简单，并没有什么亮点和新颖的地方。"（语文教研组组长 Z 教师访谈）"主备人反映：'课堂上会发生很多意想不到的事，需要教师根据具体情况灵活应对，这是教师教育机智的生动体现，没办法在教学设计中面面俱到地呈现出来。"（B 教师访谈）。从以上都可以看出，参与集体备课的教师对教案的熟悉程度直接影响着教师的发言情况，如果提前没有对教案做到熟悉和了解，就不会以带着问题及充满期待的心态参与集体备课，这也是园区教师集体备课效率不高的原因之一。因此，主备人应当提前一天上传教案，让教师对主备人的教案内容以及主备人的说课流程有大致的了解，给教师阅读和思考的时间，避免教师在集体备课的过程中缺乏思考，没有问题意识。充足的阅读和思考时间可使教师在自己的头脑中形成清晰明确的教学思路和完整的教学实施结构。每位集体备课教师如果能带着问题走进教研室，会在一定程度上提高教师集体备课的效率，对教师的专业发展具有积极意义。

四、创建网络信息平台

当代科学技术，尤其是计算机技术的发展和变革逐渐从根本上改变着人们的学习、工作和生活方式，这种变革必然导致教育教学手段的变革。①研究发现，计算机极大地减轻了教师的负担，提高了教师的教学效率，前提是教师要学会正确使用计算机技术，使计算机真正为自己提供方便。②教师可以通过查阅资料充实教学，通过计算机辅助教学，增强学生学习效果，利用多媒体的形象直观性和内容多样性，增强学生的学习积极性。

将计算机与课程内容进行整合，充分发挥现代信息技术对新课程的支持作用，不仅反映了教师对教材的熟悉程度，也反映了教师对现代信息技术的驾驭能力。教材只是为教师指导学生学习的一种可利用的基础性资料，高效的课堂离不开教师结合学生的特点对教材进行的二次加工。教学资源通常包括教材、案例、影视、图片、课件等，也包括教师资源、教具、基础设施等，科学合理地开发利用丰富的教学资源以达到理想的教学目标。根据小学生在身心发展过程中表现出的注意力难以集中、好奇心强、以直观形象思维为主的特点，要求教师在教学过程中除了制作简单的教具进行教学以外，还应当借助现代信息技术手段作为教学的辅助。笔者经访谈了解到："自从创新教师走教模式以来，各个村小和教学点的教师在园区统一食宿，统一实行集体备课，每一位教师在园区集体备课教研室内都配有一台电脑。这不仅提高了教师备课效率，而且开阔了教师的视野，教师从封闭状态走向开放状态，教师通过网络信息平台可以加强与外界的联系和沟通，也可以学习和借鉴其他发达地区的教学方法和教学理念，及时了解外界的最新教育资讯"。（C村小D校长访谈）

Q县制约教育发展的主要因素是山大沟深，地域环境的制约导致信息闭塞，缺乏与外界的沟通，学校教育信息资源更是匮乏，很多计算机课程学校很少开设。正是由于缺乏与外界的信息沟通，教师之间、校级之间缺乏交流。建立健全网络信息平台会帮助教师拓宽备课思路，

272

① 刘要悟，赵国栋. 计算机教学在学校教学中的地位和作用——美国教育界的调查及初步结论[J]. 比较教育研究，1997(3): 51.
② 王嘉毅. 多维视角中的农村教师[M]. 北京：北京师范大学出版社，2011.

开阔备课视野，增强问题意识和反思意识，无疑会提高教师备课的质量和效率。集体备课作为农村地区新的教研形式为农村教师获取丰富的备课资源，加强与外界的联系以及通过网络学习名师名课打开了一扇窗。

五、教研形式多样化

开展教研活动的方式应当多样化。例如，教师之间共同解读教材和课标，分析教学过程，就某一节课进行研讨，彼此之间开展课堂互听和互评活动，开展教师教学技能探究活动等。对于课堂互听和互评，不同的教师面对同一节课会有不同的构思，所使用的教学方法也有所不同，因此，会有不同的收获和感悟。[①]当然，还可以在新手教师和骨干教师之间开展教师教学经验交流活动；建立学校教育教学论坛，对典型的教育案例开展研讨和分析活动；在教学经费充足的条件下，邀请资深教育专家前来做报告或对园区教师的教学技能进行指导等。在实施教研活动时，要本着注重效率，目标明确具体以及促进教师专业发展的原则，要建立健全教研活动开展的监督机制，教研组长、园区管理者以及优秀骨干教师要起到带头作用，组织教研活动有序、有效、保质、保量地开展，教师全员参与，在体验教研活动所带来成长的同时增强教师积极参与教研活动的热情。教师之间应组成学习共同体，以相互学习和借鉴为目的，彼此之间开展合作与交流，提倡教师进行教学创新，尊重教师个性化的教学方式。为了帮助新手教师快速成长，学校管理者也应当为其提供更多外出交流学习、参加培训的机会。

建构主义学习理论的基本观点表明，学习是一个意义建构的过程，尤其强调文化参与过程，学习者通过参与某个学习共同体的实践活动来内化掌握相关的知识，知识的建构是通过学习共同体的合作互动来

---

① 柴江，赵志纯. 我国西部农村中小学教师的教研现状与对策研究——以甘肃六县为例[J]. 教学与管理，2007(1)：23~24.

完成的。[①]Q县L园区的教师集体备课共有四个教研组，语文、数学、英语和音体美。语文、数学和英语是同专业不同级的教师开展集体备课，音体美教研组则是不同专业不同年级教师开展集体备课，形式单一，若在这种形式之上再开展同年级同学科之间的教研活动以及同级不同学科之间的教研活动，会使不同形式之间相互补充，形成比较，对教师的成长也许会起到积极的作用。笔者在对F教师的访谈中也了解到，在语文、数学、英语和音体美四个教研组中，音体美教研组学科之间跨度大，如美术教师对音乐了解不多，在同一年级不同专业的教师之间开展教研活动，尽管专业不同，但涉及的教育问题却是相通的，教师可就某一个教育问题开展教研活动。学校还可以通过在同年级同科目教师之间开展教研活动，培养农村教师捕捉教育问题和发现教育问题的敏感度以及分析和解决教育问题的能力。

六、加强教师培训

《中华人民共和国教师法》明确规定：参加进修和其他方式的培训来提高教师的教学业务水平，既是教师应有的权利，也是应尽的义务。近年来，我国中小学教师培训形式多种多样，有专题培训、校本培训、课题研究和说课评课等形式。《乡村教师支持计划（2015—2020年）》也提倡通过加强农村教师培训来提高农村教师队伍的整体素质，并提出要对58个贫困县（市、区）和17个插花型贫困县（市、区）的农村学校教师在职称评聘、培训进修、评优提职等方面进行倾斜，鼓励退休教师到贫困地区农村中小学开展支教。贫困地区教师编制缺乏，资源配置不合理，通过支教和加强教师培训有利于解决师资难题。在园区集体备课中，有些教师工作态度消极，在思想行动上未真正参与到集体备课当中，没有发挥自己的知识技能和教学水平。学校是知识生长的地方，教学方法间的交流与借鉴，不仅能提高教学水平，而且

---

① 高文，徐斌艳. 建构主义教育研究[M]. 上海：上海教育出版社，2008.

能完善个人的专业素养，因此大部分教师渴望学校在寒暑假给自己提供学习的机会。

从数据统计结果可以看出，在参加过培训的 75 位教师中，有 23 名教师参加过国家级以上的教师培训，仅占总培训人数的30%，其他70%的教师中，有 22 名教师参加了县级教师培训，可见学校为教师提供的高等级的培训机会很少，大部分教师没有机会进行外出培训。

很多农村小学由于专项资金的限制，教师参加培训的人数、次数和时间都受到了限制。园区管理者坦言："农村小学一直存在着资金短缺的问题，加之农村教师素质偏低，培训机会少，教师个人不重视，因此并没有取得显著成效。"（园区 A 校长访谈）也有教师表示培训会耽误自己上课："在培训的过程中，我往往心不在焉，心里想着自己的教学工作，学生在学校里是不是乱成了一锅粥。"（C 村小 D 校长访谈）还有教师表示培训的适切性不强："我们地处偏远山区，和城镇学校本身就存在很大的差距，更别说和发达地区学校的差距了，培训者大多来自发达地区，培训的内容不符合咱们农村小学，不适用，因此参加意义不大。"（B 教师访谈）综上，可以了解到教师之所以很少开展培训活动的原因有以下几个方面，第一，经费短缺。第二，工作和培训时间发生矛盾，部分教师表示自己平时课时量大，没有时间参加教师培训。第三，培训内容与农村教育存在差距，不太适用于农村教育。大部分农村教师很少参加教师培训或者几乎没有参加过培训，其在集体备课的过程中问题意识不强、思考问题局限性大、思考问题的角度不全面以及备课思维缺乏前瞻性。园区管理者应在条件允许的情况下多组织教师参加教师培训，例如，组织教师开展省市级专门课题培训、校本培训、教育课题研究和教师说课与评课等。形式多样的教师培训将对优秀骨干教师起到引领作用，带动整个园区集体备课的教研氛围，理清备课思路，开阔备课视角，更能提高整个园区集体备课教师的备课实效性，也能提高农村教师的整体素质。

七、源头活水——课后反思

终身学习应当成为每一位集体备课教师坚持的理念，以不断地学习和自我教育充实自己的文化知识。李镇西老师曾经说过，我在用一生备课，而真正的课堂备课只需要几分钟，正是因为这些名师博览群书，才使得课堂教学游刃有余，具备了厚积薄发的力量，无论上什么课，都不会感到惶恐，会有源源不断的活水喷涌而出。因此，要提高集体备课的实效性，加强教师自身修养，增加知识储备是前提和基础，只有地基坚固，才会盖起高楼大厦。孔子常教导学生，只是学习而不注重思考，就很容易使人迷茫而不知所措；只是不付诸实践的空想，就会陷入危险的境地。孔子旨在强调学习与思考的关系及其重要性，二者对一个人的成长和发展不可或缺。学不仅要博览群书，更是博采众长，博取众知，而学教省相结合，就是将学习、实践与思考结合起来。教师在读书学习的过程中应解放思想，开阔视野，再到教学实践中去检验，只有学以致用，才能不断修正、完善所学到的理论知识。

教师在集体备课的过程中，应当多问几个为什么和怎么样。笔者在对教师的访谈中了解到："我觉得集体备课这种教研形式非常好，每次参加集体备课都让我收获良多。如果每一位教师都能带着这些问题积极参与集体备课，我相信长此以往，就会对我们的教学起到积极的促进作用。例如，我为什么要这样教？学生为什么学不好？怎么样教学生会更容易地把握知识点？我这节课的教学目标完成得怎么样？我怎么样做才会做得更好？其他教师是怎样做的？如果带着这些问题去认真聆听和钻研主备人的教案，我们就会发现自己的困惑和不解。"（C 村小 D 校长访谈）教师在进行反思的过程中，不仅仅对教学环节的完整度以及出现的疏漏和存在的不足进行反思，同时对后进生的培养也应该进行深刻的反思，很多教师在上课的过程中很容易只关注优等生和中等生，而对后进生的关注度不足。教师应当在反思的过程中针对班级中的后进生制订培养计划。例如，为后进生布置他们能力范围内的练习题，鼓励他们回答问题，问一些他们能力范围内的问题，建立互帮互助小组，帮助后进生成长等。另外，教师应该认真思考主备人对教材内容的把握程度，对教学重难点的处理情况，同时回过头反思自己在教学中的不足。在其他教师集体讨论的过程中，与自己的教学方式、思维方法进行对照，可取之处则借鉴和学习，不妥之处提出意见和看法，充分利用集体备课这一宝贵的沟通平台，提升教学技能。

经过多年的发展，甘肃省的教育事业取得了显著的成就，特别是作为基本公共教育服务主体的义务教育全面普及，向教育公平迈出了重要一步。Q县L教育园区在创新教师走教模式之下实行农村教师集体备课，这一大胆的举措不仅提升了农村教师的教研能力，更促进了农村教师的专业发展，使农村教育迈向新台阶。

Q县L教育园区的建设是农村教育综合改革的初步尝试，在充分肯定它为农村教育带来积极意义的同时，也应该看到这一初步尝试依旧存在许多不足。诸如相关配套政策的缺乏、园区运行经费短缺、园区制度不健全等。要想真正实现农村教师集体备课的实效性，除了省财政部门和相关教育部门应该给予资金的支持外，仍然需要园区领导者和教师们共同努力，以应对农村教育发展中面临的难题，从而保障园区正常有序运行。

对于园区的明天，笔者满怀期待，期待园区集体备课能给农村教师带来契机。以期提升农村教师的教学技能和教研水平；培养教师捕捉教育问题的敏感度；提升农村教师的科研能力；在教育资源的共享中逐渐改变农村教师整体素质偏低的情况。期待走教教师在丰富农村学生校园文化生活的同时，能够培养学生的学习积极性，使他们成为精神上富足的一代。"二次备课"是根据学生特点对共案进行个性化完善的再备课，因其充分考虑了学情，所以不仅使课堂弥漫着童趣，而且也散发着浓郁的乡土气息。教育对人精神面貌的改变从来就不是一蹴而就的，既离不开教育领导者的正确指导和引领，更需要农村教师的辛勤耕耘。由于笔者的知识和研究能力有限，对相关资料掌握也不够全面，缺乏丰富的实际教学和研究经验，调查样本比较小，覆盖面比较窄，调查结果可能存在一些不足，在调查中发现的问题和提出的改进策略也可能显得肤浅和稚嫩，但我们的研究不会随着书稿的完成而终结。虽然该论题暂时告一段落，但我们研究探索的脚步并未终止，而将会是一个新的起点。我们会在将来的研究和教学中不断探索，继续致力农村教师集体备课的研究。

参考文献

[1] 迈克尔·波兰尼. 个人知识——迈向后批判哲学[M]. 许泽民,译. 贵阳：贵州人民出版社，2000.

[2] 陈向明. 搭建实践与理论之桥——教师实践性知识研究[M]. 北京：教育科学出版社，2011.

[3] 陈静静. 教师实践性知识论：中日比较研究[M]. 上海：华东师范大学出版社，2011.

[4] 郭华. 静悄悄的革命[M]. 北京：北京师范大学出版社，2003.

[5] 鞠玉翠. 走进教师的生活世界——教师个人实践理论的叙事探究[M]. 上海：复旦大学出版社，2004.

[6] 李艳红，闫文军. 小学教师实践性知识发展研究[M]. 北京：科学出版社，2014.

[7] 罗儒国. 教学生活的反思与重建——基于生存论的审视[M]. 济南：山东人民出版社，2009.

[8] 马克斯·范梅南. 教学机智——教育智慧的意蕴[M]. 李树英,译. 北京：教育科学出版社，2001.

[9] 唐纳德·A.舍恩. 培养反映的实践者：专业领域中关于教与学的一项全新设计[M]. 郝彩虹，张玉荣，王志明，等，译. 北京：教育科学出版社，2008.

[10] 魏建培. 教师专业发展理论与实践[M]. 北京：科学出版社，2016.

[11] 徐碧美. 追求卓越——教师专业发展案例研究[M]. 陈静，李忠如，译. 北京：人民教育出版社，2003.

[12] 赵彦俊. 职前教师实践性知识生成研究[M]. 北京：中央编译出版社，2010.

[13] 白志波. 中小学教师的实践性知识发展策略研究[D]. 长春：东北师范大学，2011.

[14] 潘丽芳. 教师实践性知识研究[D]. 上海：华东师范大学，2013.

[15] 陈镯. 教师个人实践性知识察析[D]. 上海：华东师范大学，2014.

[16] 姜美玲. 教师实践性知识研究[D]. 上海：华东师范大学，2006.

[17] 鞠玉翠. 教师个人实践理论[D]. 上海：华东师范大学，2003.

[18] 琚婷婷. 一位高中教师的实践知识研究[D]. 北京：首都师范大学，2007.

[19] 刘玲嫣. 农村初中数学教师学科教学知识形成的个案研究[D]. 太原：山西大学，2015.

[20] 李桂君. 初中数学教师实践性知识调查研究[D]. 兰州：西北师范大学，2015.

[21] 罗儒国. 国外教学生活研究的回溯与启示[J]. 当代教育科学，2008(13).

[22] 林琼. 小学语文教师实践性知识发展研究[D]. 重庆：西南大学2016.

[23] 申燕. 小学教师实践知识案例研究——以语文教师为例[D]. 南京：南京师范大学，2007.

[24] 司伟. 一位小学语文教师实践性知识研究[D]. 长春：东北师范大学，2011.

[25] 王凤香. 一位乡村女教师的故事[D]. 北京：首都师范大学，2005.

[26] 王翠. 农村小学教师教学生活状态的个案研究[D]. 济南：山东师范大学，2012.

[27] 王路芳. 乡村教师留教意愿研究——基于全国 22 个省市乡村教师的调查[D]. 武汉：华中师范大学，2016.

[28] 徐冰鸥. 西北贫困地区小学教师实践性知识的叙述研究[D]. 兰州：西北师范大学，2001.

[29] 谢琼. 农村小学语文教师教育实践性知识研究[D]. 桂林：广西师范大学，2013.

[30] 杨丽娜. 关于农村小学教师实践性知识生成及应用研究[D]. 广州：广州大学，2012.

[31] 鲍嵘. 论教师教学实践知识及其养成[J]. 高等师范教育研究，2002(3).

[32] 陈向明. 实践性知识：教师专业发展的知识基础[J]. 北京大学教育评论，2003(1).

[33] 陈振华. 解读教师个人教育知识[J]. 教育理论与实践，2003(21).

[34] 曹正善. 论教师的实践知识[J]. 江西教育科研，2004(9).

[35] 解书，马云鹏. 学科教学知识(PCK)研究的发展历程[J]. 教育管理，2013(6).

[36] 康晓伟. 论舍恩反思行动的教师实践性知识思想[J]. 外国教育研究，2014(4).

[37] 林崇德，申继亮，辛涛. 教师素质的构成及其培养途径[J]. 中国教育学刊，1996(2).

[38] 李建年. 舍恩"反思性教学"理论述略[J]. 贵州教育学院学报(社会科学)，2006(10).

[39] 卢秀琼，郭吉芳. 渝东南地区小学语文教师知识发展研究[J]. 西南民族大学学报(人文社科版)，2008(9).

[40] F·迈克尔·康内利，D·琼·柯兰迪宁. 专业知识场景中的教师个人实践知识[J]. 何敏芳，王建军，译. 华东师范大学学报(教育科学版)，1996(2).

[41] 田本娜. 再论小学语文学科的性质与功能[J]. 课程·教材·教法，2002(7).

[42] 吴义昌. 国内教师实践性知识研究综述[J]. 上海教育科研，2017(11).

[43] 吴亮奎. 从异化到自为：乡村教师专业发展的存在路径[J]. 当代教师教育，2017(4).

[44] 叶澜. 思维在断裂处穿行——教育理论与教育实践关系的再寻找[J]. 中国教育学刊，2001(4).

[45] 韦芳. 农村小学语文教师专业发展现状调查与对策[J]. 教学与教育研究，2012(1).

[46] 钟启泉. 实践性知识问答录[J]. 全球教育展望，2004(4).

[47] 钟启泉. 教学实践与教师专业化[J]. 全球教育展望，2007(10).

[48] 郑彩国. 教师的实践性知识及其培训研究[J]. 中小学教师培训，2005(6).

[49] [日]佐藤学. 课程研究与教师教育[J]. 全球教育展望，2002(9).

[50] 赵昌木. 教师的教学生活及追求[J]. 当代教育科学，2006(6).

[51] 张爱红. 关于反思型教师的几点思考[J]. 课程·教材·教法，2006(9).

[52] 张登山. 教师实践性知识的价值和生成途径[J]. 当代教育论坛，2010(9).